ÉCRITS POLITIQUES

Ouvrages parus dans la même collection

Balzac : *Écrits sur le roman.* Anthologie de Stéphane Vachon.
Michel Décaudin : *Apollinaire* (à paraître)
Hugo Friedrich : *Structure de la poésie moderne*
Marc Fumaroli : *Le Poète et le roi : Jean de La Fontaine en son siècle.*
Paul Hazard : *La Crise de la conscience européenne (1680-1715)*
Étienne-Alain Hubert : *Le Surréalisme* (à paraître)
Jean-Nicolas Illouz : *Le Symbolisme* (à paraître)
John E. Jackson : *Baudelaire*
Jean-Claude Larrat : *André Malraux*
Claude Millet : *Le Romantisme* (à paraître)
Jean-Thomas Nordmann : *La Critique littéraire française au* XIXe *siècle (1800-1914)*
Jean Sgard : *Le Roman français à l'âge classique. 1600-1800.*
Michel Zink : *Introduction à la littérature française du Moyen Âge.*

Auguste Rodin : Buste de Victor Hugo (1883).

VICTOR HUGO

ÉCRITS POLITIQUES

ANTHOLOGIE ÉTABLIE, PRÉSENTÉE ET ANNOTÉE
PAR FRANCK LAURENT

LE LIVRE DE POCHE

Maître de conférences à l'Université du Mans, Franck Laurent a procuré une édition des *Orientales* et des *Feuilles d'automne* dans Le Livre de Poche classique. Il a également dirigé la collection « Victor Hugo et l'Orient » (Maisonneuve et Larose) pour laquelle il a écrit *Victor Hugo face à la conquête de l'Algérie*.

Steinlen : *La vision de Hugo*. *L'Assiette au beurre*, 26 février 1902.

PRÉFACE

Pour comprendre la nature et les formes de l'action politique de Victor Hugo, il faut d'abord éloigner quelque peu le double modèle bien connu de l'« écrivain engagé » et de l'« intellectuel ». Ce modèle, illustré par Zola pendant l'Affaire Dreyfus, ou plus tard par Jean-Paul Sartre, doit sans doute davantage à la grande figure de Voltaire qu'aux écrivains de la génération romantique. Zola ni Sartre ne furent jamais députés, n'y songèrent même pas, et dès l'Affaire Dreyfus il était clair que le pouvoir symbolique spécifique dont pouvaient jouir les « intellectuels », qui leur permettait d'intervenir dans les affaires publiques, n'avait d'efficace qu'à la condition expresse de rester extérieur et hétérogène au pouvoir politique proprement dit. Hugo, lui, fut pair de France de 1845 à 1848, député (on disait alors représentant du peuple) de 1848 à 1851, député à nouveau en 1871, puis sénateur de 1876 à sa mort en 1885. Il subit six fois l'épreuve du suffrage universel, connut une fois l'amère expérience de la défaite électorale (en 1872), et à deux autres reprises des voix se portèrent sur son nom alors qu'il n'avait pas fait acte de candidature (en avril 1848 et en juillet 1871). Hugo fut donc aussi, entre autres choses, un « homme politique », au sens étroit (trop sans doute) et moderne de l'expression, un membre d'Assemblées législatives et à ce titre dépositaire officiel et légitime d'une part de souveraineté, avec le pouvoir et la mission d'inventer la loi. On conviendra que cette expérience et cette situation, si rien n'autorise à en faire la condition nécessaire et absolue de toute activité politique, n'en impliquent pas moins de la part de l'écrivain un rapport bien particulier à la politique, au pouvoir, à l'inscription de la littérature dans la Cité – rapport qui n'est généralement pas celui de l'« écrivain engagé ».

Plutôt que d'envisager Hugo politique à la lumière de ses successeurs, mieux vaut sans doute le comparer à ses contemporains, pour mieux dire à ses prédécesseurs immédiats : Chateaubriand et Lamartine. Chateaubriand, dont l'influence avait été grande sous le Consulat, devint sous la Restauration l'une des principales figures du monde politique. En 1823 il fut ministre des Affaires étrangères, et à ce titre responsable et grand ordonnateur de cette guerre d'Espagne qui devait rétablir le pouvoir absolu du roi Ferdinand VII, détacher l'armée française de ses nostalgies napoléoniennes, et restaurer le prestige diplomatique et militaire de la France. Lamartine, député sous la monarchie de Juillet, devint à partir de 1843 le centre de ralliement de l'opposition de gauche crypto-républicaine, apparut lors de la révolution de Février 1848 comme l'homme indispensable, et fut jusqu'aux journées insurrectionnelles de juin la cheville ouvrière du nouveau pouvoir républicain. Ces deux expériences peuvent nous faire mesurer de quel prestige, et plus précisément de quelle légitimité politique, jouissait alors la littérature dans la société française. Certes Chateaubriand était aussi vicomte, certes il avait écrit de nombreux ouvrages politiques dont certains (*De Buonaparte et des Bourbons, De la Monarchie selon la Charte*) avaient eu un impact considérable et immédiat ; il n'en restait pas moins avant tout, aux yeux de l'opinion, l'auteur de *René*, d'*Atala* et des *Martyrs*. Certes Lamartine était aussi un notable provincial, un gentilhomme campagnard de Bourgogne, « enracinement local » dont ne bénéficièrent ni Chateaubriand ni Victor Hugo et qui fut très utile à sa carrière politique ; mais le public, ses collègues et ses propres électeurs le connaissaient d'abord comme le poète des *Méditations*, des *Harmonies*, et de *Jocelyn*. Il faut bien admettre que l'exercice glorieux de la littérature a pu alors, au moins dans certains cas, être compris comme le signe d'une capacité particulière, non pas seulement à exprimer une position politique et à influencer l'opinion, mais à honorer les charges de la représentation nationale, voire à exercer directement le pouvoir. Moment singulier, sans correspondant depuis, et de ce fait difficilement représentable. Alexis Léger fut bien secrétaire général du Quai d'Orsay au début de la Seconde Guerre mondiale – ce n'était qu'un haut fonctionnaire, et qui significativement publiait son œuvre poétique sous un pseudonyme, celui de Saint-John Perse. André Malraux fut bien ministre, mais ministre de la Culture, et il occupa toujours une position marginale quoique prestigieuse dans la politique de la France gaullienne. Pour imaginer l'équivalent au XXe siècle de ce que furent au XIXe Lamartine, Chateaubriand ou Hugo, il faudrait forger des scénarios de politique-fiction assez surprenants, comme par exemple Paul Éluard prenant la direction du Gouvernement provisoire de la République à la Libération de Paris en août 1944, ou Albert Camus ministre des Affaires étrangères décidant en 1956 l'intervention de la France contre l'Égypte de Nasser, ou Louis Aragon, principal orateur d'un groupe parlementaire de gauche, animant en 1958 à l'Assemblée puis dans la rue la résistance à la prise de pouvoir du général de Gaulle...

Mais cette légitimation politique des écrivains par leur pratique littéraire était très ambivalente, plus ou moins âprement discutée, et s'avéra éminemment fragile. Les gens sérieux, à droite comme à gauche (un peu plus souvent à droite qu'à gauche), furent toujours au fond prodigieusement agacés par la prétention de ces « poètes » à entrer en politique, à s'occuper de ces affaires publiques qu'ils jugeaient être les leurs. À la première opposition un peu vive, au premier échec, on jetait leur littérature à la face de ces écrivains comme la pire des injures, comme la tare qui prouvait bien leur incapacité. « Assez de lyre ! » cria un ouvrier blanquiste à Lamartine peu avant les journées de juin 1848 – expression que toute la droite conservatrice reprit bientôt avec un frémissement d'aise. « Portez cela à la Porte Saint-Martin[1] ! » lançait-on régulièrement à Hugo depuis les bancs de la droite lors de ses interventions à l'Assemblée en 1850 et 1851. On ne criait pas « Assez de plaidoiries ! » aux avocats qui constituaient, pour longtemps encore, l'essentiel du personnel politique. On ne cria pas à Guizot « Assez d'histoire ! » quand on le chassa en 1848 de son ministère[2].

Au demeurant, même si elle en fut proche, l'expérience politique de Hugo ne fut pas exactement celle de Chateaubriand ou de Lamartine. Son inscription dans les institutions officielles de la politique ne dépassa jamais le niveau des Assemblées délibérantes, et bien souvent dans les rangs de l'opposition. C'est dire qu'il n'exerça jamais le pouvoir exécutif, n'eut jamais aucune prise directe sur l'administration d'État, à aucun niveau. Une autre différence, sans doute intimement liée à celle-ci, porte sur le rapport subjectif à l'identité d'écrivain, d'artiste, relativement à l'activité

---

1. Le Théâtre de la Porte Saint-Martin, plutôt populaire, auquel Hugo avait donné *Marion de Lorme* en 1831, et en 1833 *Lucrèce Borgia* et *Marie Tudor*. **2.** Guizot, plusieurs fois ministre sous la monarchie de Juillet, chef réel du gouvernement de 1840 à 1848, fut en effet l'un des deux ou trois plus grands historiens français de la première moitié du siècle. Si on lui ajoute Villemain, grand professeur de littérature à la Sorbonne et l'un des fondateurs de l'histoire littéraire, plusieurs fois ministre de l'Instruction publique, et Victor Cousin, le plus influent des philosophes français du temps, qui régenta l'Université sous le règne du roi-bourgeois, on prend la mesure d'un phénomène à peine moins surprenant pour nous que celui du destin politique de Chateaubriand, Lamartine et Hugo. Si nous voulions en donner une image équivalente au XXe siècle, par exemple à nouveau sous la Quatrième République, il faudrait imaginer un long ministère dirigé par Fernand Braudel, avec Jean-Pierre Richard à l'Éducation nationale et Maurice Merleau-Ponty à l'Enseignement supérieur.

politique. À tort ou à raison, Chateaubriand et Lamartine ont pu imaginer leur vie découpée en plusieurs tronçons. Pour le premier, le retour des Bourbons marque la fin de sa carrière littéraire et le début de sa carrière politique. Quant au second, il affirme à plusieurs reprises que l'écriture poétique est liée aux âges extrêmes de la vie, la jeunesse et la vieillesse, tandis que l'âge mûr doit être consacré aux affaires publiques. Hugo, lui, se considéra toujours avant tout comme un écrivain, et agit en conséquence. Seule peut-être la décennie 1840, marquée à la fois par son engagement dans la politique institutionnelle et par la raréfaction de sa publication littéraire, pourrait laisser croire qu'il a alors songé à devenir un homme politique qui aurait été, auparavant, un poète. Ce serait oublier que durant cette période, publiquement dominée par l'activité politique et mondaine, Hugo écrit néanmoins l'essentiel (quantitativement parlant) des futurs *Misérables*, ainsi qu'un nombre imposant de poèmes qui seront publiés plus tard, pour certains dans *Châtiments* et surtout dans *Les Contemplations*. L'exil sous le règne de Louis Bonaparte, puis le retour en France sous la Troisième République, sont pour Hugo à la fois des périodes d'activité politique plus ou moins intense et plus ou moins officielle (parfois très intense et très officielle), et des périodes d'extraordinaire fécondité littéraire, maintenant le rythme éditorial effréné d'une publication importante tous les dix-huit mois environ, jusqu'à la congestion cérébrale de juin 1878 [1]. Non seulement Hugo ne sacrifia jamais sa création littéraire à son activité politique, mais il semble bien qu'il ait toujours considéré que, dans son cas au moins, l'une ne pouvait aller sans l'autre.

---

1. À partir de cette date (il a 76 ans), Hugo n'écrit presque plus rien ; mais, avec l'aide de Paul Meurice et d'Auguste Vacquerie, il publie toujours autant – la masse de ses inédits étant si considérable qu'elle fournit la matière d'une dizaine d'œuvres importantes dont la publication s'échelonnera jusqu'en 1902.

*

« Je veux l'influence et non le pouvoir. » Cette phrase, écrite par Hugo sous la Seconde République [1], définit un programme qui, somme toute, aura été rempli. Reste à savoir comment, et ce que fut au juste cette influence politique du poète. La question n'est pas susceptible d'une réponse simple et unique. Victor Hugo en effet a vécu longtemps, et beaucoup. Durant plus de soixante ans d'activité, non seulement ses opinions politiques ont évolué, mais c'est tout le contexte historique, politique et culturel qui change, autour de lui et avec lui. L'espace public se transforme sans cesse et profondément, tandis que se déplace en son sein la position de Hugo, les moyens qui lui sont ou lui deviennent accessibles pour la faire entendre, la légitimité et l'efficacité de sa parole et de son action.

On sait que ce grand républicain fut d'abord royaliste, et même ultraroyaliste. Combien de fois ne l'a-t-on pas rappelé, et d'abord à lui-même, surtout à partir de son virage à gauche de 1849-1850 ! Il s'en expliqua toujours à peu près de la même manière : « J'ai grandi [2] ». L'époque où le jeune chantre de la Vendée ne voyait qu'horreur dans la Révolution et décadence dans le Siècle des Lumières, fut stigmatisée par l'adulte comme erreur de jeunesse, aveuglement infantile : « Quand j'étais royaliste et quand j'étais petit », écrit le poète des *Contemplations* [3]. Pourtant cet engagement ultra ne fut pas dénué de précision dans l'analyse politique, ni de capacité d'invention – et moins encore d'élan créateur. Sans doute Hugo en apprit-il beaucoup, et notamment cette tendance à peu près constante chez lui à ne pas se satisfaire de l'état actuel de la société. Car ces jeunes royalistes alors unis sous la bannière de Chateaubriand furent presque toujours des opposants [4]. Reste que

---

1. Lettre à Paul Lacroix du 10 décembre 1848. **2.** « Écrit en 1846 » (en fait en 1854), *Les Contemplations*, V, 3. **3.** *Ibid.* **4.** Le livre de Bernard Degout fait le point sur cette période : *Le Sablier retourné – Victor Hugo (1816-1824) et le débat sur le « romantisme »*, Champion, 1998.

cet engagement fut bien court. Dès 1825 peut-être (après le sacre de Charles X), à coup sûr dès 1827 (année où il écrit *Cromwell*), Hugo accepte la Révolution (au moins 1789) autrement que comme un fléau de Dieu ; il commence à exalter la grandeur solaire de Napoléon ; il se lance, par son théâtre surtout, dans une entreprise de critique radicale de la figure royale et de son État. Plus profondément, il professe désormais qu'être de son temps, c'est travailler à le pousser vers l'avenir, et non à le tirer vers le passé. C'est bien un « libéral », quoique atypique, et un libéral quelque peu libertaire, qui dirige la bataille d'*Hernani* en 1830, quelques mois avant la révolution de Juillet. Révolution à laquelle il ne participe aucunement mais avec laquelle il se sent en phase.

Maurice Agulhon le rappelle justement : « Il y a la Révolution de Juillet, et puis la Monarchie du même nom. Celle-ci résulte de celle-là, mais au prix d'un indéniable rétrécissement [...]. Le régime, Hugo n'y viendra que tardivement. La Révolution, il en perçoit l'élan aussitôt. [...] Le mouvement de 1830, au sens le plus large du mot, il en est[1]. » Or Juillet est survenu au moment précis où Hugo devient incontestablement la figure la plus importante du mouvement romantique. C'est lui qu'adule et soutient la « jeunesse », celle qui a « fait » la bataille d'*Hernani*. À ce titre, il est une puissance, susceptible d'influencer l'opinion, disponible peut-être pour la bataille politique. Mais Hugo refuse encore de se classer parmi les idéologies et les partis divers qui tentent alors de se structurer. Au nom de l'indépendance de l'artiste, il reste obstinément un franc-tireur. Il repousse les sollicitations des saint-simoniens, il accepte de chanter officiellement les héros tombés en Juillet mais sans pour autant glorifier la monarchie née des barricades[2], il fait une

1. « Hugo dans le débat politique et social », dans *La Gloire de Victor Hugo*, éditions de la Réunion des Musées Nationaux, 1985, p. 195. **2.** Dans « Hymne » (« Ceux qui pieusement sont morts pour la patrie... »), écrit en 1831 pour la célébration officielle du premier anniversaire de la révolution de Juillet, et recueilli dans *Les Chants du crépuscule* (1835).

réponse respectueuse mais très circonspecte à Jérôme Bonaparte qui cherche à l'enrôler dans la cause bonapartiste[1]. Pourtant c'est bien cette période, et plus précisément l'année 1832, qui le voit entrer explicitement dans la mêlée politique et adopter clairement une position d'opposant au pouvoir en place. La préface de la nouvelle édition du *Dernier Jour d'un condamné* (texte 1), qui dénonce la manière dont le nouveau régime a vidé de sa substance le débat législatif sur l'abolition de la peine de mort, constitue sans doute le premier texte d'intervention politique de Hugo. Quelques mois plus tard, la plaidoirie qu'il prononce devant le Tribunal de commerce contre l'interdiction par le gouvernement de son drame *Le roi s'amuse* (texte 2), équivaut au premier exercice d'éloquence publique de celui qui s'illustrera, plus tard, à la tribune de diverses Assemblées. Dans les deux cas, Hugo adopte une attitude qui sera souvent la sienne : rappeler au pouvoir les principes dont il se réclame, qui le légitiment, et dont pourtant il s'écarte jusqu'au point où il les trahit. Défense sans concession des libertés publiques, et notamment de la liberté d'expression dans ses diverses formes ; dénonciation des formes actuelles de la pénalité, et à travers elles de la condition faite au peuple dans la société – tels sont alors les principaux combats du poète en politique, qu'il poursuivra sa vie durant.

Il y a aussi Napoléon. Commencée sous la Restauration, l'évocation hugolienne de la grande figure impériale se déploie alors. Dans le mouvement de

1. « C'est parce que je suis dévoué à la France, dévoué à la liberté, que j'ai foi en l'avenir de votre royal neveu [l'« Aiglon », le fils de Napoléon Ier]. S'il donnait, comme je n'en doute pas, toutes les garanties nécessaires aux idées d'émancipation, de progrès et de liberté, personne ne se rallierait à cet ordre de choses nouveau plus cordialement et plus ardemment que moi » (lettre du 6 septembre 1831). « À la vérité, nous marchons plutôt vers la république que vers la monarchie ; mais à un sage comme vous, la forme extérieure du gouvernement importe peu » (lettre du 27 février 1833).

napoléonisme aigu qui suit immédiatement la révolution de Juillet, Hugo occupe une place considérable. Fascination de la grandeur, attirance (problématique) pour la gloire militaire, fidélité (complexe) au souvenir d'un père général d'Empire, patriotisme (non dénué de chauvinisme parfois), certitude que l'Europe doit se constituer – il entre un peu de tout cela dans la contribution de Hugo à cette légende napoléonienne qui s'élabore surtout pendant la monarchie de Juillet. Mais peut-être n'a-t-on pas suffisamment insisté sur le rôle que Hugo entend faire jouer à cette légende. Pourtant, il le redit sans cesse : le culte de Napoléon doit être clairement le culte d'un mort, d'un mort qui ne doit renaître à aucun prix. Parce que l'âge des empereurs et des conquérants appartient au passé, parce que Napoléon fut un despote et que la Liberté est « la grande sœur » de la Gloire[1]. Napoléon, pense alors Hugo, doit être un « Dieu » pour le XIXe siècle, mais un « maître », jamais[2]. Il s'agit donc de nourrir une mémoire napoléonienne qui ne soit pas nostalgie, et qui alimente et féconde symboliquement une œuvre politique neuve. Qu'un Bonaparte puisse être assez bien placé pour réaliser cette œuvre, ce n'est pas impossible. À la condition expresse qu'il donne « toutes les garanties » à la Liberté[3], aux libertés publiques autant qu'aux libertés individuelles, bref qu'il se soumette en cela au moins à l'esprit du siècle au lieu de vouloir le dominer. Le retour au pouvoir d'un Bonaparte n'est donc pas alors pour Hugo absolument inenvisageable ; mais il ne saurait y avoir, à jamais, qu'un Napoléon – mort[4].

À partir de la fin de la décennie 1830, Victor Hugo

---

1. « À la colonne », dans *Les Chants du crépuscule* (1835). **2.** *Ibid.* **3.** Lettre à Joseph Bonaparte du 6 septembre 1831, citée plus haut, note 1, p. 18. **4.** Voir Franck Laurent, « *Car nous t'avons pour Dieu sans t'avoir eu pour maître* », dans *Napoléon de l'histoire à la légende*, In Forma – Maisonneuve et Larose, 2000.

va progressivement rallier un régime qu'il avait d'abord dédaigné. Il va devenir familier de l'héritier du trône, puis de son titulaire. Ce mélange de mondanité et de politique trouvera bientôt son expression institutionnelle dans son élection à l'Académie française (1841), puis dans sa nomination par Louis-Philippe à la Chambre des pairs, chambre haute et non élective de la monarchie de Juillet (1845). Il s'essaie dès lors à une fonction de « conseil » auprès des princes et des dignitaires de l'État. Il imagine le rôle spécifique du poète en politique comme pouvant, par sa hauteur de vues et son indépendance partisane, réunir en faisceau et épurer de leurs erreurs ou de leurs excès toutes les idées justes éparses dans la circulation idéologique[1]. En fait, alors qu'il atteint au sommet des honneurs, alors qu'il entre pour la première fois dans la politique officielle et dans les coulisses du pouvoir, jamais peut-être son influence, et surtout son influence politique, n'a été moins grande. Lors de ses conversations avec Louis-Philippe ou Guizot, il écoute plus qu'il ne parle. Ses prestations d'orateur à la Chambre des pairs sont fort peu nombreuses, et, de son propre aveu, peu efficaces. D'ailleurs cette Chambre n'eut jamais dans le régime de Juillet qu'une importance politique minime, placard doré pour fin de parcours ou moyen commode et peu engageant de s'attacher des « illustrations » indépendantes (le cœur du pays légal, c'est à la Chambre des députés qu'il bat encore, là où Lamartine, Ledru-Rollin et quelques autres acquièrent une notoriété et une popularité qui dépassent de beaucoup les quelque 200 000 électeurs de ce régime étroitement censitaire). Parallèlement ses succès officiels tendent à

---

1. « Tout parti contient un morceau de raison grand ou petit. Mais il ne contient ce morceau qu'à la condition d'exclure absolument le fragment de vérité qui est chez le voisin. Donc tout parti est nécessairement absurde. C'est de tous ces morceaux réunis, rapprochés, ajustés et dégagés de l'alliage des folies locales, que se compose la sagesse des hommes politiques supérieurs » (21 novembre 1840), *Choses vues*, Robert Laffont, p. 800.

lui faire perdre son influence sur la jeunesse artiste, intellectuelle et trublionne. Le semi-échec des *Burgraves* (1843) s'explique aussi par là : les jeunes gens d'*Hernani* avaient vieilli, et la nouvelle génération avait quelque peine à agiter comme drapeau contestataire le nom d'un poète devenu académicien, d'un familier du roi-épicier, d'un nouveau notable qui prenait de l'âge, du ventre et du galon. Certes Hugo, durant ces années, approfondit sa réflexion sur l'Europe, sur l'unité de sa civilisation et sur son avenir (*Le Rhin*, 1842 et 1845). Mais cette réflexion bute encore sur la « question sociale », qui l'inquiète toujours sans qu'il parvienne vraiment à l'appréhender. Il noircit des dizaines de pages sur la question pénitentiaire, le travail des enfants, les émeutes de la faim – mais ces projets de discours destinés à la Chambre des pairs demeurent obstinément dans les tiroirs. Une sorte de gêne, d'empêchement, oppresse le Hugo de cette période. Il tente de s'en consoler en confiant à ses carnets, non sans morgue et sans quelque mauvaise conscience, son mépris pour la politique comme elle va – et dont il participe pourtant.

Pour Hugo comme pour tant d'autres, la Seconde République sera la croisée des chemins. L'histoire avait assez mal commencé. Autant Hugo s'était senti proche du mouvement révolutionnaire de 1830, autant la révolution de Février 1848 le heurta et l'inquiéta. Certes l'enthousiasme fraternel qui anime, durant les premières semaines, le peuple de Paris ne le laisse pas indifférent. Certes il y a Lamartine, dont il approuve globalement la politique à la tête du gouvernement provisoire – et ce n'est pas sans quelque fierté professionnelle qu'il voit un poète projeté ainsi à la tête de la France. Mais il juge la République prématurée, et l'extrême gauche parisienne – ces ébauches encore groupusculaires du mouvement socialiste qui s'efforcent alors de faire pression sur le gouvernement – lui apparaît comme une menace contre l'ordre social, et surtout contre les libertés. Bien plus tard, en mars 1870, il écrira à propos de ses notes prises à chaud sur les événements : « Tout ceci à revoir sévèrement. [...] J'ai écrit ces notes, très consciencieuses du reste, dans les premiers mois de 1848. [...] J'observais cela dans un étrange état d'esprit, comprenant peu cette révolution et craignant qu'elle ne tuât la liberté. » Finalement candidat à l'Assemblée constituante (sans doute pour une grande part à la demande de sociétés d'auteurs dramatiques dont il devra défendre les intérêts dans la nouvelle Chambre [1]), il est élu aux élections complémentaires de juin. Il siège à droite. Quand la persistance du marasme économique jointe au cynisme des républicains conservateurs déclenche à Paris la grande insurrection ouvrière des 23-26 juin, le représentant Victor Hugo fait partie des soixante membres délégués par l'Assemblée sur les lieux du combat pour la tenir informée de la situation. Cette épreuve le marquera durablement. Certes il faut vaincre l'insurrection : le peuple n'a pas le droit de s'opposer les armes à la main à un pouvoir régulièrement élu au suffrage universel. Mais l'âpreté de la lutte, l'énergie du désespoir déployée par les insurgés lui font comprendre l'ampleur de la misère endurée par les classes populaires. Il l'avouera plus tard, dans *Les Misérables* : ce fut pour lui « un de ces moments rares où, en faisant ce qu'on doit faire, on sent quelque chose qui déconcerte et qui déconseillerait presque d'aller plus loin ; on persiste, il le faut ; mais la conscience satisfaite est triste, et l'accomplissement du devoir se complique d'un serrement de cœur » ; car dans « cette émeute extraordinaire, on sentit la sainte anxiété du travail réclamant ses droits » (V, I, 1). De retour à l'Assemblée, Hugo sera l'un des très rares députés de droite [2] à réclamer des mesures sociales, et, dans l'immédiat, l'adou-

---

1. Voir Evelyn Blewer, *Victor Hugo et les réalités du théâtre – la campagne d'« Hernani » (1829-1830) – La crise des théâtres (1848-1849)*, thèse de doctorat de l'université de Paris-XII, 1999.
2. Avec Armand de Melun, catholique et monarchiste, auteur notamment d'un projet de commission visant à élaborer des remèdes au paupérisme. Hugo soutiendra ce projet, et dénoncera en séance l'obstruction sournoise de la droite à son encontre (9 juillet 1849 ; voir *Actes et Paroles, I*).

cissement de la répression et l'abrogation des mesures d'exception prises par le général Cavaignac. Si bien que cet ancien pair de France va de plus en plus fréquemment mêler ses voix à celles de la gauche, sans pour autant rejoindre ses bancs avant de longs mois.

Cette situation en porte-à-faux risque fort de rendre inaudible la voix de Victor Hugo, à un moment où les passions sont brûlantes et où s'ébauchent, à l'Assemblée comme dans le pays, des organisations partisanes adaptées à la nouvelle donne du suffrage universel. C'est pour conjurer ce risque de marginalisation qu'est fondé en août 1848 *L'Événement*, et c'est pour tenter de donner corps à cette position transversale, qui veut échapper aux polarisations politiques du moment, que Hugo et son journal apportent un soutien conditionnel à Louis Bonaparte, candidat à la présidence de la République. La première de ces deux entreprises est une réussite. Soutenu par Émile de Girardin (grand homme de presse, proche depuis longtemps de Hugo et comme lui assez difficile à situer sur l'échiquier politique du temps), *L'Événement* fera un peu mieux que donner de l'occupation aux fils du poète – lesquels au demeurant s'avéreront des journalistes talentueux et courageux. À une époque où la presse occupe un rôle déterminant dans les affaires publiques, où les salles de rédaction font office de quartier général des partis, un homme et une sensibilité politiques n'existent pas sans un journal. S'il ne se hissera pas au rang des grands quotidiens, le journal du « clan Hugo » obtiendra un honnête succès jusqu'à son interdiction par le pouvoir en 1851. Il saura orchestrer et amplifier la voix de son inspirateur, même si celui-ci se garde d'y participer directement. Grâce à *L'Événement*, Hugo n'est plus seulement un député isolé, trop atypique pour peser réellement : il tend à devenir l'animateur d'une « tendance », d'un « mouvement d'opinion ».

En revanche, le choix du soutien à Louis Bonaparte est vite décevant, avant de s'avérer catastrophique. À l'automne 1848, au moment où commence la campagne pour l'élection présidentielle de décembre, le neveu du grand Napoléon peut apparaître comme un homme neuf (il n'a pris encore aucune part active, du moins publique, au combat politique ouvert en février). Il semble indépendant des partis en place, et on lui prête volontiers des intentions sociales. En face, le candidat républicain officiel, le général Cavaignac, qui dirige le pays depuis les émeutes de juin, est honni par Hugo, par Girardin, par *L'Événement*, qui ne lui pardonnent ni la violence de la répression, ni les atteintes aux libertés publiques, et qui voient en lui la menace d'une république du sabre, autoritaire sinon dictatoriale. Lamartine, profondément choqué par l'insurrection de juin qui a sonné le glas de sa politique de conciliation, ne se présente pas. Quant aux candidats de gauche (Ledru-Rollin) et d'extrême gauche (Raspail), Hugo en est alors à mille lieues, et ils n'ont d'ailleurs aucune chance de succès. Dans une telle situation, l'option Louis Bonaparte pouvait sembler prometteuse, et constituer la moins mauvaise des solutions. À la condition que le futur président dépasse les partis et, surtout, qu'il donne des garanties sur un programme d'amélioration sociale et de strict respect des libertés – bref qu'il affirme haut et clair ne pas se mettre dans les mains de conservateurs de plus en plus farouchement réactionnaires (le « parti de l'Ordre »), ni vouloir refaire pour son propre compte le chemin parcouru par son oncle un demi-siècle plus tôt. Or, Louis Bonaparte fit d'abord l'un, puis l'autre.

1849 fut l'année de la Réaction victorieuse autant qu'effarouchée, en France comme dans les autres pays européens touchés par le mouvement révolutionnaire de 1848 [1]. Désarçonnés par les événements de l'année précédente, les notables s'empressaient de regagner le terrain perdu jusqu'à trahir de manière éhontée, au nom

1. Néanmoins, en France le régime issu de la révolution de Février dura jusqu'à la fin de 1851, et si l'élan de 1848 n'était plus conquérant, la mouvance républicaine, même minoritaire, restait forte.

du « péril rouge », ce qui avait été leur libéralisme. Chasse aux sorcières, provocations et proscriptions, compressions et déportations, atteintes à toutes les libertés et retour en force du cléricalisme catholique furent pour une bonne part le fait d'hommes issus du régime de Louis-Philippe. Ils ne rognaient pas seulement les acquis de 1848, mais ceux de 1830, voire (au moins pouvait-on le craindre, notamment en matière religieuse) ceux de 1789. C'est avant tout cette « droitisation » de la droite, alors que le risque de convulsion sociale grave s'éloigne, qui pousse insensiblement Hugo dans les bras de la gauche, et qui le convainc peu à peu que seule la République peut protéger la Liberté et œuvrer au Progrès. Ses interventions à l'Assemblée se multiplient, en 1849 et plus encore en 1850, contre toutes les grandes lois réactionnaires votées par une droite de plus en plus ouvertement monarchiste ou bonapartiste. Les « démocs-socs », républicains et démocrates sincères, modérément socialistes, n'accueillirent pas sans quelque surprise et réticence cette recrue inattendue.

Son attitude lors du coup d'État du 2 décembre 1851 allait pourtant prouver la profondeur de sa conviction républicaine. Sans hésitation, passant de la tribune à la barricade, ce poète qui n'a rien d'un professionnel de la révolution et n'a jamais appris à charger un fusil accepte les risques et les chances de la résistance armée, animant le petit groupe de députés de gauche qui appelle la capitale à se soulever contre la forfaiture du Président. Il ne renonce que le 10, lorsqu'il est désormais acquis que toutes les résistances, à Paris comme en province, sont matées. S'il échappe aux balles et à la police du Bonaparte, il lui faut sous peine d'être pris quitter le territoire français. Son arrivée à Bruxelles précède de quelques jours le décret officiel de proscription. L'exil a commencé. Il va transformer considérablement l'influence politique de Victor Hugo.

D'abord parce que cette influence va désormais s'appuyer sur un engagement éthique incontestable.

Aux paroles se sont ajoutés les actes, dont les conséquences s'impriment dans l'existence même du sujet. Actes rigoureusement conformes à la conviction dont ils prouvent la vigueur, qui donnent au proscrit un droit nouveau à parler « en conscience », et à hausser la conscience au rang de catégorie politique fondamentale.

Certes. Mais l'exil n'en demeure pas moins le signe de la défaite. Et l'existence des exilés est toujours éprouvante, même s'ils sont illustres, même si leur situation économique les protège de la mendicité plus ou moins déguisée et de la misère souvent réelle. Un Ledru-Rollin, par exemple, reviendra littéralement laminé de ses vingt années d'exil londonien. Et puis, aussi beau soit son geste de refus, aussi noble la cause pour laquelle il souffre, on oublie vite un exilé : loin des yeux... Pour activer la potentialité de force symbolique qui réside dans cette situation de vaincu, il faut contraindre ceux qui sont restés en France à parler de vous au présent, trouver le moyen de ne pas mourir tout à fait, ne pas être seulement un nom ancien que l'on salue, au mieux, avec l'émotion commémorative due à « Ceux qui pieusement sont morts pour la patrie[1] ». Si Hugo sur son rocher conserva une influence politique réelle, et même bien plus grande que celle qu'il exerçait avant le coup du Deux-Décembre[2], c'est d'abord parce qu'en exil il est redevenu un

1. Voir note 2, p. 17. **2.** « Victor Hugo entre le 2 décembre 1851 dans l'Histoire de France pour y tenir cette fois un rôle politique de premier rang. C'est nouveau ! On pourrait écrire valablement l'histoire politique de la Restauration sans mentionner le jeune poète officiel, l'histoire politique de Louis-Philippe sans citer un geste du pair de France, ou même celle de la Seconde République sans être davantage tenu d'entendre Hugo (sauf, si l'on veut, son grand discours contre la loi Falloux). En revanche, on ne peut pas relater le Second Empire sans mettre en scène le plus illustre des proscrits. Victor Hugo en face de Napoléon III, c'est la République en face de l'Empire. On pourrait ne rien dire de plus de ces dix-huit années, tout est dans cette antithèse » (Maurice Agulhon, « Hugo dans le débat politique et social », dans *La Gloire de Victor Hugo*, éditions de la Réunion des Musées nationaux, 1985, p. 206).

grand écrivain. On le sait, la plupart de ses chefs-d'œuvre datent de cette période. Si l'on considère seulement les publications dont le succès fut immédiat, qui firent événement dans le champ culturel, que tout le monde lut et dont tout le monde parla, qui occupèrent la presse des mois durant, il faut citer, après *Napoléon-le-Petit* en 1852 (pamphlet vengeur qui toucha un large public malgré sa clandestinité), au moins deux recueils poétiques, *Les Contemplations* en 1856 et *La Légende des siècles* en 1859, et deux romans, *Les Misérables* bien sûr, en 1862, mais aussi *Les Travailleurs de la mer* en 1866[1]. Si les écrivains qui avaient vingt ans vers 1840 (Baudelaire, Banville, Flaubert...) pouvaient alors considérer Hugo comme une référence vieillie, presque un *has been*, les mêmes à quarante ans prirent vite l'habitude de considérer l'exilé comme le plus « incontournable » de leurs collègues. Et pour les jeunes gens de 1860-1870 (Verlaine, Mallarmé, Zola, puis Rimbaud...), Hugo fut d'abord un auteur contemporain : un aîné, pas un ancêtre[2]. Ainsi, durant tout l'exil, l'absent fut omniprésent, et le quasi mort bien vivant.

Cette gloire littéraire renouvelée décupla son influence politique. D'abord parce que tous ces romans et recueils sont aussi, plus ou moins explicitement, des œuvres politiques, et même militantes. Mais plus radicalement encore parce que cette gloire constitua en elle-même, dix-neuf années durant, un outrage au régime impérial. Durant tout le règne de Napoléon III la France et le monde durent constater

---

1. Publié en 1853 alors que l'Empire semble désormais solidement établi, interdit et très sévèrement contrôlé par la police, *Châtiments* n'eut d'abord qu'une audience clandestine ; s'il circula sous le manteau pendant tout l'Empire, son phénoménal succès date de l'hiver 1870-1871. Quant aux autres grandes œuvres de l'exil, *William Shakespeare* (1864), *Les Chansons des rues et des bois* (1865), *L'Homme qui rit* (1869), leur accueil par la critique et le public fut plus discret ou plus hostile. **2.** Voir Jean-Marc Hovasse, *Victor Hugo et le Parnasse*, thèse de doctorat de l'université de Paris-VII, 1999.

cet étrange paradoxe : l'un des plus grands écrivains français vivants, incontestablement le plus lu et le plus traduit, ne résidait pas sur le sol français, y était interdit de séjour puis persistait à ne pas rentrer avant la République[1]. À une époque et dans un pays qui considéraient la gloire littéraire comme une forme éminente du prestige national, l'exil de Victor Hugo fit beaucoup pour le développement du thème des « deux France », visant à faire du Second Empire une anomalie transitoire. Enfin les journaux anglais, belges, suisses, italiens, américains... et parfois français n'hésitaient guère à reproduire dans leurs colonnes une déclaration politique de l'auteur de *La Légende des siècles* et des *Misérables* ; ils eussent été sans doute moins empressés s'ils n'avaient eu affaire qu'à un ancien membre des Assemblées républicaines, vieille gloire romantique de 1830.

Or ces interventions politiques par voie de presse ne cessent pas de tout l'exil, même si leur nombre et leur nature varient, au gré de l'actualité et de la solidité présumée du régime de Bonaparte. Elles portent la marque d'une certaine radicalisation par rapport aux positions défendues antérieurement par le poète. Dès 1852, *Napoléon-le-Petit* propose un programme de refonte en profondeur des institutions (voir texte 9). Programme issu des plus radicaux (mais aussi des moins jacobins) des « démocs-socs » de la Seconde République, et qui sera repris peu ou prou par tous les républicains avancés sous l'Empire et au début de la Troisième République (communards compris). L'exil voit aussi Hugo se constituer en référence active pour tout ce mouvement plus ou moins diffus d'internationalisme républicain, hérité du Printemps des Peuples de 1848, et qui s'enflamme pour les luttes des nationa-

---

1. Victor Hugo avait parfaitement conscience de la valeur politique de son exil, et son refus de l'amnistie de 1859 s'explique aussi par là. S'il ne condamne pas ceux qui rentrent (notamment parce qu'il faut travailler en France pour la République), il sait que son absence sera politiquement plus efficace que sa présence.

lités opprimées, travaille à la constitution d'une opinion publique internationale, rêve d'élargir à l'Europe et au monde le combat pour la justice et pour la liberté. Italiens, Polonais, Irlandais, Crétois, Mexicains, Chinois..., c'est à qui sollicitera ou recevra spontanément du vieux proscrit un message de soutien ou un cri d'indignation. Que l'efficacité immédiate d'actes politiques de ce genre soit par nature douteuse, Hugo le sait bien, et il appelle d'ailleurs à une meilleure organisation de cette solidarité internationale, à une meilleure articulation des luttes et de leur accompagnement médiatique : « Quant à moi, déplore-t-il en 1866, c'est la quatrième fois qu'un appel de ce genre m'arrive trop tard depuis deux ans. Les insurgés de Haïti, de Roumanie et de Sicile se sont adressés à moi, et toujours trop tard [alors que l'insurrection était déjà étouffée, comme l'est alors l'insurrection crétoise]. Dieu sait si je les eusse servis avec zèle ! Mais ne pourrait-on mieux s'entendre ? Pourquoi les hommes de mouvement ne préviennent-ils pas les hommes de progrès ? Pourquoi les combattants de l'épée ne se concertent-ils pas avec les combattants de l'idée ? C'est avant et non après qu'il faudrait réclamer notre concours. Averti à temps, j'écrirais à propos, et tous s'entraideraient pour le succès général de la révolution et pour la délivrance universelle [1]. » Cet idéal de la République universelle, que Hugo porte alors plus haut que jamais, il ne le partage pas seulement avec des poètes exaltés, des journalistes en mal de copie ou des aventuriers fascinés par Garibaldi. C'est alors l'un des traits communs de tous les républicains avancés, jusque dans la nébuleuse du mouvement populaire, ouvrier et socialiste. Le 10 mars 1871, la Fédération républicaine de la Garde nationale, qui vient de voter ses statuts et qui va faire la Commune huit jours plus tard, déclare solennellement : « Jurons donc de tout sacrifier à nos immortels principes. La République française d'abord, puis la

---

1. *Actes et Paroles, II*, Robert Laffont, p. 679.

République universelle. » Pendant comme après l'insurrection, Louise Michel termine nombre de ses lettres non seulement par « Vive la Commune », mais par un aussi vibrant : « Vive la République universelle ! », ou « Vive la République sociale universelle ! »

Intégrer le socialisme à la République, telle fut aussi l'ambition de l'exilé. Or les rapports entre Hugo et les théoriciens de la « question sociale » étaient loin d'être simples. S'il se rapproche en exil de Louis Blanc, il n'éprouve guère de sympathie ni de compréhension, et en revanche beaucoup de défiance, à l'égard de Pierre Leroux et surtout de Proudhon, principal inspirateur des militants ouvriers. Toute remise en cause radicale de la propriété privée, toute stratégie de lutte des classes le rebutent profondément. Il en vient cependant à défendre un ensemble de principes et de mesures qui peuvent constituer un terrain d'entente entre républicains « bourgeois » avancés et militants socialistes. Certains aspects de ce programme ne relèvent pas de la question sociale au sens étroit, mais trouvent de larges échos dans les classes populaires : création d'une armée citoyenne, séparation de l'Église et de l'État et, surtout, démocratisation de l'instruction. Au-delà, Hugo défend alors l'amélioration des salaires et des conditions de travail, le développement des syndicats ouvriers, la mise en place de dispositifs de prévoyance et de protection sociales, un accès plus large et moins onéreux au crédit pour les masses, la création d'un impôt sur le revenu qui se substituerait aux impôts indirects sur la consommation. Il imagine même une sorte de planification de la production par l'État, plus incitative que contraignante, assez dans l'esprit de celle qui sera mise en place à la Libération (voir texte 14). Pour l'essentiel, il s'inscrit ainsi dans la mouvance de ce radicalisme républicain des années 1860-1890, qui cherche sur ces bases à réunir ou tout au moins à articuler les « républicains modérés mais pas modérément républicains » d'une part, et les socialistes d'autre part. De ce radicalisme républicain il s'écarte en revanche profondément, et jusqu'à sa mort, par son traitement de la question religieuse. Si son anticléricalisme farouche n'a rien à envier à ceux d'un Littré, d'un Gambetta ou d'un Ranc, Hugo reste un croyant, profondément persuadé que seule la croyance en un Dieu personnel peut fonder l'éthique individuelle et collective, et qu'une politique proprement républicaine ne peut faire l'économie d'une refondation religieuse. En cela, face aux radicaux de la génération de 1860, pénétrés de positivisme et de scientisme, Hugo reste fidèle à cet esprit de 1848 qui, à bien des égards, constitue l'épanouissement politique du romantisme de 1830[1].

Ainsi, au moins dans la plupart de ses différents « contenus », la position politique de Victor Hugo pendant l'exil est au fond beaucoup moins atypique, beaucoup moins isolée qu'elle ne l'était dans les périodes précédentes, Seconde République comprise. Mais pour la mettre en œuvre, pour lui donner une effectivité immédiate, même limitée, le prestige de l'écrivain et du proscrit, ses interventions ponctuelles, utiles et nécessaires ne sont pas suffisants. L'exil l'a grandi, mais il l'a aussi éloigné. Le réseau des correspondants, en France et ailleurs, ne compense qu'en partie cet éloignement. Quand l'Empire se trouve en butte à des oppositions diverses mais de plus en plus convergentes, quand il est contraint à desserrer quelque peu le bâillon, bref quand vers la fin des années 1860 le jeu politique en France s'ouvre à nouveau, il faut à la « voix de Guernesey » une proximité plus grande, un mode de présence plus intime et plus réactif. Si les membres du cercle familial s'absentent alors de plus en plus souvent, s'ils prolongent de plus en plus leurs séjours parisiens, c'est bien sûr que l'ascèse de l'exil leur pèse plus lourdement à mesure que les années pas-

---

1. Sur cette question, la position de Hugo est beaucoup plus proche de celle d'un Michelet ou d'un Quinet (autres représentants de l'esprit de 1848), nonobstant des variantes importantes principalement sur l'évaluation historico-politique du christianisme.

sent – mais pas seulement. Hugo peut se plaindre de cet « abandon », il sait cependant que Charles et François-Victor vont, de concert avec les fidèles Meurice et Vacquerie, défendre la cause commune au cœur du monde littéraire, politique et médiatique. *Le Rappel*, fondé en 1869 à l'occasion des élections qui verront le retour en force des républicains, donnera la mesure du talent et de l'efficacité de ce « clan Hugo », auquel s'adjoignent le fougueux polémiste Rochefort puis le jeune radical Lockroy. Les liens du journal avec le proscrit sont du même ordre que ceux qu'entretenait *L'Événement*, vingt ans plus tôt, avec le représentant du peuple. Mais son succès est autrement plus grand, sans doute en partie parce que la « position Hugo », toujours indépendante, est néanmoins beaucoup plus lisible qu'en 1848, beaucoup plus représentative d'une tendance importante de l'opinion publique. Toujours est-il que ce journal bon marché, à la fois politique et littéraire, drôle et exigeant, courageux et manœuvrier, devient immédiatement l'un des plus importants parmi ces journaux républicains « rouges » qui fleurissent après la loi sur la presse de 1868, et sont si caractéristiques de l'effervescence politique de l'extrême fin du Second Empire. Il devient l'organe le mieux placé pour œuvrer à l'union, tout au moins à l'alliance des républicains avancés et des classes populaires urbaines, voire des socialistes. Quand en août 1870, après l'annonce des premières défaites des armées françaises face aux Prussiens, la frange la plus combative de la gauche s'acharne à obtenir la déchéance de l'Empire, c'est bien souvent dans les locaux du *Rappel* qu'on se réunit. Pendant ce temps Hugo se tient prêt à Bruxelles. D'un commun accord, il a été décidé que l'exilé ne rentrerait qu'au signal donné par le clan parisien, mieux à même de juger l'état de la situation. Le 4 septembre, deux jours après le désastre de Sedan, l'Empire tombe. Le 5, Hugo rentre à Paris, accueilli gare du Nord par une foule immense, enthousiaste, et angoissée.

Peut-être croit-on trop souvent qu'à son retour d'exil Hugo a désormais derrière lui l'essentiel de son œuvre et de son action, que sa statue est, à quelques retouches près, achevée, que l'ancien opposant à l'Empire a pu jouir sans nouvel effort des honneurs de la République. C'est oublier que l'Histoire ne lui a pas laissé le loisir d'engranger sereinement les bénéfices, symboliques et autres, de ses épreuves passées. La guerre et la défaite, la Commune et sa répression, la lente et difficile victoire de cette Troisième République bien mal engagée, voilà ce qui attendait le revenant de Guernesey. Or les actes et les paroles de Hugo durant cette période comptent pour beaucoup dans ce phénomène que l'exil, à lui seul, n'aurait pas suffi à produire : l'intensité de l'admiration, du respect et – osons le mot – de l'amour dont cet écrivain fut l'objet de la part du peuple de France. Phénomène qui apparut dans tout son éclat lors des funérailles du poète (un à deux millions de personnes suivirent son convoi), et qui est sans équivalent dans l'histoire littéraire de ce pays.

L'image du Père Hugo costumé en garde national (sans fusil), visitant les remparts de Paris assiégé, fit très tôt sourire nombre de bons esprits. Elle laissa un autre souvenir au petit peuple de la capitale, qui subit l'essentiel des misères et des dangers de ce si rude hiver 1870-1871. Lui ne trouva pas particulièrement ridicule ce vieux bourgeois illustre qui demeurait avec maîtresse, fils, belle-fille et petits-enfants dans la ville affamée et bombardée, pour mieux soutenir et exalter l'héroïsme du peuple en armes – tandis que les habitants des beaux quartiers avaient quitté Paris à l'approche des Allemands [1], s'impatientaient en province de la résistance désespérée de la capitale, et s'inquiétaient qu'on ait distribué des fusils aux prolétaires. En février 1871, Paris fit une élection triomphale à celui qui n'était pas rentré sous Bonaparte et n'était pas parti

---

1. On les appelait les « francs-fileurs », par analogie antithétique avec les « francs-tireurs » qui harcelaient les troupes allemandes dans les provinces envahies.

devant les Prussiens. Le patriotisme anti-capitulard qu'il défendit à l'Assemblée de Bordeaux, sa démission au nom des provinces perdues et de Garibaldi outragé, et même ses efforts d'abord désespérés, puis plus sereins, pour maintenir malgré la défaite l'idéal de la paix des peuples et de la République universelle, tout cela n'était pas sans écho dans l'esprit populaire du temps.

L'asile offert à Bruxelles aux communards pourchassés, puis le combat sans failles, engagé dès septembre 1871 et gagné seulement en 1880, pour leur amnistie, constitua un autre titre de l'auteur des *Misérables* à l'estime des ouvriers – quand bien même on n'y verrait qu'un acte de pitié pour les victimes et les vaincus. Car elle fut bien rare cette pitié, à l'heure des massacres et du déferlement de haine sociale qui secoua alors la bourgeoisie française, journalistes et écrivains compris [1]. Neuf mois après son retour triomphal, celui qui aurait pu s'installer dans son statut de gloire nationale redevenait la cible de toutes les attaques. La droite monarchiste et catholique se déchaîna contre le vieux communeux, le démagogue athée, la honte de la France. Les républicains modérés étaient à peine moins violents dans leur volonté d'éradiquer le socialisme et tous ses soutiens, fussent-ils indirects. Quant aux radicaux, ils estimèrent pendant plusieurs années que le mot d'ordre de l'amnistie effraierait les masses rurales et compromettrait l'enracinement de la République. L'indépendance de l'écrivain lui permit, avec *Le Rappel*, de rappeler inlas-

---

1. Un exemple parmi tant d'autres, cet extrait d'un article de *La Liberté*, journal de cet Émile de Girardin si longtemps très proche de Hugo, et qui sur ce sujet s'en sépare jusqu'à refuser aux communards jugés par les conseils de guerre les plus élémentaires garanties procédurales : « Il ne faut pas s'y tromper, il ne faut surtout pas chercher à épiloguer, c'est bien une bande de scélérats, de voleurs et d'incendiaires que nous avons sous les yeux. Arguer de leur situation d'accusés pour exiger à leur égard du respect et le bénéfice de l'*alea*, qui les suppose innocents, c'est de la mauvaise foi ! »

sablement que cette République ne serait que l'ombre d'elle-même tant qu'elle alimenterait la haine de classes par la proscription.

Si l'on en croit le témoignage de Louise Michel, les proscrits de Nouvelle-Calédonie ne furent pas insensibles à ces prises de position. Quand elle apprend la mort de son fils François-Victor, elle écrit à Hugo (28 mars 1874) : « Cher Maître, il n'y a pas de consolation possible, mais je veux vous dire que nous souffrons tous de votre douleur. Nous vous envoyons les plus grands regrets en union avec les vôtres. » Et le 23 septembre 1878 : « On a publié votre portrait, cher Maître, dans un journal de Nouméa, et si nous sommes d'accord sur un point, c'est le respect et l'affection que nous vous portons. » Quand autour de 1880 se reconstitue le mouvement ouvrier sur une ligne « classe contre classe », ni ce respect ni cette affection n'ont tout à fait disparu. Les militants qui écrivent l'histoire des luttes passées en sont encore pétris. Pour eux, les républicains « bourgeois », les exilés de la Seconde République et de l'Empire, les Ledru-Rollin, Victor Schoelcher, Louis Blanc, voire Pierre Leroux ou Greppo, sont de vieilles barbes quarante-huitardes, de beaux parleurs grandiloquents aux larmes de crocodiles, des lâches, des traîtres et des fusilleurs, au moins passifs, à jamais éclaboussés du sang des prolétaires versé en 1848 et en 1871. Que le peuple s'en souvienne, et se défie de toute alliance avec la bourgeoisie soi-disant avancée ! De toute cette génération de républicains, de tous ces hommes que l'exil avait pourtant auréolés, un seul échappe à leur vindicte : Victor Hugo. Prosper-Olivier Lissagaray, communard proscrit qui publie à Londres en 1876 la première histoire sérieusement documentée de la Commune de Paris, n'a pas de mots assez durs pour stigmatiser la conduite de tous ces revenants de l'exil. Mais, tout en multipliant les bémols et les marques de distance, il salue à maintes reprises le courage, l'humanité et l'intégrité de Hugo (et du *Rappel*[1]). Victor Marouck, rédacteur au journal guesdiste *L'Égalité*, publie en 1880 une histoire de l'insurrection de juin 1848 et trouve le moyen de rendre une sorte d'hommage à celui qui était alors du côté de l'Ordre, tandis qu'il honnit Louis Blanc coupable d'abstentionnisme[2]. Dans ces livres véhéments et vengeurs, tout entiers tendus par le refus de l'oubli et du consensus, qui appellent à une défiance définitive à l'égard de la gauche « officielle », une espèce de mot d'ordre tacite se fait entendre : on ne touche pas à Victor Hugo. Respect à celui qui proclama l'asile et défendit l'amnistie[3]. De fait, à peine élu sénateur en 1876, Hugo déposait un projet de loi d'amnistie (rejetée). Il était assez bien placé pour continuer à incarner à la fois l'idéal et la tactique d'union républicaine, malgré la division sociale. Et quand en 1877 la république est à nouveau menacée par son président (le très royaliste Mac-Mahon), c'est cette tactique et cet idéal qui l'emporteront, au moins dans les urnes.

La République enfin installée par la victoire décisive des républicains aux élections d'octobre 1877, puis l'amnistie des communards enfin votée en 1880, le nom de Hugo cessait d'être synonyme de combat pour entrer vivant dans la gloire, officielle autant que populaire. À sa mort, le 22 mai 1885, les manifestations de tristesse et d'admiration ne laissèrent guère d'espace aux très rares voix qui, venues de l'extrême droite catholique ou de l'extrême gauche marxiste, refusaient ou tout au moins marchandaient leur adhésion. La décision d'organiser des funérailles nationales parut natu-

---

1. *Histoire de la Commune de 1871*, éditions La Découverte & Syros, 2000. **2.** *Juin 1848*, éditions Spartacus, 1998, p. 112. **3.** Admiration aussi, pour le poète de combat, celui qui, dans *Châtiments* et ailleurs, sut si souvent donner une voix poétique aux ardeurs militantes. Ainsi le dernier chapitre de l'*Histoire de la Commune* de Lissagaray, écrit en grande partie pour la seconde édition de 1896, a pour épigraphe un alexandrin ; ce n'est pas un vers d'Eugène Pottier ni de Jean-Baptiste Clément, c'est un vers de Victor Hugo, tiré de *La Voix de Guernesey* (1867) : « Le cadavre est à terre et l'idée est debout. »

relle, et recueillit à l'Assemblée une quasi-unanimité. La polémique resurgit pourtant, sur la question religieuse. Hugo ayant expressément refusé « l'oraison de toutes les églises », ses funérailles furent civiles, et alimentèrent les débats alors passionnés sur la laïcisation des grandes étapes de la vie humaine (naissance, mariage et mort). La polémique fut à gauche aussi : l'illustre mort n'avait rien concédé aux « cléricaux », mais il avait tenu à rappeler qu'il croyait en Dieu – ce qui ne manqua pas d'irriter profondément nombre de ses « amis politiques ». Enfin la République laïque saisit l'occasion de ces funérailles pour arracher au culte catholique l'église de la montagne Sainte-Geneviève – dont la Révolution française avait fait son Panthéon, qui avait été rendue au catholicisme par la Restauration, puis à nouveau laïcisée après Juillet 1830, puis à nouveau consacrée par Napoléon III. Sur proposition des radicaux, on vota précipitamment une loi qui rendait l'église de Soufflot au culte des grands hommes, et la patrie reconnaissante y déposa la dépouille du poète. Une foule immense (rassemblement sans doute sans précédent dans l'histoire moderne) l'accompagna au cri de « Vive Victor Hugo ! ».

*

À une exception près [1], les textes que nous reproduisons ici ne sont pas ce que nous appelons aujourd'hui des textes littéraires. C'est dire que cette anthologie n'a pas la prétention de représenter l'ensemble de la pensée politique de Victor Hugo, telle que sa poésie, son théâtre et ses romans l'ont fait vivre, pour les contemporains et pour la postérité. Elle constitue en revanche un échantillon aussi représentatif que possible de cette multitude de textes signés Hugo et qu'on pourrait nommer des « textes d'intervention ». Interventions dans le débat public d'un écrivain qui parle d'abord comme

1. « Les fusillés » (texte 20), poème de *L'Année terrible* (1872).

citoyen, même si ni lui ni ses lecteurs ou auditeurs n'oublient jamais que ce citoyen a pour particularité d'être l'un des premiers écrivains du temps. Interventions très précises dans une actualité très précise : tous ces textes expriment une réaction, le plus souvent rapide, à un événement ou une situation politique déterminés, sur lesquels ils veulent peser et agir. Leur présentation et leur annotation s'efforceront de rendre sensible au lecteur d'aujourd'hui ce contexte, dont la méconnaissance peut rendre de tels écrits obscurs ou abstraits. On espère qu'apparaîtra ainsi une des principales ambitions de Hugo politique : articuler les principes et l'action, la tactique et l'utopie.

À l'intérieur de cette définition commune, ces écrits n'en relèvent pas moins de « sous-genres » assez divers. Il y a d'abord tous les textes proprement oratoires, c'est-à-dire, avant tout, conçus pour être prononcés de vive voix et en public, qui prennent fortement en compte et reproduisent au moins en partie les réactions de l'auditoire. Discours à la tribune des Assemblées parlementaires bien sûr, mais aussi au tribunal, au Congrès de la paix, dans telle ou telle réunion publique à caractère politique, ou encore au cimetière... Faits pour être dits, ils se rattachent cependant, en amont comme en aval, au régime de l'écrit : les discours de Hugo sont soigneusement rédigés ; une fois prononcés ils sont, selon l'usage du temps, imprimés et diffusés par la presse [1], puis sous forme de brochures ou, plus tard, de recueils plus ou moins épais. Il y a aussi les déclarations envoyées aux journaux, souvent sous forme de lettre ouverte, sur telle ou telle question d'actualité. Ou encore les proclamations, destinées à être affichées sur les murs. Hugo a rassemblé lui-même ces textes à plusieurs reprises, surtout, à partir de 1872,

1. Les discours parlementaires sont intégralement reproduits par *Le Moniteur* (beaucoup plus lu que ne l'est notre *Journal officiel*) et, au moins en extraits, par la plupart des journaux, qui consacrent alors une part essentielle de leurs colonnes aux débats parlementaires.

dans les volumes intitulés *Actes et Paroles*. On a également choisi des textes publiés ailleurs et autrement, de nature autre, mais toujours étroitement et explicitement liés à l'actualité politique : la préface d'un roman, parce qu'elle s'occupe beaucoup moins du roman qu'elle préface que du débat sur la peine de mort (texte 1) ; un extrait de la conclusion d'un récit de voyage, réflexion géopolitique et programme de politique étrangère (texte 3) ; un extrait d'un pamphlet contre le régime issu du coup d'État (texte 9) ; un extrait d'une présentation au guide de l'Exposition universelle de 1867, opération politique autant que culturelle, et occasion d'énoncer l'utopie européenne (texte 14) ; la fin d'une autobiographie politique, hantée par le désastre de 1871 (texte 22) ; enfin le texte des dernières volontés du poète, au reste recueilli dans l'édition posthume d'*Actes et Paroles*, et certes à juste titre tant il est vrai que la mort de Victor Hugo constitua son dernier acte politique.

Profondément datés, ces textes de combat ne nous sont pourtant pas lointains, tant les sujets qu'ils agitent continuent d'animer le débat public. La peine de mort, la condition pénitentiaire, l'égalité des sexes, la misère, le droit de vote, le droit d'asile, la Nation et l'Europe – mais aussi la République, l'armée de métier, la décentralisation, le rôle de l'école, la laïcité, l'esclavage, le droit des peuples à disposer d'eux-mêmes, les interventions humanitaires et jusqu'à l'impôt sur le revenu, toutes ces questions demeurent ouvertes, ou tendent à revenir dans le débat alors qu'on les avait cru résolues. S'il faut se défier des anachronismes, force nous est de constater que le XIXe siècle n'a pas encore tout à fait quitté notre horizon politique ; notre « extrême contemporain », qui semble parfois mettre un point d'honneur à se croire né de la dernière pluie, ou qui au contraire aime à s'inventer des filiations historiques hautement fantaisistes, peut ainsi trouver quelque profit à reparcourir les méandres politiques du siècle avant-dernier. Quant à la façon particulière dont

Victor Hugo les a parcourus, elle fait entrevoir quelques principes, autant pratiques que théoriques, qui peuvent encore solliciter notre méditation. Citons-en quelques-uns, en vrac et sans prétendre à l'exhaustivité. La politique est strictement l'affaire de tous : en aucun cas elle ne saurait être réservée à un individu ou à un groupe, ni limitée aux lieux et aux modes « officiels » (couloirs des Assemblées et des ministères, élections et nominations, etc.) ; l'« homme politique » qui ne reconnaît d'autre légitimité que la sienne et celle de ses pairs, comme le citoyen qui se décharge sur lui du soin des affaires publiques pour mieux s'occuper des siennes [1], font le lit de toutes les tyrannies, les violentes et les douces. La question sociale englobe la question économique mais ne s'y réduit pas : le combat contre la misère et pour la dignité ne saurait être opposé au combat pour les libertés publiques, l'égalité des sexes, le droit d'asile, l'abolition de la peine de mort, etc., ni vraiment distingué de lui. Rappeler les principes, y compris dans leur dimension éthique, n'est pas forcément de mauvaise politique. La vraie fidélité à l'idéal consiste moins à multiplier, au nom d'une conception sectaire et puritaine de la pureté, les lignes de fracture et les procès en trahison, qu'à rassembler les énergies de tous les amoureux du Progrès, voire de tous les hommes de bonne volonté, autour d'un commun désir – lequel n'est ni consensus mou ni plus petit commun dénominateur...

Paroles de poète... Soit – mais la politique aussi est un art du langage. Faire de la politique, c'est aussi, et même d'abord, et peut-être surtout, parler politique. Les hommes du XIXe siècle méconnaissaient peut-être moins que nous cette vérité. Est-ce par hasard si, en France, les zones du territoire où les passions poli-

---

1. « Je ris quand nous enflons notre colère d'homme / Pour empêcher l'enfant de cueillir une pomme, / Et quand nous permettons un faux serment aux rois. / Défends moins tes pommiers et défends mieux tes droits, / Paysan. » (« Les enfants gâtés », dans *L'Art d'être grand-père*, 1877).

tiques furent les plus fortes et d'où sortirent tant de grands acteurs des combats du siècle, furent celles où l'amour du langage sous toutes ses formes (dispute et palabre, esprit et gouaille) était le plus communément répandu : c'est-à-dire Paris et le Midi ? La haute idée qu'ils se faisaient du langage, de sa mission et de ses pouvoirs, est peut-être ce qui réunit le mieux tous les « progressistes » de ce siècle, au-delà de tout ce qui les sépare. À l'inverse, la tyrannie du Second Empire fait taire la presse et la tribune. Elle crie : « À bas les mots[1] ! », et se gargarise de la primauté intangible du fait. Au vrai, ce disant elle triche, et ne fait que voiler son véritable régime, qui est non pas d'abolir le langage mais de le pervertir, et d'appeler « sauveur » le criminel, « politique » le meurtre, et « forfaiture » la fidélité. Le mal que cet usage pervers du langage fait au corps social, seul le langage, un autre usage, sain, virulent, poétique du langage, pourra l'en guérir. C'est à quoi Hugo, avec d'autres, s'est employé. Il l'a fait à sa manière, transportant dans l'arène politique sa langue, forgée en poésie et en littérature. On retrouvera dans ces textes tout le « style » hugolien : ruptures de ton, sauts brusques de régime, mise en présence du plus sublime et du plus trivial, refus violent des euphémismes et du pseudo bon goût... Et le sens de la formule choc, de celle que tous les journaux reproduiront, qu'on répétera dans les salons comme dans les cafés : « Il n'y a eu dans ce siècle qu'un grand homme, Napoléon, et une grande chose, la liberté. Nous n'avons plus le grand homme, tâchons d'avoir la grande chose » (texte 2) ; « Quoi ! après Auguste, Augustule ! Quoi ! parce que nous avons eu Napoléon le Grand, il faut que nous ayons Napoléon le Petit[2] ! » ; « même du point de vue de notre égoïsme, il est difficile de composer le bonheur de l'homme avec la souffrance de la femme » (texte 21). Et les longues accumulations énumératives

---

1. « Splendeurs », dans *Châtiments* (III, 8). **2.** Discours sur *La Révision de la constitution*, 17 juillet 1851, dans *Actes et Paroles, II*.

de noms propres, dont l'érudition bizarre est moins gratuite qu'on ne le dit parfois, et ne se limite jamais à un quelconque « effet de savoir ». Et le plaisir gouailleur de l'invective, où se reconnaît l'auteur qui noircissait des pages entières de ses carnets d'injures les plus abracadabrantes, à faire pâmer d'aise le plus déluré des titis. Et le sens de l'incongruité, qui démasque les fonctionnements sociaux insus, tant ils semblent naturels : « Vous comprenez qu'il est impossible d'envoyer à la Grève, dans une charrette, ignoblement liés avec de grosses cordes, dos à dos avec ce fonctionnaire qu'il ne faut pas seulement nommer, quatre hommes comme vous et moi, quatre *hommes du monde* ? Encore s'il y avait une guillotine en acajou ! » (texte 1). Et l'humour noir ravageur mêlé inextricablement au plus effrayant pathétique : « Les gouvernements [...] disent : On exagère. Oui, l'on exagère. Ce n'est pas en quelques heures que la ville de Balak a été exterminée, c'est en quelques jours ; on dit deux cents villages brûlés, il n'y en a eu que quatre-vingt-dix-neuf ; ce que vous appelez la peste n'est que le typhus ; toutes les femmes n'ont pas été violées, toutes les filles n'ont pas été vendues ; quelques-unes ont échappé. On a châtré des prisonniers, mais on leur a aussi coupé la tête, ce qui amoindrit le fait... » (texte 23) Et les images étrangement, intensément poétiques, allégories pleines de rêve ou de cauchemar : « Et cependant la nuée monte ; elle monte, pareille à la mystérieuse colonne conductrice, noire sur l'azur, rouge sur l'ombre. Elle remplit lentement l'horizon. Les vieillards la redoutent pour les enfants, et les enfants la saluent. [...] Le penseur médite accablé. [...] Ses rêves d'inviolabilité de la vie humaine, d'abolition de la guerre, d'arbitrage entre les peuples et de paix universelle, sont traversés par de vagues flamboiements d'épée » (texte 22) ; ou encore : « L'avenir est un dieu tiré par des tigres » (texte 23). Etc.

Voilà ce qu'un poète pouvait, mieux que d'autres peut-être, apporter à la politique. Mais à quoi bon ? disaient certains. À ceux qui refusaient au poète le droit de se mêler des affaires publiques, comme incapable, s'ajoutaient ceux (et c'étaient parfois les mêmes) pour qui la poésie était chose trop pure et trop immaculée pour qu'on lui salisse ainsi les mains, ceux pour qui un grand poète avait infiniment mieux à faire que s'occuper de politique. Vieux débat. Apportons-y seulement la contribution, madrée, d'un autre grand amoureux des mots : Gustave Flaubert. Flaubert dont on sait combien il fut rétif à toute forme d'« engagement ». Flaubert qui écrivait en septembre 1859 à Ernest Feydeau : « Quel homme que ce père Hugo ! Sacré nom de Dieu, quel poète ! Je viens d'un trait d'avaler ses deux volumes [*La Légende des siècles*] ! Tu me manques ! Bouilhet me manque ! Un auditoire intelligent me manque ! J'ai besoin de gueuler trois mille vers comme personne n'en a jamais fait ! Et quand je dis gueuler – non, hurler ! Je ne me connais plus ! Qu'on m'attache ! Ah ! ça m'a fait du bien ! » Flaubert qui fréquenta beaucoup après 1870 celui qu'il appelait le « vieux lion », et avec qui il « caus[ait] métier ». Flaubert, donc, a écrit de Victor Hugo : « Grand poète, quel dommage qu'il ait fait de la politique ! » – mais c'était dans son *Dictionnaire des idées reçues*.

Franck LAURENT

« Pas content d'entendre clabauder contre la peine de mort. Qu'est-ce que c'est que toutes ces déclamations-là ? »
Plume et lavis de Victor Hugo.

1

LE DERNIER JOUR D'UN CONDAMNÉ
Préface – 15 mars 1832

Quand en 1832 Hugo reprend son roman pour son nouvel éditeur (Renduel), la situation n'est plus celle de 1829, année de la première édition : une révolution a eu lieu, un nouveau régime tente de trouver ses marques, et, dans cette tentative, a officiellement rencontré la question de la peine de mort. Quatre des principaux ministres du dernier gouvernement de Charles X, plus ou moins directement responsables des ordonnances liberticides qui avaient déclenché l'insurrection parisienne et ses centaines de morts, sont mis en accusation par la Chambre des députés le 17 octobre 1830 et jugés du 15 au 21 décembre par la Chambre des pairs. Leurs têtes tomberont-elles ? Une partie de l'opinion républicaine et populaire les réclame. Le nouveau pouvoir refuse absolument de lui donner cette satisfaction, alors qu'il s'efforce de fermer la parenthèse révolutionnaire. C'est dans ce contexte que la Chambre de députés engage, les 6 et 8 octobre, un débat sur l'abolition de la peine de mort, au cours duquel les voix d'abolitionnistes sincères seront noyées dans le flot déclamatoire des opportunistes, avant tout désireux par solidarité de classe et par prudence politique de sauver la tête de « quatre hommes du monde, quatre hommes comme il faut, de ces hommes qu'on a pu rencontrer dans un salon ». Très vite limité à la peine de mort en matière politique (malgré les efforts d'Antoine Destutt de Tracy) et clos par la proposition du ministre de la Justice « de renvoyer à la commission à l'effet de rédiger un projet d'adresse par lequel la Chambre manifesterait au Roi le désir d'un projet de loi ayant pour objet de supprimer la peine de mort dans certains cas, *et surtout en matière politique* (Adhésion très vive) », *ce débat parlementaire n'eut guère d'autre conséquence que de préparer l'opinion au verdict : les ministres seront emprisonnés – et libérés quelques années plus tard. Puis la machine judiciaire reprit son cours normal, et, courant 1831, on sortit de ce qu'on n'appelait pas encore les couloirs de la mort des condamnés ordinaires, qui n'avaient jamais été ministres et que les députés n'avaient jamais pu croiser dans aucun salon.*

Hugo ne réagit donc pas « à chaud », mais alors qu'il apparaît décidément que le nouveau pouvoir, en instrumentalisant de la sorte une des grandes causes philanthropiques du siècle, l'abolition de la peine de mort, prouve qu'il trahit le mouvement réellement progressiste dont il est né. C'est à l'orée de ce printemps décisif pour la toute jeune monarchie de Juillet, alors que vont bientôt se juxtaposer émeute républicaine (en juin, celle des futurs Misérables*) et agitation légitimiste, alors que décidément les tenants de la* Résistance *(Casimir Périer, Guizot...), profondément conservateurs, l'emportent sur ceux du* Mouvement *(Laffitte, Lafayette, Odilon Barrot...), c'est alors que, à l'occasion de la réédition d'un roman peu explicitement politique, Hugo choisit de se ranger publiquement dans une opposition à la fois hautaine et véhémente au régime du roi-bourgeois – ou, tout au moins, à son « personnel » : députés et magistrats.*

C'est aussi à cette occasion que la dimension proprement sociale de la question lui apparaît dans toute sa force. La peine de mort n'est pas seulement un scan-

dale éthique (la société légalisant le meurtre), c'est un scandale social : dans leur écrasante majorité, les condamnés à mort sont des produits de la misère. Ce sont « de ces misérables que vous regardez à peine quand ils passent près de vous dans la rue, [...] malheureux dont l'enfance déguenillée a couru pieds nus dans la boue des carrefours, grelottant l'hiver au rebord des quais, se chauffant au soupirail des cuisines de M. Véfour chez qui vous dînez ». Le contexte de cet immédiat après 1830 n'est sans doute pas étranger à cet approfondissement : la misère des classes populaires urbaines atteint alors des sommets, que la grande révolte des canuts de Lyon vient de mettre en pleine lumière et que l'épidémie de choléra va aggraver encore. Le spectre de 1793 hante les esprits, la crainte d'une grande convulsion sociale grandit. Hugo partage cette crainte, mais choisit son camp : le peuple qui réclamait la tête des ministres de Charles X avait grand tort, assurément, et se faisait tort à lui-même en réclamant une guillotine dont il est la principale victime. Mais on ne trouvera dans ce texte aucune dénonciation indignée de la barbarie populaire avide de vengeance et de sang : on y trouvera, de bout en bout, l'expression violente et magistrale d'un écœurement face à l'hypocrisie politicienne et à la sauvagerie sereine de la société.

Car cette préface constitue sans doute le premier exemple achevé du redoutable talent de pamphlétaire dont Hugo allait faire preuve au cours de sa carrière, – dans Napoléon-le-Petit, *par exemple, et dans bien d'autres œuvres. Avec quelle virulence et quelle précision s'inaugure ici cette tendance sourde au jeu de massacre des respectabilités sociales, veine iconoclaste qui rejaillit régulièrement sous sa plume. Ce pamphlétaire possède déjà une idée assez nette des pouvoirs de l'écrit : s'il n'espère guère la conversion des « vieux procureur[s] généra[ux], blanchi[s] dans la robe rouge, qui [ont] mangé toute [leur] vie le pain trempé de sang des réquisitoires » (et si donc il n'est pas utile de les ménager), il y a les partisans de l'abolition à revigorer, il y a la masse des indécis à faire basculer – et il y a les femmes de la bonne société, exclues du pays légal mais grandes lectrices, et dont on aurait bien tort d'ignorer l'influence dans la formation de l'opinion : « Il faut donner mal aux nerfs aux femmes de procureurs du roi. Une femme, c'est quelquefois une conscience*[1]*. »*

Il n'y avait en tête des premières éditions de cet ouvrage[2], publié d'abord sans nom d'auteur, que les quelques lignes qu'on va lire :

« Il y a deux manières de se rendre compte de l'existence de ce livre. Ou il y a eu, en effet, une liasse de papiers jaunes et inégaux sur lesquels on a trouvé, enregistrées une à une, les dernières pensées d'un misérable ; ou il s'est rencontré un homme, un rêveur occupé à observer la nature au profit de l'art, un philosophe, un poète, que sais-je ? dont cette idée a été la fantaisie, qui l'a prise ou plutôt s'est laissé prendre par elle, et n'a pu s'en débarrasser qu'en la jetant dans un livre.

« De ces deux explications, le lecteur choisira celle qu'il voudra. »

Comme on le voit, à l'époque où ce livre fut publié, l'auteur ne jugea pas à propos de dire dès lors toute sa pensée. Il aima mieux attendre qu'elle fût comprise et voir si elle le serait. Elle l'a été. L'auteur aujourd'hui peut démasquer l'idée politique, l'idée sociale, qu'il

---

1. Nous reproduisons le texte de l'édition des *Œuvres complètes de Victor Hugo*, Ollendorf puis Albin Michel, dite « de l'Imprimerie Nationale » (1901-1952). **2.** Seulement des deux premières (du 3 février 1829). À partir de la troisième édition (28 février 1829), le roman est précédé d'une étrange préface théâtralisée, intitulée *Une comédie à propos d'une tragédie*.

avait voulu populariser sous cette innocente et candide forme littéraire. Il déclare donc, ou plutôt il avoue hautement que *le Dernier Jour d'un Condamné* n'est autre chose qu'un plaidoyer, direct ou indirect, comme on voudra, pour l'abolition de la peine de mort. Ce qu'il a eu dessein de faire, ce qu'il voudrait que la postérité vît dans son œuvre, si jamais elle s'occupe de si peu, ce n'est pas la défense spéciale, et toujours facile, et toujours transitoire, de tel ou tel criminel choisi, de tel ou tel accusé d'élection ; c'est la plaidoirie générale et permanente pour tous les accusés présents et à venir ; c'est le grand point de droit de l'humanité allégué et plaidé à toute voix devant la société, qui est la grande cour de cassation ; c'est cette suprême fin de non-recevoir, *abhorrescere a sanguine*[1], construite à tout jamais en avant de tous les procès criminels ; c'est la sombre et fatale question qui palpite obscurément au fond de toutes les causes capitales sous les triples épaisseurs de pathos dont l'enveloppe la rhétorique sanglante des gens du roi ; c'est la question de vie et de mort, dis-je, déshabillée, dénudée, dépouillée des entortillages sonores du parquet, brutalement mise au jour, et posée où il faut qu'on la voie, où il faut qu'elle soit, où elle est réellement, dans son vrai milieu, dans son milieu horrible, non au tribunal, mais à l'échafaud, non chez le juge, mais chez le bourreau.

Voilà ce qu'il a voulu faire. Si l'avenir lui décernait un jour la gloire de l'avoir fait, ce qu'il n'ose espérer, il ne voudrait pas d'autre couronne.

Il le déclare donc, et il le répète, il occupe, au nom de tous les accusés possibles, innocents ou coupables, devant toutes les cours, tous les prétoires, tous les jurys, toutes les justices. Ce livre est adressé à quiconque juge. Et pour que le plaidoyer soit aussi vaste que la cause, il a dû, et c'est pour cela que *le Dernier Jour d'un Condamné* est ainsi fait, élaguer de toutes parts dans son sujet le contingent, l'accident, le parti-

---

1. Avoir horreur du sang.

culier, le spécial, le relatif, le modifiable, l'épisode, l'anecdote, l'événement, le nom propre, et se borner (si c'est là se borner) à plaider la cause d'un condamné quelconque, exécuté un jour quelconque, pour un crime quelconque[1]. Heureux si, sans autre outil que sa pensée, il a fouillé assez avant pour faire saigner un cœur sous l'*æs triplex*[2] du magistrat ! heureux s'il a rendu pitoyables ceux qui se croient justes ! heureux si, à force de creuser dans le juge, il a réussi quelquefois à y retrouver un homme !

Il y a trois ans, quand ce livre parut, quelques personnes imaginèrent que cela valait la peine d'en contester l'idée à l'auteur. Les uns supposèrent un livre anglais, les autres un livre américain[3]. Singulière manie de chercher à mille lieues les origines des choses, et de faire couler des sources du Nil le ruisseau qui lave votre rue ! Hélas ! il n'y a en ceci ni livre anglais, ni livre américain, ni livre chinois. L'auteur a pris l'idée du *Dernier Jour d'un Condamné*, non dans un livre, il n'a pas l'habitude d'aller chercher ses idées si loin, mais là où vous pouviez tous la prendre, où vous l'aviez prise peut-être (car qui n'a fait ou rêvé dans son esprit *le Dernier Jour d'un Condamné*[4] ?), tout bonnement sur la place publique, sur la place de

---

1. Dans le roman, l'histoire du condamné (et en particulier son crime) n'est pas racontée : elle reste « en blanc », et son absence est désignée par le chapitre XLVII intitulé « Mon histoire », mais qui ne comporte qu'une « note de l'éditeur ». Hugo, dans sa lettre du 3 janvier 1829 à son éditeur Gosselin, refuse de rédiger cette histoire absente, tenant bon sur l'impératif d'indétermination du personnage. Cette indétermination demeure cependant relative, le héros-narrateur du roman étant au moins classé socialement : c'est un jeune bourgeois cultivé. **2.** La triple armure. **3.** La presse de 1829 avait mentionné comme « sources » du roman de Hugo un article anglais et un article américain. **4.** Trois mois plus tôt, Hugo faisait une remarque analogue à propos de la poésie de ses *Feuilles d'automne* : « ce sont [...] des vers comme tout le monde en fait ou en rêve » (Préface, 24 novembre 1831).

Grève[1]. C'est là qu'un jour en passant il a ramassé cette idée fatale, gisante dans une mare de sang sous les rouges moignons de la guillotine.

Depuis, chaque fois qu'au gré des funèbres jeudis de la cour de cassation, il arrivait un de ces jours où le cri d'un arrêt de mort se fait dans Paris[2], chaque fois que l'auteur entendait passer sous ses fenêtres ces hurlements enroués qui ameutent des spectateurs pour la Grève, chaque fois, la douloureuse idée lui revenait, s'emparait de lui, lui emplissait la tête de gendarmes, de bourreaux et de foule, lui expliquait heure par heure les dernières souffrances du misérable agonisant, – en ce moment on le confesse, en ce moment on lui coupe les cheveux, en ce moment on lui lie les mains, – le sommait, lui pauvre poète, de dire tout cela à la société, qui fait ses affaires pendant que cette chose monstrueuse s'accomplit, le pressait, le poussait, le secouait, lui arrachait ses vers de l'esprit, s'il était en train d'en faire, et les tuait à peine ébauchés, barrait tous ses travaux, se mettait en travers de tout, l'investissait, l'obsédait, l'assiégeait. C'était un supplice, un supplice qui commençait avec le jour, et qui durait, comme celui du misérable qu'on torturait au même moment, jusqu'à

1. Aujourd'hui place de l'Hôtel de Ville, elle borde la Seine qui n'avait pas encore de quai à cet endroit, d'où son nom (grève : plage). C'était depuis le Moyen Âge un lieu d'exécution publique (cf. *Notre-Dame de Paris*). Pendant la Révolution française, puis dans les révolutions du XIXe siècle (et encore à la Libération de Paris en août 1944), ce fut le point de convergence des insurgés et l'endroit où l'on assistait à la formation des pouvoirs révolutionnaires, proclamés au balcon de l'Hôtel de Ville. Si l'on ajoute qu'elle est à l'origine du sens moderne du mot « grève » (début XIXe), parce que les ouvriers sans emploi s'y réunissaient, on conviendra que cette place constitue un lieu éminemment symbolique de l'articulation du judiciaire, du politique et du social – articulation très hugolienne. **2.** Les exécutions capitales étaient publiques, et annoncées par des crieurs de rues, qui faisaient commerce du programme des festivités. La cour de cassation se réunissait d'ordinaire le jeudi et se prononçait sur les pourvois adressés par les condamnés après l'arrêt de la cour d'assises ; une fois ce pourvoi rejeté, l'exécution était programmée, en général une semaine plus tard (cf. *Le Dernier Jour d'un condamné*, ch. VIII).

quatre heures. Alors seulement, une fois le *ponens caput expiravit*[1] crié par la voix sinistre de l'horloge, l'auteur respirait et retrouvait quelque liberté d'esprit. Un jour enfin, c'était, à ce qu'il croit, le lendemain de l'exécution d'Ulbach[2], il se mit à écrire ce livre. Depuis lors il a été soulagé. Quand un de ces crimes publics, qu'on nomme exécutions judiciaires, a été commis, sa conscience lui a dit qu'il n'en était plus solidaire ; et il n'a plus senti à son front cette goutte de sang qui rejaillit de la Grève sur la tête de tous les membres de la communauté sociale.

Toutefois, cela ne suffit pas. Se laver les mains est bien, empêcher le sang de couler serait mieux[3].

Aussi ne connaîtrait-il pas de but plus élevé, plus saint, plus auguste que celui-là : concourir à l'abolition de la peine de mort. Aussi est-ce du fond du cœur qu'il adhère aux vœux et aux efforts des hommes généreux de toutes les nations qui travaillent depuis plusieurs années à jeter bas l'arbre patibulaire[4], le seul arbre que les révolutions ne déracinent pas. C'est avec joie qu'il vient à son tour, lui chétif, donner son coup de cognée, et élargir de son mieux l'entaille que Beccaria[5] a faite,

---

1. « Penchant la tête, il expira » (Évangile selon Jean, XIX, 30). Le « misérable » guillotiné, le « condamné quelconque » est ainsi assimilé à Jésus crucifié ; cf. le dernier paragraphe de cette préface. **2.** Louis Ulbach, qui avait tué celle qu'il aimait par désespoir d'en être séparé, fut exécuté à vingt ans le 10 septembre 1827, en place de Grève. S'il est possible que Hugo ait assisté aux préparatifs de cette exécution, il ne commença son roman qu'un an plus tard. Ulbach avait entrepris en prison d'écrire l'histoire de sa vie, mais n'était pas allé plus loin que la première page. **3.** L'écriture romanesque doit donc être complétée par un engagement plus direct : c'est le rôle de cette préface. **4.** Le gibet. **5.** Cesare Bonesana, marquis de Beccaria, économiste italien, est surtout célèbre pour son essai *Des délits et des peines* (1764) qui prônait une réforme complète de la pénalité dans le sens de sa modernisation et de son adoucissement. Très tôt admiré en France, notamment par les philosophes dont il poursuivait l'inspiration, il demeure au XIXe siècle la principale référence des partisans de l'abolition de la peine de mort.

il y a soixante-six ans, au vieux gibet dressé depuis tant de siècles sur la chrétienté.

Nous venons de dire que l'échafaud est le seul édifice que les révolutions ne démolissent pas. Il est rare, en effet, que les révolutions soient sobres de sang humain, et, venues qu'elles sont pour émonder, pour ébrancher, pour étêter la société, la peine de mort est une des serpes dont elles se dessaisissent le plus malaisément.

Nous l'avouerons cependant, si jamais révolution nous parut digne et capable d'abolir la peine de mort, c'est la révolution de juillet. Il semble, en effet, qu'il appartenait au mouvement populaire le plus clément des temps modernes de raturer la pénalité barbare de Louis XI, de Richelieu et de Robespierre, et d'inscrire au front de la loi l'inviolabilité de la vie humaine. 1830 méritait de briser le couperet de 93.

Nous l'avons espéré un moment. En août 1830, il y avait tant de générosité et de pitié dans l'air, un tel esprit de douceur et de civilisation flottait dans les masses, on se sentait le cœur si bien épanoui par l'approche d'un bel avenir, qu'il nous sembla que la peine de mort était abolie de droit, d'emblée, d'un consentement tacite et unanime, comme le reste des choses mauvaises qui nous avaient gênés. Le peuple venait de faire un feu de joie des guenilles de l'ancien régime. Celle-là était la guenille sanglante. Nous la crûmes dans le tas. Nous la crûmes brûlée comme les autres. Et pendant quelques semaines, confiant et crédule, nous eûmes foi pour l'avenir à l'inviolabilité de la vie comme à l'inviolabilité de la liberté.

Et en effet deux mois s'étaient à peine écoulés qu'une tentative fut faite pour résoudre en réalité légale l'utopie sublime de César Bonesana.

Malheureusement, cette tentative fut gauche, maladroite, presque hypocrite, et faite dans un autre intérêt que l'intérêt général.

Au mois d'octobre 1830, on se le rappelle, quelques jours après avoir écarté par l'ordre du jour la proposition d'ensevelir Napoléon sous la colonne[1], la Chambre tout entière se mit à pleurer et à bramer. La question de la peine de mort fut mise sur le tapis, nous allons dire quelques lignes plus bas à quelle occasion ; et alors il sembla que toutes ces entrailles de législateurs étaient prises d'une subite et merveilleuse miséricorde. Ce fut à qui parlerait, à qui gémirait, à qui lèverait les mains au ciel. La peine de mort, grand Dieu ! quelle horreur ! Tel vieux procureur général, blanchi dans la robe rouge, qui avait mangé toute sa vie le pain trempé de sang des réquisitoires, se composa tout à coup un air piteux et attesta les dieux qu'il était indigné de la guillotine. Pendant deux jours la tribune ne désemplit pas de harangueurs en pleureuses. Ce fut une lamentation, une myriologie, un concert de psaumes lugubres, un *Super flumina Babylonis*, un *Stabat mater dolorosa*, une grande symphonie en *ut*, avec chœurs[2], exécutée par tout cet orchestre d'orateurs qui garnit les premiers bancs de la Chambre, et rend de si beaux sons dans les grands jours. Tel vint avec sa basse, tel avec son fausset. Rien n'y manqua. La chose fut on ne peut plus pathétique et pitoyable. La séance de nuit surtout fut tendre, paterne et déchirante

---

1. Le 2 octobre 1830, les députés avaient repoussé la pétition réclamant le transfert des cendres de Napoléon (inhumé à Sainte-Hélène) sous la colonne de la place Vendôme (le retour des cendres, dans la chapelle des Invalides, aura lieu en 1840). Hugo s'indigna de ce refus dans sa seconde « Ode à la colonne », écrite le 9 octobre 1830 et recueillie dans *Les Chants du crépuscule* (1835). Comme ici, le ton adopté à l'égard des députés est empreint d'un mépris ironique qui confine à la violence : « Oh ! vous êtes petits ! » lance-t-il aux membres de cette représentation « nationale » qui, en vertu d'un régime électoral étroitement censitaire, ne représentait que 200 000 électeurs sur un pays de plus de 30 millions d'âmes. **2.** La « myriologie » est le rituel funèbre de la Grèce antique ; le *Super flamina* (psaume 136) chante les souffrances du peuple juif en exil à Babylone ; le *Stabat mater* est un texte de la liturgie catholique (« La mère du Christ, navrée, se tenait debout au pied de la Croix, tout en pleurs... ») ; la « grande symphonie avec chœurs » évoque peut-être celle, en ré et non en ut, de Beethoven (la « neuvième »).

comme un cinquième acte de Lachaussée. Le bon public, qui n'y comprenait rien, avait les larmes aux yeux[1].

De quoi s'agissait-il donc ? d'abolir la peine de mort ?

Oui et non.

Voici le fait :

Quatre hommes du monde[2], quatre hommes comme il faut, de ces hommes qu'on a pu rencontrer dans un salon, et avec qui peut-être on a échangé quelques paroles polies ; quatre de ces hommes, dis-je, avaient tenté, dans les hautes régions politiques, un de ces coups hardis que Bacon appelle *crimes*, et que Machiavel appelle *entreprises*. Or, crime ou entreprise, la loi, brutale pour tous, punit cela de mort. Et les quatre malheureux étaient là, prisonniers, captifs de la loi, gardés par trois cents cocardes tricolores sous les belles ogives de Vincennes. Que faire et comment faire ? Vous comprenez qu'il est impossible d'envoyer à la Grève, dans une charrette, ignoblement liés avec de grosses cordes, dos à dos avec ce fonctionnaire qu'il ne faut pas seulement nommer, quatre hommes comme vous et moi, quatre *hommes du monde* ? Encore s'il y avait une guillotine en acajou[3] !

Hé ! il n'y a qu'à abolir la peine de mort !

Et là-dessus, la Chambre se met en besogne.

Remarquez, messieurs, qu'hier encore vous traitiez cette abolition d'utopie, de théorie, de rêve, de folie, de poésie. Remarquez que ce n'est pas la première fois

---

1. Nous ne prétendons pas envelopper dans le même dédain *tout* ce qui a été dit à cette occasion à la Chambre. Il s'est bien prononcé çà et là quelques belles et dignes paroles. Nous avons applaudi, comme tout le monde, au discours grave et simple de M. de Lafayette, et, dans une autre nuance, à la remarquable improvisation de M. Villemain. (Note de Victor Hugo.) **2.** Polignac, Peyronnet, Chantelauze et Guernon-Ranville, anciens ministres du dernier gouvernement de Charles X. Leur « chef » (voir *infra*) était le prince Jules de Polignac, grand aristocrate, dévot mystique, ancien émigré, et qui avait conspiré contre Napoléon. **3.** Bois alors très prisé dans les intérieurs bourgeois.

qu'on cherche à appeler votre attention sur la charrette, sur les grosses cordes et sur l'horrible machine écarlate, et qu'il est étrange que ce hideux attirail vous saute ainsi aux yeux tout à coup.

Bah ! c'est bien de cela qu'il s'agit ! Ce n'est pas à cause de vous, peuple, que nous abolissons la peine de mort, mais à cause de nous, députés qui pouvons être ministres. Nous ne voulons pas que la mécanique de Guillotin morde les hautes classes. Nous la brisons. Tant mieux si cela arrange tout le monde, mais nous n'avons songé qu'à nous. Ucalégon brûle [1]. Éteignons le feu. Vite, supprimons le bourreau, biffons le code.

Et c'est ainsi qu'un alliage d'égoïsme altère et dénature les plus belles combinaisons sociales. C'est la veine noire dans le marbre blanc ; elle circule partout, et apparaît à tout moment à l'improviste sous le ciseau. Votre statue est à refaire.

Certes, il n'est pas besoin que nous le déclarions ici, nous ne sommes pas de ceux qui réclamaient les têtes des quatre ministres. Une fois ces infortunés arrêtés, la colère indignée que nous avait inspirée leur attentat s'est changée, chez nous comme chez tout le monde, en une profonde pitié. Nous avons songé aux préjugés d'éducation de quelques-uns d'entre eux, au cerveau peu développé de leur chef, relaps fanatique et obstiné des conspirations de 1804, blanchi avant l'âge sous l'ombre humide des prisons d'état, aux nécessités fatales de leur position commune, à l'impossibilité d'enrayer sur cette pente rapide où la monarchie s'était lancée elle-même à toute bride le 8 août 1829 [2], à l'influence trop peu calculée par nous jusqu'alors de la personne royale, surtout à la dignité que l'un d'entre eux répandait comme un manteau de pourpre sur leur

---

1. Voir Virgile, *Énéide*, II, 311 : « Déjà brûle la maison la plus proche, celle d'Ucalégon » (dans l'incendie de Troie). **2.** Date à laquelle Charles X nomma le ministère dirigé par Jules de Polignac, entrant ainsi en conflit ouvert avec la Chambre des députés dominée par les libéraux – conflit qui allait aboutir aux quatre ordonnances et à la révolution de Juillet.

malheur. Nous sommes de ceux qui leur souhaitaient bien sincèrement la vie sauve, et qui étaient prêts à se dévouer pour cela. Si jamais, par impossible, leur échafaud eût été dressé un jour en Grève, nous ne doutons pas, et si c'est une illusion nous voulons la conserver, nous ne doutons pas qu'il n'y eût eu une émeute pour le renverser, et celui qui écrit ces lignes eût été de cette sainte émeute. Car, il faut bien le dire aussi, dans les crises sociales, de tous les échafauds, l'échafaud politique est le plus abominable, le plus funeste, le plus vénéneux, le plus nécessaire à extirper. Cette espèce de guillotine-là prend racine dans le pavé, et en peu de temps repousse de bouture sur tous les points du sol.

En temps de révolution, prenez garde à la première tête qui tombe. Elle met le peuple en appétit.

Nous étions donc personnellement d'accord avec ceux qui voulaient épargner les quatre ministres, et d'accord de toutes manières, par les raisons sentimentales comme par les raisons politiques. Seulement, nous eussions mieux aimé que la Chambre choisît une autre occasion pour proposer l'abolition de la peine de mort.

Si on l'avait proposée, cette souhaitable abolition, non à propos de quatre ministres tombés des Tuileries à Vincennes [1], mais à propos du premier voleur de grands chemins venu, à propos d'un de ces misérables que vous regardez à peine quand ils passent près de vous dans la rue, auxquels vous ne parlez pas, dont vous évitez instinctivement le coudoiement poudreux ; malheureux dont l'enfance déguenillée a couru pieds nus dans la boue des carrefours, grelottant l'hiver au rebord des quais, se chauffant au soupirail des cuisines de M. Véfour [2] chez qui vous dînez, déterrant çà et là une croûte de pain dans un tas d'ordures et l'essuyant avant de la manger, grattant tout le jour le ruisseau avec un

---

1. De la résidence des monarques au XIXe siècle (les Tuileries) à la prison d'État (le fort de Vincennes). **2.** Grand restaurateur parisien, alors très à la mode.

clou pour y trouver un liard, n'ayant d'autre amusement que le spectacle gratis de la fête du roi et les exécutions en Grève, cet autre spectacle gratis ; pauvres diables, que la faim pousse au vol, et le vol au reste ; enfants déshérités d'une société marâtre, que la maison de force prend à douze ans, le bagne à dix-huit, l'échafaud à quarante [1] ; infortunés qu'avec une école et un atelier vous auriez pu rendre bons, moraux, utiles, et dont vous ne savez que faire, les versant, comme un fardeau inutile, tantôt dans la rouge fourmilière de Toulon, tantôt dans le muet enclos de Clamart [2], leur retranchant la vie après leur avoir volé la liberté ; si c'eût été à propos d'un de ces hommes que vous eussiez proposé d'abolir la peine de mort, oh ! alors, votre séance eût été vraiment digne, grande, sainte, majestueuse, vénérable. Depuis les augustes pères de Trente, invitant les hérétiques au concile [3] au nom des entrailles de Dieu, *per viscera Dei*, parce qu'on espère leur conversion, *quoniam sancta synodus sperat hæreticorum conversionem*, jamais assemblée d'hommes n'aurait présenté au monde spectacle plus sublime, plus illustre et plus miséricordieux. Il a toujours appartenu à ceux qui sont vraiment forts et vraiment grands d'avoir souci du faible et du petit. Un conseil de brahmines serait beau prenant en main la cause du paria [4]. Et ici, la cause du paria, c'était la cause du peuple. En abolissant la peine de mort, à cause de lui et sans attendre que vous fussiez intéressés dans la question,

---

1. C'est à peu près le destin du « friauche », ce condamné populaire que croise le condamné bourgeois dans *Le Dernier Jour d'un condamné* (ch. XXIII). **2.** Comme à Brest (et pour les mêmes raisons), l'arsenal et le port militaire de Toulon recevaient les condamnés aux travaux forcés ; on enterrait dans le cimetière de Clamart (faubourg Saint-Marceau, dans le sud-est de Paris) les condamnés à mort de la capitale. **3.** De 1545 à 1563, le concile de Trente avait établi le programme de la Contre-Réforme catholique. **4.** Dans la société traditionnelle de l'Inde, les prêtres (brahmines ou brahmanes) constituent la caste la plus élevée, tandis que le paria est un individu hors castes, rejeté hors du système social.

vous faisiez plus qu'une œuvre politique, vous faisiez une œuvre sociale.

Tandis que vous n'avez pas même fait une œuvre politique en essayant de l'abolir, non pour l'abolir, mais pour sauver quatre malheureux ministres pris la main dans le sac des coups d'état !

Qu'est-il arrivé ? c'est que, comme vous n'étiez pas sincères, on a été défiant. Quand le peuple a vu qu'on voulait lui donner le change, il s'est fâché contre toute la question en masse, et, chose remarquable ! il a pris fait et cause pour cette peine de mort dont il supporte pourtant tout le poids[1]. C'est votre maladresse qui l'a amené là. En abordant la question de biais et sans franchise, vous l'avez compromise pour longtemps. Vous jouiez une comédie. On l'a sifflée.

Cette farce pourtant, quelques esprits avaient eu la bonté de la prendre au sérieux. Immédiatement après la fameuse séance, ordre avait été donné aux procureurs généraux, par un garde des sceaux honnête homme[2], de suspendre indéfiniment toutes exécutions capitales. C'était en apparence un grand pas. Les adversaires de la peine de mort respirèrent. Mais leur illusion fut de courte durée.

---

1. Le 21 décembre 1830, la Chambre des pairs condamna les quatre anciens ministres de Charles X à l'internement dans la prison d'État de Ham (ils furent libérés quelques années plus tard). À l'annonce de ce verdict qui ne prononçait pas de condamnation à mort, une violente agitation populaire secoua Paris, que les étudiants libéraux et républicains, très impliqués dans l'activité révolutionnaire mais majoritairement hostiles à la peine de mort, contribuèrent à calmer. **2.** Dupont de l'Eure (1767-1855), ministre de la Justice du gouvernement Laffitte, avait été député sous le Directoire et sous l'Empire, et était célèbre pour la déclaration qu'il avait adressée aux alliés après Waterloo, au nom de la représentation nationale, réclamant la garantie des libertés issues de 1789. Libéral de gauche en 1830, proche des républicains, l'évolution du régime de Juillet l'avait vite déçu : en 1832, il était dans l'opposition. La révolution républicaine de Février 1848 en fera le président du Gouvernement provisoire (à titre honorifique). Mais lors du débat de 1830 sur l'abolition de la peine de mort son attitude avait été essentiellement dilatoire. (Voir Préface, p. 46.)

Le procès des ministres fut mené à fin. Je ne sais quel arrêt fut rendu. Les quatre vies furent épargnées. Ham fut choisi comme juste milieu entre la mort et la liberté. Ces divers arrangements une fois faits, toute peur s'évanouit dans l'esprit des hommes d'état dirigeants, et, avec la peur, l'humanité s'en alla. Il ne fut plus question d'abolir le supplice capital ; et une fois qu'on n'eut plus besoin d'elle, l'utopie redevint utopie, la théorie, théorie, la poésie, poésie.

Il y avait pourtant toujours dans les prisons quelques malheureux condamnés vulgaires qui se promenaient dans les préaux depuis cinq ou six mois, respirant l'air, tranquilles désormais, sûrs de vivre, prenant leur sursis pour leur grâce. Mais attendez.

Le bourreau, à vrai dire, avait eu grand'peur. Le jour où il avait entendu les faiseurs de lois parler humanité, philanthropie, progrès, il s'était cru perdu. Il s'était caché, le misérable, il s'était blotti sous sa guillotine, mal à l'aise au soleil de juillet comme un oiseau de nuit en plein jour, tâchant de se faire oublier, se bouchant les oreilles et n'osant souffler. On ne le voyait plus depuis six mois. Il ne donnait plus signe de vie. Peu à peu cependant il s'était rassuré dans ses ténèbres. Il avait écouté du côté des Chambres et n'avait plus entendu prononcer son nom. Plus de ces grands mots sonores dont il avait eu si grande frayeur. Plus de commentaires déclamatoires du *Traité des Délits et des Peines* [1]. On s'occupait de toute autre chose, de quelque grave intérêt social, d'un chemin vicinal, d'une subvention pour l'Opéra-Comique, ou d'une saignée de cent mille francs sur un budget apoplectique de quinze cents millions. Personne ne songeait plus à lui, coupe-tête. Ce que voyant, l'homme se tranquillise, il met sa tête hors de son trou, et regarde de tous côtés ; il fait un pas, puis deux, comme je ne sais plus quelle souris de La Fontaine [2], puis il se hasarde à sortir tout à fait de dessous son échafaudage,

1. Principal ouvrage de Beccaria (voir p. 52, note 5).
2. Voir « Le Chat et un vieux rat », *Fables*, III, 18.

puis il saute dessus, le raccommode, le restaure, le fourbit, le caresse, le fait jouer, le fait reluire, se remet à suifer la vieille mécanique rouillée que l'oisiveté détraquait ; tout à coup il se retourne, saisit au hasard par les cheveux dans la première prison venue un de ces infortunés qui comptaient sur la vie, le tire à lui, le dépouille, l'attache, le boucle, et voilà les exécutions qui recommencent.

Tout cela est affreux, mais c'est de l'histoire.

Oui, il y a eu un sursis de six mois accordé à de malheureux captifs, dont on a gratuitement aggravé la peine de cette façon en les faisant reprendre à la vie ; puis, sans raison, sans nécessité, sans trop savoir pourquoi, *pour le plaisir*, on a un beau matin révoqué le sursis, et l'on a remis froidement toutes ces créatures humaines en coupe réglée. Eh ! mon Dieu ! je vous le demande, qu'est-ce que cela nous faisait à tous que ces hommes vécussent ? Est-ce qu'il n'y a pas en France assez d'air à respirer pour tout le monde ?

Pour qu'un jour un misérable commis de la chancellerie, à qui cela était égal, se soit levé de sa chaise en disant : – Allons ! personne ne songe plus à l'abolition de la peine de mort. Il est temps de se remettre à guillotiner ! – il faut qu'il se soit passé dans le cœur de cet homme-là quelque chose de bien monstrueux.

Du reste, disons-le, jamais les exécutions n'ont été accompagnées de circonstances plus atroces que depuis cette révocation du sursis de juillet, jamais l'anecdote de la Grève n'a été plus révoltante et n'a mieux prouvé l'exécration de la peine de mort. Ce redoublement d'horreur est le juste châtiment des hommes qui ont remis le code du sang en vigueur. Qu'ils soient punis par leur œuvre. C'est bien fait.

Il faut citer ici deux ou trois exemples de ce que certaines exécutions ont eu d'épouvantable et d'impie. Il faut donner mal aux nerfs aux femmes des procureurs du roi [1]. Une femme, c'est quelquefois une conscience.

---

1. Magistrat qui, lors du procès, plaide l'accusation et requiert la peine.

Dans le midi, vers la fin du mois de septembre dernier, nous n'avons pas bien présents à l'esprit le lieu, le jour, ni le nom du condamné, mais nous les retrouverons si l'on conteste le fait, et nous croyons que c'est à Pamiers [1] ; vers la fin de septembre donc, on vient trouver un homme dans sa prison, où il jouait tranquillement aux cartes ; on lui signifie qu'il faut mourir dans deux heures, ce qui le fait trembler de tous ses membres, car, depuis six mois qu'on l'oubliait, il ne comptait plus sur la mort ; on le rase, on le tond, on le garrotte, on le confesse ; puis on le brouette entre quatre gendarmes, et à travers la foule, au lieu de l'exécution. Jusqu'ici rien que de simple. C'est comme cela que cela se fait. Arrivé à l'échafaud, le bourreau le prend au prêtre, l'emporte, le ficelle sur la bascule, *l'enfourne*, je me sers ici du mot d'argot, puis il lâche le couperet. Le lourd triangle de fer se détache avec peine, tombe en cahotant dans ses rainures, et, voici l'horrible qui commence, entaille l'homme sans le tuer. L'homme pousse un cri affreux. Le bourreau, déconcerté, relève le couperet et le laisse retomber. Le couperet mord le cou du patient une seconde fois, mais ne le tranche pas. Le patient hurle, la foule aussi. Le bourreau rehisse encore le couperet, espérant mieux du troisième coup. Point. Le troisième coup fait jaillir un troisième ruisseau de sang de la nuque du condamné, mais ne fait pas tomber la tête. Abrégeons. Le couteau remonta et retomba cinq fois, cinq fois il entama le condamné, cinq fois le condamné hurla sous le coup et secoua sa tête vivante en criant grâce ! Le peuple indigné prit des pierres et se mit dans sa justice à lapider le misérable bourreau. Le bourreau s'enfuit sous la guillotine et s'y tapit derrière les chevaux des gendarmes. Mais vous n'êtes pas au bout. Le supplicié, se voyant seul sur l'échafaud, s'était redressé sur la planche, et là, debout, effroyable, ruisselant de sang,

1. Hugo n'invente rien et emprunte à *La Gazette des Tribunaux* tous les détails horribles de l'exécution de Pierre Hébrard, le 12 septembre 1831 à Albi (et non à Pamiers).

soutenant sa tête à demi coupée qui pendait sur son épaule, il demandait avec de faibles cris qu'on vînt le détacher. La foule, pleine de pitié, était sur le point de forcer les gendarmes et de venir à l'aide du malheureux qui avait subi cinq fois son arrêt de mort. C'est en ce moment-là qu'un valet du bourreau, jeune homme de vingt ans, monte sur l'échafaud, dit au patient de se tourner pour qu'il le délie, et, profitant de la posture du mourant qui se livrait à lui sans défiance, saute sur son dos et se met à lui couper péniblement ce qui lui restait de cou avec je ne sais quel couteau de boucher. Cela s'est fait. Cela s'est vu. Oui.

Aux termes de la loi, un juge a dû assister à cette exécution. D'un signe il pouvait tout arrêter. Que faisait-il donc au fond de sa voiture, cet homme, pendant qu'on massacrait un homme ? Que faisait ce punisseur d'assassins, pendant qu'on assassinait en plein jour, sous ses yeux, sous le souffle de ses chevaux, sous la vitre de sa portière [1] ?

Et le juge n'a pas été mis en jugement ! et le bourreau n'a pas été mis en jugement ! Et aucun tribunal ne s'est enquis de cette monstrueuse extermination de toutes les lois sur la personne sacrée d'une créature de Dieu !

Au dix-septième siècle, à l'époque de barbarie du code criminel, sous Richelieu, sous Christophe Fouquet [2], quand M. de Chalais [3] fut mis à mort devant le Bouffay de Nantes par un soldat maladroit qui, au lieu

---

1. Dans la dernière scène de *Marion de Lorme* (1829), Richelieu assiste à l'exécution de Didier et Saverny dans une litière fermée ; à Marion qui lui réclame leur grâce, « une voix, sortant de la litière », répond : « Pas de grâce ». **2.** Plutôt *François* Fouquet (1587-1640), magistrat, conseiller au parlement, protégé de Richelieu. **3.** Henri de Talleyrand, comte de Chalais, fut un favori de Louis XIII et l'amant de la duchesse de Chevreuse, la grande ennemie de Richelieu. Ayant conspiré contre celui-ci, il fut exécuté en 1626 à Nantes, d'abord décapité puis achevé à coups de doloire, instrument de tonnelier à lame large.

d'un coup d'épée, lui donna trente-quatre coups[1] d'une doloire de tonnelier, du moins cela parut-il irrégulier au parlement de Paris ; il y eut enquête et procès, et si Richelieu ne fut pas puni, si Christophe Fouquet ne fut pas puni, le soldat le fut. Injustice sans doute, mais au fond de laquelle il y avait de la justice.

Ici, rien. La chose a eu lieu après juillet, dans un temps de douces mœurs et de progrès, un an après la célèbre lamentation de la Chambre sur la peine de mort. Eh bien ! le fait a passé absolument inaperçu. Les journaux de Paris l'ont publié comme une anecdote. Personne n'a été inquiété. On a su seulement que la guillotine avait été disloquée exprès par quelqu'un *qui voulait nuire à l'exécuteur des hautes œuvres*. C'était un valet du bourreau, chassé par son maître, qui, pour se venger, lui avait fait cette malice.

Ce n'était qu'une espièglerie. Continuons.

À Dijon, il y a trois mois, on a mené au supplice une femme. (Une femme !) Cette fois encore, le couteau du docteur Guillotin a mal fait son service. La tête n'a pas été tout à fait coupée. Alors les valets de l'exécuteur se sont attelés aux pieds de la femme, et à travers les hurlements de la malheureuse, et à force de tiraillements et de soubresauts, ils lui ont séparé la tête du corps par arrachement.

À Paris, nous revenons au temps des exécutions secrètes. Comme on n'ose plus décapiter en Grève[2] depuis juillet, comme on a peur, comme on est lâche, voici ce qu'on fait. On a pris dernièrement à Bicêtre un homme, un condamné à mort, un nommé Désandrieux, je crois ; on l'a mis dans une espèce de panier traîné sur deux roues, clos de toutes parts, cadenassé et verrouillé ; puis, un gendarme en tête, un gendarme en queue, à petit bruit et sans foule, on a été déposer le paquet à la barrière déserte de Saint-Jacques[3].

---

1. La Porte dit vingt-deux, mais Aubery dit trente-quatre. M. de Chalais cria jusqu'au vingtième. (Note de Victor Hugo.)
2. Voir p. 51, note 1. **3.** À la limite sud-est de Paris, alors le quartier le plus misérable de la ville.

Arrivés là, il était huit heures du matin, à peine jour, il y avait une guillotine toute fraîche dressée et pour public quelques douzaines de petits garçons groupés sur les tas de pierres voisins autour de la machine inattendue ; vite, on a tiré l'homme du panier, et, sans lui donner le temps de respirer, furtivement, sournoisement, honteusement, on lui a escamoté sa tête. Cela s'appelle un acte public et solennel de haute justice. Infâme dérision !

Comment donc les gens du roi comprennent-ils le mot civilisation ? Où en sommes-nous ? La justice ravalée aux stratagèmes et aux supercheries ! la loi aux expédients ! monstrueux !

C'est donc une chose bien redoutable qu'un condamné à mort, pour que la société le prenne en traître de cette façon !

Soyons juste pourtant, l'exécution n'a pas été tout à fait secrète. Le matin on a crié et vendu comme de coutume l'arrêt de mort dans les carrefours de Paris. Il paraît qu'il y a des gens qui vivent de cette vente. Vous entendez ? du crime d'un infortuné, de son châtiment, de ses tortures, de son agonie, on fait une denrée, un papier qu'on vend un sou. Concevez-vous rien de plus hideux que ce sou, vertdegrisé [1] dans le sang ? Qui est-ce donc qui le ramasse ?

Voilà assez de faits. En voilà trop. Est-ce que tout cela n'est pas horrible ? Qu'avez-vous à alléguer pour la peine de mort ?

Nous faisons cette question sérieusement ; nous la faisons pour qu'on y réponde ; nous la faisons aux criminalistes, et non aux lettrés bavards. Nous savons qu'il y a des gens qui prennent l'excellence de la peine de mort pour texte à paradoxe comme tout autre thème [2]. Il y en a d'autres qui n'aiment la peine de mort que parce qu'ils haïssent tel ou tel qui l'attaque. C'est

---

1. Rouillé, oxydé. **2.** Allusion possible à Joseph de Maistre et au passage alors fameux de ses *Soirées de Saint-Petersbourg* sur la nécessité absolue et le caractère quasi sacré du bourreau dans le régime monarchique.

pour eux une question quasi-littéraire, une question de personnes, une question de noms propres. Ceux-là sont les envieux, qui ne font pas plus faute aux bons jurisconsultes qu'aux grands artistes. Les Joseph Grippa ne manquent pas plus aux Filangieri que les Torregiani aux Michel-Ange et les Scudéry aux Corneille[1].

Ce n'est pas à eux que nous nous adressons, mais aux hommes de loi proprement dits, aux dialecticiens, aux raisonneurs, à ceux qui aiment la peine de mort pour la peine de mort, pour sa beauté, pour sa bonté, pour sa grâce.

Voyons, qu'ils donnent leurs raisons.

Ceux qui jugent et qui condamnent disent la peine de mort nécessaire. D'abord, – parce qu'il importe de retrancher de la communauté sociale un membre qui lui a déjà nui et qui pourrait lui nuire encore. – S'il ne s'agissait que de cela, la prison perpétuelle suffirait. À quoi bon la mort ? Vous objectez qu'on peut s'échapper d'une prison ? faites mieux votre ronde. Si vous ne croyez pas à la solidité des barreaux de fer, comment osez-vous avoir des ménageries ?

Pas de bourreau où le geôlier suffit.

Mais, reprend-on, – il faut que la société se venge, que la société punisse. – Ni l'un, ni l'autre. Se venger est de l'individu, punir est de Dieu.

La société est entre deux. Le châtiment est au-dessus d'elle, la vengeance au-dessous. Rien de si grand et de si petit ne lui sied. Elle ne doit pas « punir pour se venger » ; elle doit *corriger pour améliorer*. Transfor-

---

1. Gaetano Filangieri (1752-1788), philosophe et jurisconsulte napolitain, grand représentant de l'esprit des Lumières en Italie, fut souvent comparé à Beccaria quoiqu'il ne fût pas acquis à l'abolition de la peine de mort ; il rencontra l'opposition de l'Église catholique, qui interdit sa *Science de la législation*. Pietro Torregiano (vers 1472-1522), sculpteur italien qui, dans un accès de colère et de jalousie, frappa et défigura le grand sculpteur, architecte et peintre Michel-Ange. Georges de Scudéry (1601-1667), poète et dramaturge, fut (avec le soutien de Richelieu) le principal détracteur du *Cid* de Corneille.

mez de cette façon la formule des criminalistes, nous la comprenons et nous y adhérons.

Reste la troisième et dernière raison, la théorie de l'exemple. – Il faut faire des exemples ! il faut épouvanter par le spectacle du sort réservé aux criminels ceux qui seraient tentés de les imiter ! – Voilà bien à peu près textuellement la phrase éternelle dont tous les réquisitoires des cinq cents parquets de France ne sont que des variations plus ou moins sonores. Eh bien ! nous nions d'abord qu'il y ait exemple. Nous nions que le spectacle des supplices produise l'effet qu'on en attend. Loin d'édifier le peuple, il le démoralise, et ruine en lui toute sensibilité, partant toute vertu. Les preuves abondent, et encombreraient notre raisonnement si nous voulions en citer. Nous signalerons pourtant un fait entre mille, parce qu'il est le plus récent. Au moment où nous écrivons, il n'a que dix jours de date. Il est du 5 mars, dernier jour du carnaval. À Saint-Pol, immédiatement après l'exécution d'un incendiaire nommé Louis Camus, une troupe de masques est venue danser autour de l'échafaud encore fumant. Faites donc des exemples ! le mardi gras vous rit au nez.

Que si, malgré l'expérience, vous tenez à votre théorie routinière de l'exemple, alors rendez-nous le seizième siècle, soyez vraiment formidables, rendez-nous la variété des supplices, rendez-nous Farinacci[1], rendez-nous les tourmenteurs-jurés[2], rendez-nous le gibet, la roue, le bûcher, l'estrapade, l'essorillement, l'écartèlement, la fosse à enfouir vif, la cuve à bouillir vif ; rendez-nous, dans tous les carrefours de Paris, comme une boutique de plus ouverte parmi les autres, le hideux étal du bourreau, sans cesse garni de chair fraîche. Rendez-nous Montfaucon[3], ses seize piliers de

---

1. Juge romain de la seconde moitié du XVIe siècle, célèbre pour son savoir et sa sévérité, mais aussi pour ses mœurs scandaleuses qui lui valurent quelques déboires judiciaires. **2.** Fonctionnaires d'État préposés à la torture légale. **3.** Célèbre gibet permanent de la fin du Moyen Âge, situé dans le nord-est de Paris. Cf. *Notre-Dame de Paris*, notamment le dernier chapitre.

pierre, ses brutes assises, ses caves à ossements, ses poutres, ses crocs, ses chaînes, ses brochettes de squelettes, son éminence de plâtre tachetée de corbeaux, ses potences succursales, et l'odeur de cadavre que par le vent du nord-est il répand à larges bouffées sur tout le faubourg du Temple. Rendez-nous dans sa permanence et dans sa puissance ce gigantesque appentis du bourreau de Paris. À la bonne heure ! Voilà de l'exemple en grand. Voilà de la peine de mort bien comprise. Voilà un système de supplices qui a quelque proportion. Voilà qui est horrible, mais qui est terrible.

Ou bien faites comme en Angleterre. En Angleterre, pays de commerce, on prend un contrebandier sur la côte de Douvres, on le pend *pour l'exemple, pour l'exemple* on le laisse accroché au gibet ; mais, comme les intempéries de l'air pourraient détériorer le cadavre, on l'enveloppe soigneusement d'une toile enduite de goudron, afin d'avoir à le renouveler moins souvent. Ô terre d'économie ! goudronner les pendus[1] !

Cela pourtant a encore quelque logique. C'est la façon la plus humaine de comprendre la théorie de l'exemple.

Mais vous, est-ce bien sérieusement que vous croyez faire un exemple quand vous égorgillez misérablement un pauvre homme dans le recoin le plus désert des boulevards extérieurs ? En Grève, en plein jour, passe encore ; mais à la barrière Saint-Jacques ! mais à huit heures du matin ! Qui est-ce qui passe là ? Qui est-ce qui va là ? Qui est-ce qui sait que vous tuez un homme là ? Qui est-ce qui se doute que vous faites un exemple là ? Un exemple pour qui ? Pour les arbres du boulevard, apparemment.

Ne voyez-vous donc pas que vos exécutions publiques se font en tapinois ? Ne voyez-vous donc pas que vous vous cachez ? Que vous avez peur et honte de votre œuvre ? Que vous balbutiez ridiculement votre

1. Cf. *L'Homme qui rit* (1869), I, I, 5 et 6.

discite justitiam moniti[1] ? Qu'au fond vous êtes ébranlés, interdits, inquiets, peu certains d'avoir raison, gagnés par le doute général, coupant des têtes par routine et sans trop savoir ce que vous faites ? Ne sentez-vous pas au fond du cœur que vous avez tout au moins perdu le sentiment moral et social de la mission de sang que vos prédécesseurs, les vieux parlementaires[2], accomplissaient avec une conscience si tranquille ? La nuit, ne retournez-vous pas plus souvent qu'eux la tête sur votre oreiller ? D'autres avant vous ont ordonné des exécutions capitales, mais ils s'estimaient dans le droit, dans le juste, dans le bien. Jouvenel des Ursins[3] se croyait un juge ; Élie de Thorrette se croyait un juge ; Laubardemont[4], La Reynie[5] et Laffemas[6] eux-mêmes se croyaient des juges ; vous, dans votre for intérieur, vous n'êtes pas bien sûrs de ne pas être des assassins !

Vous quittez la Grève pour la barrière Saint-Jacques, la foule pour la solitude, le jour pour le crépuscule. Vous ne faites plus fermement ce que vous faites. Vous vous cachez, vous dis-je !

Toutes les raisons pour la peine de mort, les voilà donc démolies. Voilà tous les syllogismes de parquet

---

1. « Apprenez par mon exemple ce qu'est la justice », phrase que le roi Phlégyas, coupable d'avoir incendié un temple, prononce aux Enfers où il subit un châtiment atroce (Virgile, *Énéide*, VI, 620). **2.** Magistrats de l'Ancien Régime. **3.** Ou Juvénal, nom d'une lignée de magistrats et d'hommes de guerre et d'État aux XIVe et XVe siècles. Il s'agit sans doute ici de Guillaume (1400-1472), chancelier de Charles VII, qui fit condamner pour crime de lèse-majesté le duc d'Alençon (Jean II). Hugo venait d'évoquer cette figure dans *Notre-Dame de Paris* (VI, 1). **4.** Né vers 1590-1653. Magistrat « dont le nom est devenu synonyme de juge inique et sans conscience » (Pierre Larousse), il fut le principal instrument judiciaire de Richelieu dans les procès politiques qui jalonnèrent son ministère. **5.** 1625-1709 ; magistrat chargé par Louis XIV de poursuivre les protestants après la révocation de l'édit de Nantes (1685). Il s'acquitta de sa tâche avec une cruauté mémorable. **6.** Mort vers 1650. Autre instrument judiciaire de Richelieu dans sa lutte contre la haute noblesse, il acquit le surnom de « grand bourreau ». Dans *Marion de Lorme* (1829), Hugo en a fait un personnage particulièrement vil, cruel et corrompu.

mis à néant. Tous ces copeaux de réquisitoires, les voilà balayés et réduits en cendres. Le moindre attouchement de la logique dissout tous les mauvais raisonnements.

Que les gens du roi ne viennent donc plus nous demander des têtes, à nous jurés, à nous hommes, en nous adjurant d'une voix caressante au nom de la société à protéger, de la vindicte publique à assurer, des exemples à faire. Rhétorique, ampoule, et néant que tout cela ! un coup d'épingle dans ces hyperboles, et vous les désenflez. Au fond de ce doucereux verbiage, vous ne trouvez que dureté de cœur, cruauté, barbarie, envie de prouver son zèle, nécessité de gagner ses honoraires. Taisez-vous, mandarins ! Sous la patte de velours du juge on sent les ongles du bourreau.

Il est difficile de songer de sang-froid à ce que c'est qu'un procureur royal criminel. C'est un homme qui gagne sa vie à envoyer les autres à l'échafaud. C'est le pourvoyeur titulaire des places de Grève. Du reste, c'est un monsieur qui a des prétentions au style et aux lettres, qui est beau parleur ou croit l'être, qui récite au besoin un vers latin ou deux avant de conclure à la mort, qui cherche à faire de l'effet, qui intéresse son amour-propre, ô misère ! là où d'autres ont leur vie engagée, qui a ses modèles, à lui, ses types désespérants à atteindre, ses classiques, son Bellart[1], son Mar-

---

1. Nicolas-François Bellart (1761-1826) fut un magistrat de talent passé maître dans l'art délicat de servir avec enthousiasme les régimes successifs : apprécié par Louis XVI, ardent républicain, thuriféraire de Napoléon, il fut anobli et nommé procureur général par Louis XVIII, sous le règne duquel il requit avec une sévérité remarquée la peine capitale contre Ney (maréchal d'Empire accusé de haute trahison), contre Louvel (assassin dément du duc de Berry, fils du futur Charles X), etc. Député, il vota toutes les lois répressives de la Restauration. Ses *Œuvres complètes*, publiées en 1828, contiennent un grand nombre de discours et plaidoyers, et un *Essai sur la légitimité des rois*.

changy [1], comme tel poète a Racine et tel autre Boileau. Dans le débat, il tire du côté de la guillotine, c'est son rôle, c'est son état. Son réquisitoire, c'est son œuvre littéraire, il le fleurit de métaphores, il le parfume de citations, il faut que cela soit beau à l'audience, que cela plaise aux dames. Il a son bagage de lieux communs encore très neufs pour la province, ses élégances d'élocution, ses recherches, ses raffinements d'écrivain. Il hait le mot propre presque autant que nos poètes tragiques de l'école de Delille [2]. N'ayez pas peur qu'il appelle les choses par leur nom. Fi donc ! Il a pour toute idée dont la nudité vous révolterait des déguisements complets d'épithètes et d'adjectifs. Il rend M. Samson [3] présentable. Il gaze le couperet. Il estompe la bascule. Il entortille le panier rouge dans une périphrase. On ne sait plus ce que c'est. C'est douceâtre et décent. Vous le représentez-vous, la nuit, dans son cabinet, élaborant à loisir et de son mieux cette

---

1. Louis-Antoine-François Marchangy (1782-1826), qui avait ajouté un « de » à son nom, commença sa carrière de magistrat sous Napoléon Ier, dont il chanta les louanges à maintes reprises. Mais il se distingua surtout sous la Restauration, qui le nomma avocat général à la cour de cassation, et qu'il remercia en poursuivant avec opiniâtreté bonapartistes et libéraux. Il se distingua surtout dans le procès des quatre sergents de la Rochelle (sous-officiers accusés de conspiration en 1822), dont il obtint la tête et où « il terrifia les jurés et la France entière en représentant tout le pays miné en dessous par d'innombrables ramifications de sociétés secrètes » (Pierre Larousse). Il est également l'auteur de *La Gaule poétique* (1813), longue épopée en prose qui, tenant du néo-classicisme et du style troubadour, eut son heure de gloire sous la Restauration. **2.** L'abbé Delille (1738-1813), l'un des plus grands noms de la poésie néo-classique, fut aussi l'une des principales têtes de Turcs des poètes romantiques. Hugo dénonce ici une pratique du *beau langage* fondée essentiellement sur la rhétorique – qui est pour une part essentielle et originelle un art de bien plaider. Par la grâce et la gaze de son style, ce *beau langage* vise à occulter la crudité horrible de ce qu'il dit. Dans ce texte comme ailleurs, tout le travail d'écriture de Hugo tend à casser cette stratégie de langage, et cherche à inventer les formes propres à dire l'horreur, dans toute sa virulence. **3.** Nom de la famille qui détenait alors la charge de bourreau à Paris.

harangue qui fera dresser un échafaud dans six semaines ? Le voyez-vous suant sang et eau pour emboîter la tête d'un accusé dans le plus fatal article du code ? Le voyez-vous scier avec une loi mal faite le cou d'un misérable ? Remarquez-vous comme il fait infuser dans un gâchis de tropes et de synecdoches deux ou trois textes vénéneux pour en exprimer et en extraire à grand'peine la mort d'un homme ? N'est-il pas vrai que, tandis qu'il écrit, sous sa table, dans l'ombre, il a probablement le bourreau accroupi à ses pieds, et qu'il arrête de temps en temps sa plume pour lui dire, comme le maître à son chien : – Paix là ! paix là ! tu vas avoir ton os [1] !

Du reste, dans la vie privée, cet homme du roi peut être un honnête homme, bon père, bon fils, bon mari, bon ami, comme disent toutes les épitaphes du Père-Lachaise.

Espérons que le jour est prochain où la loi abolira ces fonctions funèbres. L'air seul de notre civilisation doit dans un temps donné user la peine de mort.

On est parfois tenté de croire que les défenseurs de la peine de mort n'ont pas bien réfléchi à ce que c'est. Mais pesez donc un peu à la balance de quelque crime que ce soit ce droit exorbitant que la société s'arroge d'ôter ce qu'elle n'a pas donné, cette peine, la plus irréparable des peines irréparables !

De deux choses l'une :

Ou l'homme que vous frappez est sans famille, sans parents, sans adhérents dans ce monde. Et dans ce cas, il n'a reçu ni éducation, ni instruction, ni soins pour son esprit, ni soins pour son cœur ; et alors de quel droit tuez-vous ce misérable orphelin ? Vous le punis-

---

1. À la rhétorique classique et décente des procureurs Hugo n'oppose pas seulement, comme plus haut, le réalisme le plus cru, mais tout autant une débauche de métaphores étranges et précises, marquées par l'extrême concrétude du comparant. On a là, surtout dans la dernière phrase, un bon exemple du grotesque hugolien, dans l'alliance paradoxale de l'inattendu et du trivial, du rire et de la mort.

sez de ce que son enfance a rampé sur le sol sans tige et sans tuteur ! Vous lui imputez à forfait l'isolement où vous l'avez laissé ! De son malheur vous faites son crime ! Personne ne lui a appris à savoir ce qu'il faisait. Cet homme ignore. Sa faute est à sa destinée, non à lui. Vous frappez un innocent.

Ou cet homme a une famille ; et alors croyez-vous que le coup dont vous l'égorgez ne blesse que lui seul ? que son père, que sa mère, que ses enfants, n'en saigneront pas ? Non. En le tuant, vous décapitez toute sa famille. Et ici encore vous frappez des innocents.

Gauche et aveugle pénalité, qui, de quelque côté qu'elle se tourne, frappe l'innocent !

Cet homme, ce coupable qui a une famille, séquestrez-le. Dans sa prison, il pourra travailler encore pour les siens. Mais comment les fera-t-il vivre du fond de son tombeau ? Et songez-vous sans frissonner à ce que deviendront ces petits garçons, ces petites filles, auxquelles vous ôtez leur père, c'est-à-dire leur pain ? Est-ce que vous comptez sur cette famille pour approvisionner dans quinze ans, eux le bagne, elles le musico [1] ? Oh ! les pauvres innocents !

Aux colonies, quand un arrêt de mort tue un esclave, il y a mille francs d'indemnité pour le propriétaire de l'homme. Quoi ! vous dédommagez le maître, et vous n'indemnisez pas la famille ! Ici aussi ne prenez-vous pas un homme à ceux qui le possèdent ? N'est-il pas, à un titre bien autrement sacré que l'esclave vis-à-vis du maître, la propriété de son père, le bien de sa femme, la chose de ses enfants ?

Nous avons déjà convaincu votre loi d'assassinat. La voici convaincue de vol.

Autre chose encore. L'âme de cet homme, y songez-vous ? Savez-vous dans quel état elle se trouve ? Osez-vous bien l'expédier si lestement ? Autrefois du moins, quelque foi circulait dans le peuple ; au moment

---

1. Café-concert de bas étage, où l'on pratiquait aussi la prostitution.

suprême, le souffle religieux qui était dans l'air pouvait amollir le plus endurci ; un patient était en même temps un pénitent ; la religion lui ouvrait un monde au moment où la société lui en fermait un autre ; toute âme avait conscience de Dieu ; l'échafaud n'était qu'une frontière du ciel. Mais quelle espérance mettez-vous sur l'échafaud maintenant que la grosse foule ne croit plus ? maintenant que toutes les religions sont attaquées du dry-rot[1], comme ces vieux vaisseaux qui pourrissent dans nos ports, et qui jadis peut-être ont découvert des mondes ? maintenant que les petits enfants se moquent de Dieu ? De quel droit lancez-vous dans quelque chose dont vous doutez vous-mêmes les âmes obscures de vos condamnés, ces âmes telles que Voltaire et M. Pigault-Lebrun[2] les ont faites ? Vous les livrez à votre aumônier de prison, excellent vieillard sans doute ; mais croit-il et fait-il croire ? Ne grossoie-t-il pas comme une corvée son œuvre sublime ? Est-ce que vous le prenez pour un prêtre, ce bonhomme qui coudoie le bourreau dans la charrette ? Un écrivain plein d'âme et de talent l'a dit avant nous : *C'est une horrible chose de conserver le bourreau après avoir ôté le confesseur !*

Ce ne sont là, sans doute, que des « raisons sentimentales », comme disent quelques dédaigneux qui ne prennent leur logique que dans leur tête. À nos yeux, ce sont les meilleures. Nous préférons souvent les raisons du sentiment aux raisons de la raison. D'ailleurs les deux séries se tiennent toujours, ne l'oublions pas. Le *Traité des Délits* est greffé sur l'*Esprit des Lois*. Montesquieu a engendré Beccaria[3].

La raison est pour nous, le sentiment est pour nous, l'expérience est aussi pour nous. Dans les états modèles, où la peine de mort est abolie, la masse des

---

1. La « pourriture sèche », maladie du bois qui le fait tomber en poussière. **2.** Auteur de comédies et de romans (1753-1835), anticlérical et volontiers grivois, très apprécié pour son esprit *voltairien* par les bourgeois libéraux et classiques, principaux soutiens du régime de Juillet. **3.** Voir p. 52, note 5.

crimes capitaux suit d'année en année une baisse progressive. Pesez ceci.

Nous ne demandons cependant pas pour le moment une brusque et complète abolition de la peine de mort, comme celle où s'était si étourdiment engagée la Chambre des députés. Nous désirons, au contraire, tous les essais, toutes les précautions, tous les tâtonnements de la prudence. D'ailleurs, nous ne voulons pas seulement l'abolition de la peine de mort, nous voulons un remaniement complet de la pénalité sous toutes ses formes, du haut en bas, depuis le verrou jusqu'au couperet, et le temps est un des ingrédients qui doivent entrer dans une pareille œuvre pour qu'elle soit bien faite. Nous comptons développer ailleurs, sur cette matière, le système d'idées que nous croyons applicable. Mais, indépendamment des abolitions partielles pour le cas de fausse monnaie, d'incendie, de vols qualifiés, etc., nous demandons que dès à présent, dans toutes les affaires capitales, le président soit tenu de poser au jury cette question : *L'accusé a-t-il agi par passion ou par intérêt ?* et que, dans le cas où le jury répondrait : *L'accusé a agi par passion*, il n'y ait pas condamnation à mort. Ceci nous épargnerait du moins quelques exécutions révoltantes. Ulbach[1] et Debacker seraient sauvés. On ne guillotinerait plus Othello[2].

Au reste, qu'on ne s'y trompe pas, cette question de la peine de mort mûrit tous les jours. Avant peu, la société entière la résoudra comme nous.

Que les criminalistes les plus entêtés y fassent attention, depuis un siècle la peine de mort va s'amoindrissant. Elle se fait presque douce. Signe de décrépitude. Signe de faiblesse. Signe de mort prochaine. La torture a disparu. La roue a disparu. La potence a disparu. Chose étrange ! la guillotine elle-même est un progrès.

M. Guillotin était un philanthrope.

---

1. Voir p. 52, note 2. **2.** Héros de la tragédie de Shakespeare qui porte son nom. Rendu fou de jalousie par les insinuations mensongères de l'infâme Iago, il tue sa femme Desdémone en l'étouffant sous son oreiller.

Oui, l'horrible Thémis[1] dentue et vorace de Farinace[2] et de Vouglans[3], de Delancre[4] et d'Isaac Loisel[5], de d'Oppède[6] et de Machault[7], dépérit. Elle maigrit. Elle se meurt.

Voilà déjà la Grève qui n'en veut plus. La Grève se réhabilite. La vieille buveuse de sang s'est bien conduite en juillet[8]. Elle veut mener désormais meilleure vie et rester digne de sa dernière belle action. Elle qui s'était prostituée depuis trois siècles à tous les échafauds, la pudeur la prend. Elle a honte de son ancien métier. Elle veut perdre son vilain nom. Elle répudie le bourreau. Elle lave son pavé.

À l'heure qu'il est, la peine de mort est déjà hors de Paris. Or, disons-le bien ici, sortir de Paris c'est sortir de la civilisation.

Tous les symptômes sont pour nous. Il semble aussi qu'elle se rebute et qu'elle rechigne, cette hideuse machine, ou plutôt ce monstre fait de bois et de fer qui

---

1. Déesse de la Justice chez les Grecs. **2.** Ou Farinacci. Voir p. 67, note 1. **3.** Muyart de Vouglans (1713-1791), célèbre criminaliste, s'opposa aux idées de Beccaria, défendit la rigueur de l'instruction et la sévérité de la répression, justifia l'usage de la torture, et publia des ouvrages religieux qui lui valurent les félicitations du pape. **4.** Sans doute Pierre de Lancre (mort en 1630), magistrat civil bordelais, qui fut chargé en 1609 d'un vaste procès en sorcellerie dans le Pays basque ; il fit brûler environ 500 personnes. Michelet relatera cet épisode dans *La Sorcière* (1862). **5.** S'agit-il d'Antoine Loisel (1536-1617), écrivain, jurisconsulte, avocat au parlement de Paris puis de Bordeaux, élève de Cujas et apprécié de Montaigne ? **6.** Jean Meynier, baron d'Oppède (1495-1558), premier président du parlement d'Aix, responsable du massacre des hérétiques vaudois (1545), en application d'un édit de François Ier. **7.** Peut-être Jean de Machault (1561-1619), écrivain, jurisconsulte, jésuite, dont un ouvrage fut brûlé par le bourreau comme « pernicieux, [...] tendant à sédition, plein d'impostures et de calomnies contre les magistrats et officiers du roi ». **8.** En juillet 1830 (comme plus tard en février 1848 ou en mars 1871), l'insurrection avait convergé vers l'Hôtel de Ville, siège du pouvoir municipal, et que bordait la place de Grève, plus tard rebaptisée place de l'Hôtel de Ville. La violence révolutionnaire, héroïque et bénéfique, lave le lieu du sang iniquement et légalement versé par tous les Anciens Régimes.

est à Guillotin ce que Galatée est à Pygmalion[1]. Vues d'un certain côté, les effroyables exécutions que nous avons détaillées plus haut sont d'excellents signes. La guillotine hésite. Elle en est à manquer son coup. Tout le vieil échafaudage de la peine de mort se détraque.

L'infâme machine partira de France, nous y comptons, et, s'il plaît à Dieu, elle partira en boitant, car nous tâcherons de lui porter de rudes coups.

Qu'elle aille demander l'hospitalité ailleurs, à quelque peuple barbare, non à la Turquie, qui se civilise, non aux sauvages, qui ne voudraient pas d'elle[2] ; mais qu'elle descende quelques échelons encore de l'échelle de la civilisation, qu'elle aille en Espagne ou en Russie[3].

L'édifice social du passé reposait sur trois colonnes, le prêtre, le roi, le bourreau[4]. Il y a déjà longtemps qu'une voix a dit : *Les dieux s'en vont !* Dernièrement une autre voix s'est élevée et a crié : *Les rois s'en vont !* Il est temps maintenant qu'une troisième voix s'élève et dise : *Le bourreau s'en va !*

Ainsi l'ancienne société sera tombée pierre à pierre ; ainsi la providence aura complété l'écroulement du passé.

À ceux qui ont regretté les dieux, on a pu dire : Dieu reste. À ceux qui regrettent les rois, on peut dire : la patrie reste. À ceux qui regretteraient le bourreau, on n'a rien à dire.

---

1. Roi et sculpteur grec mythique. Amoureux d'une statue à laquelle Aphrodite donna vie, il épousa cette « femme » qui prit le nom de Galatée. **2.** Le « parlement » d'Otahiti vient d'abolir la peine de mort. (Note de Victor Hugo.) **3.** Aux deux extrémités de l'Europe, deux grands États encore soumis à la monarchie absolue sous ses pires espèces, malgré des tentatives de libéralisation qui avaient échoué dans les années 1820 : Espagne, pays de l'Inquisition, du garrot (et aussi du souvenir des atrocités auxquelles se livrèrent les soldats de Napoléon, atrocités dont le petit Victor avait été témoin) ; Russie, pays de l'autocratie tsariste, des assassinats politiques et familiaux, des bagnes sibériens peuplés d'insurgés polonais (cf. texte 2, p. 94, note 4 et *Les Feuilles d'automne*, XL, ainsi que *Les Chants du crépuscule*, IX). **4.** Trinôme qui peut, à nouveau, rappeler Joseph de Maistre (voir p. 65, note 2).

Et l'ordre ne disparaîtra pas avec le bourreau ; ne le croyez point. La voûte de la société future ne croulera pas pour n'avoir point cette clef hideuse. La civilisation n'est autre chose qu'une série de transformations successives. À quoi donc allez-vous assister ? à la transformation de la pénalité. La douce loi du Christ pénétrera enfin le code et rayonnera à travers. On regardera le crime comme une maladie, et cette maladie aura ses médecins qui remplaceront vos juges, ses hôpitaux qui remplaceront vos bagnes. La liberté et la santé se ressembleront. On versera le baume et l'huile où l'on appliquait le fer et le feu. On traitera par la charité ce mal qu'on traitait par la colère. Ce sera simple et sublime. La croix substituée au gibet. Voilà tout.

15 mars 1832.

2

DISCOURS PRONONCÉ PAR M. VICTOR HUGO DEVANT LE TRIBUNAL DE COMMERCE POUR CONTRAINDRE LE THÉÂTRE-FRANÇAIS À REPRÉSENTER ET LE GOUVERNEMENT À LAISSER REPRÉSENTER *LE ROI S'AMUSE*

19 décembre 1832

Le 22 novembre 1832 était représenté sur la scène de la Comédie-Française Le roi s'amuse, *drame de Victor Hugo en cinq actes et en vers. Le scandale fut ahurissant, laissant loin derrière lui les échauffourées mémorables d'*Hernani, *deux ans et demi plus tôt. Le lendemain, le comte d'Argout, ministre du Commerce et des Travaux publics (dont dépendaient les théâtres) interdisait officiellement la poursuite des représentations.*

Grâce à l'étude précise menée par Anne Ubersfeld[1], *les raisons du scandale, complexes, nous sont connues. La violente opposition au drame fut moins politique au sens étroit du terme que culturelle au sens large. En effet, et à la différence de nombre de ses collègues surtout en ces temps d'après révolution, Hugo refuse ici comme toujours de porter à la scène toute allusion*

---

1. Dans *Le Roi et le bouffon*, José Corti, 1974, p. 121 et suivantes.

politique précise à l'actualité, voire à l'histoire récente[1]. *En revanche la mise à mal des hiérarchies sociales et des codes esthétiques, trait commun à tout le théâtre de Hugo, atteint des sommets dans cette œuvre. Enfin le traitement grotesque de François Ier, grande figure de l'histoire nationale, « roi français » par excellence, allait violemment contre le mouvement d'élaboration d'une légende dorée des grandes gloires de la France autour de laquelle on pouvait espérer réconcilier les « partis ».*

Les raisons de la décision gouvernementale demeurent davantage sujettes à conjectures. Néanmoins, la dimension proprement politique de l'interdiction nous semble assurée, et fut immédiatement sentie. Car le pouvoir né de la révolution de Juillet avait officiellement aboli la censure et n'avait pas encore réussi à légiférer sur les théâtres[2], *qui constituaient alors plus que jamais un lieu d'expression et de rassemblement populaires à surveiller de près. Certes deux pièces avaient été interdites depuis juillet 1830, mais elles étaient bien plus directement politiques que* Le roi s'amuse, *elles n'avaient pas été jouées sur la première scène du pays, et elles n'avaient pas pour auteur l'écrivain le plus célèbre du moment.*

Pour toutes ces raisons, l'interdiction du drame de Hugo constitua ce que le jargon politico-médiatique appellerait aujourd'hui « un signal fort ». Le régime sortait juste de « la grande peur de 1832 », et il en sortait vainqueur. Il avait réprimé l'émeute républicaine de juin ; la duchesse de Berry, belle-fille de l'ancien roi Charles X et qui avait tenté de soulever les légitimistes, était en prison depuis novembre ; la mort

1. Officieusement, on fit mine de voir dans le vers lancé par le bouffon aux gentilshommes « Vos mères aux laquais se sont prostituées » (acte III, sc. 3) une allusion infamante à la mère de Louis-Philippe, qui passait pour avoir eu des aventures dans sa jeunesse. Ce n'était à l'évidence qu'un prétexte, et qui, selon les pratiques habituelles de la censure, n'aurait pu justifier qu'une modification de détail, non l'interdiction pure et simple. **2.** Voir p. 87, note 3.

en juillet à Vienne du fils de Napoléon (« l'Aiglon ») privait les bonapartistes d'un prétendant crédible ; l'épidémie de choléra régressait. Mais la crise économique durait, la confiance n'était pas encore revenue, et le nouveau ministère, formé en octobre, allait avoir à cœur de montrer qu'il y avait quelqu'un à la barre. Le pouvoir restait aux auteurs de la solution Louis-Philippe, et plus précisément à ceux pour qui la révolution était décidément terminée, voire qui refusaient à Juillet tout caractère proprement révolutionnaire. La Résistance *l'avait bien emporté sur le* Mouvement, *« l'heure n'était plus à la révolution, pas même à la conciliation » (Jardin et Tudesq).*

Or la jeunesse romantique semblait ne pas vouloir l'admettre. Dans ses loges du Théâtre-Français, toute la bonne société (et le comte d'Argout lui-même), avait pu le constater. Selon un témoin de cette première peu banale, « la salle était comble depuis quatre heures, par passe-temps, on chantait La Marseillaise, *la* Parisienne, *le* Ça ira[1], Poulot[2] s'en va-t-en guerre, *on criait* à bas les aristocrates, à bas Poulot, *enfin à bas tout le monde*[3] *». Certes, et le pouvoir le savait bien, la plupart de ces jeunes bohèmes n'étaient pas des révolutionnaires actifs, ni même des militants républicains : il entrait surtout de la provocation dans leur attitude. Mais par là même ils entretenaient, à la face du beau monde et des visiteurs étrangers, un climat fébrile, irrespectueux, libertaire, une atmosphère de révolution que le pouvoir tenait absolument à dissiper. Certes l'idole de cette jeunesse artiste n'était pas un barricadier, et n'était même officiellement d'aucun parti. Mais lui aussi participait de ce climat, et il avait écrit quelques mois plus tôt dans quelle piètre estime il*

---

1. Chants de la Révolution française, qui conservaient alors toute leur connotation révolutionnaire. **2.** Surnom péjoratif de Louis-Philippe. **3.** Comte Apponyi, *Mémoires*, Plon, 1913, t. II, p. 289. Témoignage confirmé pour l'essentiel par la presse de l'époque et par Adèle Hugo, dans *Victor Hugo raconté par un témoin de sa vie*, 1863.

tenait les puissants du jour (voir texte 1). On ne prit pas de gants : le lendemain, à dix heures, l'administrateur du théâtre subventionné recevait l'ordre de suspendre les représentations. Nulle porte de sortie n'était seulement entrouverte, aucune négociation n'était possible. Au théâtre comme dans la rue, la monarchie des barricades sifflait la fin de la récréation.

La réaction de Hugo fut immédiate, ferme et publique. Il engagea un procès, devant le tribunal de commerce, contre le Théâtre-Français qui avait rompu unilatéralement le contrat passé avec l'auteur – mais sur ordre du gouvernement, qui était donc le véritable accusé. Réaction légaliste (Hugo s'oppose à toute manifestation de rue), mais éminemment politique, comme suffirait à le montrer le choix de son défenseur. Odilon Barrot n'était pas seulement un avocat réputé, c'était une des principales figures du Mouvement, *qui juste après Juillet avait été pour quelques mois préfet de police de Paris, et qui depuis la mise à l'écart de sa tendance animait à la Chambre l'opposition sinon au régime, du moins à la ligne gouvernementale conservatrice désormais dominante. Hugo tint à plaider lui-même après son avocat. Nous reproduisons ici de larges extraits de cette plaidoirie, premier essai d'éloquence publique du poète, auxquels tous les journaux firent écho. Devant une salle comble et socialement mêlée, l'auteur censuré dénonce la censure, toute forme de censure, et proclame la solidarité de toutes les formes de la liberté de conscience, de création et d'expression. Que la liberté de l'art, notamment théâtral, fût aussi essentielle et digne d'être défendue que celle de la presse, de la tribune ou de la chaire, voilà qui ne faisait pas l'unanimité. Même les libéraux et les républicains officiels, souvent de goût plutôt classique, étaient généralement peu enclins à reconnaître en l'artiste un citoyen pensant et agissant dans et pour la Cité.*

Hugo perdit son procès, le tribunal de commerce se déclarant incompétent pour juger une décision administrative. Mais l'effet public ne fut pas perdu : le pou-

voir attendit encore trois ans avant de rétablir la censure théâtrale, en septembre 1835, dans un train de lois répressives bridant aussi la liberté de presse et d'association (il prouvait ainsi, a contrario, *la solidarité de toutes les formes de la liberté d'expression). Et, avant le Second Empire, les censeurs officiels n'osèrent plus toucher aux pièces signées Hugo*[1].

Messieurs, après l'orateur éloquent qui me prête si généreusement l'assistance puissante de sa parole[2], je n'aurais rien à dire si je ne croyais de mon devoir de ne pas laisser passer, sans une protestation solennelle et sévère, l'acte hardi et coupable qui a violé tout notre droit public dans ma personne.

Cette cause, messieurs, n'est pas une cause ordinaire. Il semble à quelques personnes, au premier aspect, que ce n'est qu'une simple action commerciale, qu'une réclamation d'indemnités pour la non-exécution d'un contrat privé, en un mot, que le procès d'un auteur à un théâtre. Non, messieurs, c'est plus que cela, c'est le procès d'un citoyen à un gouvernement. Au fond de cette affaire, il y a une pièce défendue *par ordre* ; or, une pièce défendue par ordre, c'est la censure, et la Charte abolit la censure ; une pièce défendue par ordre, c'est la confiscation, et la Charte abolit la confiscation. Votre jugement, s'il m'est favorable, et il me semble que je vous ferais injure d'en douter, sera un blâme manifeste, quoique indirect, de la censure et de la confiscation. Vous voyez, messieurs, combien l'horizon de la cause s'élève et s'élargit. Je plaide ici pour quelque chose de plus haut que mon intérêt propre ; je plaide pour mes

1. Nous reproduisons le texte de l'édition des *Œuvres complètes de Victor Hugo*, Ollendorf puis Albin Michel, dite « de l'Imprimerie nationale » (1901-1952). 2. Odilon Barrot, son avocat, qui a plaidé avant lui.

droits les plus généraux, pour mon droit de penser et pour mon droit de posséder, c'est-à-dire pour le droit de tous. C'est une cause générale que la mienne, comme c'est une équité absolue que la vôtre. Les petits détails du procès s'effacent devant la question ainsi posée. Je ne suis plus simplement un écrivain, vous n'êtes plus simplement des juges consulaires. Votre conscience est face à face avec la mienne. Sur ce tribunal vous représentez une idée auguste et moi, à cette barre, j'en représente une autre. Sur votre siège il y a la justice, sur le mien il y a la liberté.

Or, la justice et la liberté sont faites pour s'entendre. La liberté est juste et la justice est libre.

Ce n'est pas la première fois, M. Odilon Barrot vous l'a dit avant moi, messieurs, que le Tribunal de commerce aura été appelé à condamner, sans sortir de sa compétence, les actes arbitraires du pouvoir. Le premier tribunal qui a déclaré illégales les ordonnances du 25 juillet 1830, personne ne l'a oublié, c'est le Tribunal de commerce[1]. Vous suivrez, messieurs, ces mémorables antécédents, et, quoique la question soit bien moindre, vous maintiendrez le droit aujourd'hui, comme vous l'avez maintenu alors ; vous écouterez, je l'espère, avec sympathie, ce que j'ai à vous dire ; vous avertirez par votre sentence le gouvernement qu'il entre dans une voie mauvaise, et qu'il a eu tort de brutaliser l'art et la pensée ; vous me rendrez mon droit et

---

1. Le 25 juillet 1830, le roi Charles X promulguait quatre ordonnances autoritaires qui, restreignant notamment la liberté de la presse, allaient déclencher par contrecoup la révolution des 27, 28 et 29 juillet. Le 28, pendant l'insurrection donc, le Tribunal de commerce condamnait un imprimeur à respecter ses engagements commerciaux et à imprimer un journal suspendu par les ordonnances royales. Dans sa plaidoirie Chaix-d'Est-Ange, parlant pour le ministère, refusa la comparaison entre les deux affaires : « Un jugement rendu au milieu des combats et des périls, un jugement prononcé du haut de cette espèce de trône a proclamé l'illégalité des ordonnances du 25 juillet. Ce fut un grand acte de courage, un acte de bons citoyens ; mais faut-il, dans des moments de calme, citer ce qui s'est passé dans des temps de désordre ? »

mon bien ; vous flétrirez au front la police et la censure qui sont venues chez moi, de nuit, me voler ma liberté et ma propriété avec effraction de la Charte [1].

Et ce que je dis ici, je le dis sans colère ; cette réparation que je vous demande, je la demande avec gravité et modération. À Dieu ne plaise que je gâte la beauté et la bonté de ma cause par des paroles violentes. Qui a le droit a la force, et qui a la force dédaigne la violence [2].

Oui, messieurs, le droit est de mon côté. L'admirable discussion de M. Odilon Barrot vous a prouvé victorieusement qu'il n'y a rien dans l'acte ministériel qui a défendu *le Roi s'amuse* que d'arbitraire, d'illégal et d'inconstitutionnel. En vain essayerait-on de faire revivre, pour attribuer la censure au pouvoir, une loi de la terreur, une loi qui ordonne en propres termes aux théâtres de jouer trois fois par semaine les tragédies de *Brutus* et de *Guillaume Tell*, de ne montrer que des *pièces républicaines* et d'arrêter les représentations de tout ouvrage qui tendrait, je cite textuellement, *à dépraver l'esprit public et à réveiller la honteuse superstition de la royauté*. Cette loi, messieurs, les appuis actuels de la royauté nouvelle oseraient-ils bien l'invoquer et l'invoquer contre *le Roi s'amuse ?* N'est-elle pas évidemment abrogée dans son texte comme dans son esprit ? Faite pour la terreur, elle est morte avec la terreur. N'en est-il pas de même de tous ces décrets impériaux [3], d'après lesquels, par exemple, le

---

1. Une décision ministérielle est assimilée à un cambriolage nocturne : métaphore grotesque et violente, qui annonce déjà la tonalité satirique et véhémente de *Châtiments*. **2.** Le ton adopté ici n'est pourtant pas fort modéré. Mais le 26 novembre Hugo avait fait paraître dans la presse (*Le Constitutionnel*) une lettre par laquelle il s'opposait à toute manifestation physique contre l'interdiction de son drame, priant la « généreuse jeunesse » de « s'abstenir d'une démonstration violente qui aboutirait peut-être à l'émeute que le gouvernement cherche à se procurer depuis si longtemps ». **3.** Parmi les nombreux textes de lois, ordonnances, règlements consacrés à la surveillance des théâtres, certains dataient de la Terreur de 1793, d'autres du Premier Empire.

pouvoir aurait non seulement le droit de censurer les ouvrages de théâtre, mais encore la faculté d'envoyer, selon son bon plaisir et sans jugement, un acteur en prison ? Est-ce que tout cela existe à l'heure qu'il est ? Est-ce que toute cette législation d'exception et de raccroc n'a pas été solennellement raturée par la Charte de 1830 ? Nous en appelons au serment sérieux du 9 août[1]. La France de Juillet n'a à compter ni avec le despotisme conventionnel, ni avec le despotisme impérial. La Charte de 1830 ne se laisse bâillonner ni par 1807, ni par 93.

La liberté de la pensée, dans tous ses modes de publication, par le théâtre comme par la presse, par la chaire comme par la tribune[2], c'est là, messieurs, une des principales bases de notre droit public. Sans doute il faut pour chacun de ces modes de publication une loi organique[3], une loi répressive et non préventive[4],

---

1. Le 9 août 1830, devant la Chambre des députés, Louis-Philippe avait solennellement juré fidélité à la nouvelle Charte, et avait pris le titre de roi des Français. **2.** Cette égalité de dignité (au regard notamment de la liberté de pensée) du théâtre (et plus généralement de la littérature, de l'art), de la presse, de la chaire (professorale comme ecclésiastique) ou de la tribune parlementaire, est régulièrement réaffirmée par Hugo. Mais cette idée n'était guère partagée par la bourgeoisie du temps, même libérale ou républicaine. **3.** Une loi organique est censée régler un aspect essentiel du fonctionnement d'un État. Sans avoir le caractère quasi sacré d'un texte constitutionnel (ici, la Charte), son adoption et son éventuelle modification sont généralement soumises à des procédures particulières, censées la mettre à l'abri des vicissitudes ordinaires du rapport de forces parlementaire. Réclamer une telle loi pour garantir et organiser la liberté de la tribune, de la presse, de l'Église (ou de l'Université) n'est donc pas très étonnant ; il n'en va pas de même pour la liberté des théâtres, habituellement soumise à des lois ordinaires, voire à de simples décrets ou règlements de police. **4.** La censure dramatique était le plus souvent « préventive » : un comité de lecture autorisé par l'État acceptait ou refusait la représentation d'une pièce *avant* qu'elle ait eu lieu (le plus souvent, une pièce interdite de représentation pouvait néanmoins être éditée). Hugo réclame ici un système « répressif », qui n'interviendrait qu'*après* la première représentation. En dépit des connotations modernes attachées à ces deux termes, le système répressif est en effet plus libéral et conforme au droit commun que le système

une loi de bonne foi, d'accord avec la foi fondamentale[1], et qui, en laissant toute carrière à la liberté, emprisonne la licence[2] dans une pénalité sévère. Le théâtre, en particulier, comme lieu public, nous nous empressons de le déclarer, ne saurait se soustraire à la surveillance légitime de l'autorité municipale. Eh bien ! messieurs, cette loi sur les théâtres, cette loi plus facile à faire peut-être qu'on ne pense communément, et que chacun de nous, poètes dramatiques, a probablement construite plus d'une fois dans son esprit, cette loi manque, cette loi n'est pas faite. Nos ministres, qui produisent, bon an mal an, de soixante-dix à quatre-vingts lois par session, n'ont pas jugé à propos de produire celle-là[3]. Une loi sur les théâtres, cela leur aura

---

préventif : il n'intervient qu'une fois le délit constitué et constaté (trouble à l'ordre public au moment d'une représentation, ou allusion diffamatoire à l'égard d'une personne vivante, par exemple) et surtout, il peut permettre d'accorder au prévenu les garanties normales d'un procès contradictoire, avec droit d'appel. La censure préventive, elle, est discrétionnaire, sans débat contradictoire ni appel. Dans sa plaidoirie, Odilon Barrot s'était prononcé contre le système répressif ; Chaix-d'Est-Ange, avocat du ministère, eut beau jeu de souligner la contradiction entre le plaignant et son avocat.

1. Le texte constitutionnel (la Charte), qui notamment déclarait la censure définitivement abolie. **2.** L'abus de la liberté. Par ce terme volontairement vague, Hugo évite de préciser les « abus » qu'il accepterait éventuellement de voir réprimer. Par ses prises de position comme par son œuvre dramatique, on peut imaginer qu'il songe surtout, et peut-être exclusivement, aux « allusions » plus ou moins transparentes à des personnes vivantes – allusions souvent diffamatoires et dont le public était friand. **3.** Hugo fait ici preuve d'une certaine mauvaise foi. En janvier 1831, le ministre de l'Intérieur (Montalivet), avait présenté un projet de loi, relevant du système répressif, mais qui avait soulevé un tel tollé qu'il avait dû le retirer. Une contre-proposition avait été élaborée par un groupe d'auteurs dramatiques, signée notamment par Dumas, mais non par Hugo. Celui-ci n'avait sans doute pas alors voulu entrer dans le jeu délicat de la négociation et du compromis. Sous la Seconde République son attitude sera différente, et il présentera en 1849 au Conseil d'État (qui auditionne alors diverses personnalités du monde théâtral dans le but d'établir la nouvelle législation) un vaste projet d'organisation des théâtres qui confie leur contrôle à

paru chose peu urgente. Chose peu urgente, en effet, qui n'intéresse que la liberté de la pensée, le progrès de la civilisation, la morale publique, le nom des familles, l'honneur des particuliers, et, à de certains moments, la tranquillité de Paris, c'est-à-dire la tranquillité de la France, c'est-à-dire la tranquillité de l'Europe !

Cette loi de la liberté des théâtres, qui aurait dû être formulée depuis 1830 dans l'esprit de la nouvelle Charte, cette loi manque, je le répète, et manque par la faute du gouvernement. La législation antérieure est évidemment écroulée [1], et tous les sophismes dont on replâtrerait sa ruine ne la reconstruiraient pas. Donc, entre une loi qui n'existe plus et une loi qui n'existe pas encore, le pouvoir est sans droit pour arrêter une pièce de théâtre. Je n'insisterai pas sur ce que M. Odilon Barrot a si souverainement démontré. [...]

Messieurs, je me résume. En arrêtant ma pièce, le ministre n'a, d'une part, pas un texte de loi valide à citer, d'autre part, pas une raison valable à donner. Cette mesure a deux aspects également mauvais : selon

---

une sorte de jury d'honneur composé de membres de la Société des Auteurs dramatiques (voir *Actes et Paroles, I*).

1. En fait, rien n'était moins évident. D'un point de vue strictement juridique, les lois antérieures à juillet 1830 qui n'étaient ni abrogées ni modifiées par une loi nouvelle pouvaient être considérées comme toujours valides, et c'est bien ce que fait le ministre d'Argout en fondant sa décision sur un décret impérial de 1806. Hugo oppose à ce juridisme ordinaire la loi fondamentale qui déclare que toute censure est abolie. Mais la Charte édicte les principes, pas forcément les modalités de leur application. L'interdiction du drame *après* la première représentation n'était pas obligatoirement assimilable à un acte de censure, système traditionnellement préventif. À un niveau plus politique il s'agit alors de savoir quelle est la capacité de rupture d'une révolution comme celle de 1830. Les cas sont très rares, voire inexistants, où un changement de régime, même radical, entraîne l'annulation totale du *corpus* juridique antérieur. Bref il s'agit de savoir si, au moins sur cette question de la liberté de l'art, Juillet 1830 fait partie de ces révolutions qui, selon la formule forgée par Hugo un an plus tôt pour la préface des *Feuilles d'automne*, « prennent les sociétés caduques aux entrailles », ou de celles qui « leur écorchent seulement l'épiderme ».

la loi elle est arbitraire, selon le raisonnement elle est absurde. Que peut-il donc alléguer dans cette affaire, le pouvoir qui n'a pour lui ni la raison ni le droit ? Son caprice, sa fantaisie, sa volonté, c'est-à-dire rien.

Vous ferez justice, messieurs, de cette volonté, de cette fantaisie, de ce caprice. Votre jugement, en me donnant gain de cause, apprendra au pays, dans cette affaire, qui est petite, comme dans celle des ordonnances de Juillet, qui était grande, qu'il n'y a en France d'autre *force majeure* que celle de la loi, et qu'il y a au fond de ce procès un ordre illégal que le ministre a eu tort de donner, et que le théâtre a eu tort d'exécuter[1].

Votre jugement apprendra au pouvoir que ses amis eux-mêmes le blâment loyalement dans cette occasion, que le droit de tout citoyen est sacré pour tout ministre, qu'une fois les conditions d'ordre et de sûreté générale remplies, le théâtre doit être respecté comme une des voix avec lesquelles parle la pensée publique et qu'enfin, que ce soit la presse, la tribune ou le théâtre[2], aucun des soupiraux par où s'échappe la liberté de l'intelligence ne peut être fermé sans péril. Je m'adresse à vous avec une foi profonde dans l'excellence de ma cause. Je ne craindrai jamais, dans de pareilles occasions, de prendre un ministère corps à corps ; et les tribunaux sont les juges naturels de ces honorables duels du bon droit contre l'arbitraire ; duels moins inégaux qu'on ne pense, car, s'il y a d'un côté tout un gouvernement, et de l'autre rien qu'un simple citoyen, ce simple citoyen est bien fort quand il peut traîner à votre barre un acte illégal, tout honteux d'être ainsi exposé au grand jour, et le souffleter publiquement devant vous, comme je le fais, avec quatre articles de la Charte.

Je ne dissimule pas cependant que l'heure où nous

---

1. Hugo plaide donc ici pour le droit de résistance, voire le devoir de désobéissance aux décisions du pouvoir d'État, lorsqu'il s'écarte des principes qu'il est censé garantir, et qui fondent seuls sa légitimité. **2.** Voir p. 86, notes 2 et 3.

sommes ne ressemble plus à ces dernières années de la restauration où la résistance aux empiétements du gouvernement était si applaudie, si encouragée, si populaire [1]. Les idées d'immobilité et de pouvoir ont momentanément plus de faveur que les idées de progrès et d'affranchissement. C'est une réaction naturelle après cette brusque reprise de toutes nos libertés au pas de course, qu'on a appelée la révolution de 1830 [2]. Mais cette réaction durera peu. Nos ministres seront étonnés un jour de la mémoire implacable avec laquelle les hommes mêmes qui composent à cette heure leur majorité leur rappelleront tous les griefs qu'on a l'air d'oublier si vite aujourd'hui. D'ailleurs, que ce jour vienne tard ou bientôt, cela ne m'importe guère. Dans cette circonstance, je ne cherche pas plus l'applaudissement que je ne crains l'invective ; je n'ai suivi que le conseil austère de mon droit et de mon devoir.

Je dois le dire ici, j'ai de fortes raisons de croire que le gouvernement profitera de cet engourdissement passager de l'esprit public pour rétablir formellement la censure, et que mon affaire n'est autre chose qu'un

---

1. Les dernières années de la Restauration furent en effet marquées par de nombreuses polémiques autour des entraves à la liberté d'expression. Au nombre d'entre elles, la censure de *Marion de Lorme*, et le refus hautain que son auteur opposa à l'augmentation de sa pension royale qui devait l'en dédommager. À cette occasion, toute la presse libérale prit fait et cause pour Hugo. Celui-ci est bien aise de le rappeler au nouveau ministère, composé pour partie de ces journalistes qui, trois ans plus tôt, s'étaient indignés si vertueusement. **2.** Cf. la préface du *Roi s'amuse* (novembre 1832) : « La France a marché vite en Juillet 1830 ; elle a fait trois bonnes journées ; elle a fait trois grandes étapes dans le champ de la civilisation et du progrès. Maintenant beaucoup sont harassés [...]. De là une crainte singulière de tout ce qui marche, de tout ce qui remue, de tout ce qui parle, de tout ce qui pense. [...] C'est la ligue des intérêts froissés du mouvement des théories. C'est le commerce qui s'effarouche des systèmes ; c'est le marchand qui veut vendre ; c'est la rue qui effraie le comptoir ; c'est la boutique armée qui se défend. / À notre avis, le gouvernement abuse de cette disposition au repos et de cette crainte des révolutions nouvelles. Il en est venu à tyranniser petitement. »

prélude, qu'une préparation, qu'un acheminement à une mise hors la loi générale de toutes les libertés du théâtre [1]. En ne faisant pas de loi répressive, en laissant exprès déborder depuis deux ans la licence sur la scène, le gouvernement s'imagine avoir créé dans l'opinion des hommes honnêtes, que cette licence peut révolter, un préjugé favorable à la censure dramatique. Mon avis est qu'il se trompe, et que jamais la censure ne sera en France autre chose qu'une illégalité impopulaire. Quant à moi, que la censure des théâtres soit rétablie par une ordonnance qui serait illégale ou par une loi qui serait inconstitutionnelle, je déclare que je ne m'y soumettrai jamais que comme on se soumet à un pouvoir de fait, en protestant ; et cette protestation, messieurs, je la fais ici solennellement, et pour le présent et pour l'avenir.

Et observez d'ailleurs comme, dans cette série d'actes arbitraires qui se succèdent depuis quelque temps, le gouvernement manque de grandeur, de franchise et de courage. Cet édifice, beau, quoique incomplet, qu'avait improvisé la révolution de juillet, il le mine lentement, souterrainement, sourdement, obliquement, tortueusement. Il nous prend toujours en traître, par derrière, au moment où l'on ne s'y attend pas. Il n'ose pas censurer ma pièce avant la représentation, il l'arrête le lendemain. Il nous conteste nos franchises les plus essentielles ; il nous chicane nos facultés les mieux acquises ; il échafaude son arbitraire sur un tas de vieilles lois vermoulues et abrogées ; il s'embusque, pour nous dérober nos droits, dans cette forêt de Bondy [2] des décrets impériaux, à travers lesquels la liberté ne passe jamais sans être dévalisée.

Je dois vous faire remarquer ici, en passant, messieurs, que je n'entends franchir dans mon langage

---

1. La censure théâtrale sera rétablie en 1835, année qui verra votée une série de mesures restreignant les libertés d'expression, de réunion et d'association (les fameuses « lois de septembre »).
2. Au nord-est de Paris, célèbre sous l'Ancien Régime pour ses voleurs de grand chemin.

aucune des convenances parlementaires. Il importe à ma loyauté qu'on sache bien quelle est la portée précise de mes paroles quand j'attaque le gouvernement dont un membre actuel a dit : *Le roi règne et ne gouverne pas*[1]. Il n'y a pas d'arrière-pensée dans ma polémique. Le jour où je croirai devoir me plaindre d'une personne couronnée, je lui adresserai ma plainte à elle-même, je la regarderai en face, et je lui dirai : Sire ! En attendant, c'est à ses conseillers que j'en veux, c'est sur les ministres seulement que tombe ma parole, quoique cela puisse sembler singulier dans un temps où les ministres sont inviolables et les rois responsables[2].

Je reprends, et je dis que le gouvernement nous retire petit à petit tout ce que nos quarante ans de révolution nous avaient acquis de droits et de franchises. Je dis que c'est à la probité des tribunaux de l'arrêter dans cette voie fatale pour lui comme pour nous. Je dis que le pouvoir actuel manque particulièrement de grandeur et de courage dans la manière mesquine dont il fait cette opération hasardeuse que chaque gouvernement, par un aveuglement étrange, tente à son tour, et qui consiste à substituer plus ou moins rapidement l'arbitraire à la constitution, le despotisme à la liberté.

Bonaparte, quand il fut consul et quand il fut empereur, voulut aussi le despotisme. Mais il fit autrement.

---

1. Formule attribuée à Adolphe Thiers, alors ministre de l'Intérieur. La question du rôle politique échu au monarque dans le régime de Juillet, et donc du degré de parlementarisme de celui-ci, est régulièrement posée. **2.** En monarchie constitutionnelle, le monarque est inviolable (il ne peut être mis en accusation) et irresponsable (il n'a pas à rendre compte de son action politique) – à la différence des ministres, responsables devant le roi et/ou les Chambres, et susceptibles d'être mis en accusation légale. La formule est donc paradoxale, et Hugo désigne ici une tendance politique du XIXe siècle, qui échappe au droit constitutionnel : la valse des régimes que connaît la France de 1789 à 1870 se marque notamment par la sanction des monarques successifs, exécutés (Louis XVI) ou contraints à l'exil (Louis XVIII, Charles X, Louis-Philippe, les deux Napoléon), alors que le haut personnel politique connaît souvent une relative stabilité, et se retrouve d'un régime à l'autre.

Il y entra de front et de plain-pied. Il n'employa aucune des misérables petites précautions avec lesquelles on escamote aujourd'hui une à une toutes nos libertés, les aînées comme les cadettes, celles de 1830 comme celles de 1789. Napoléon ne fut ni sournois ni hypocrite. Napoléon ne nous filouta pas nos droits l'un après l'autre à la faveur de notre assoupissement, comme on fait maintenant. Napoléon prit tout, à la fois, d'un seul coup et d'une seule main. Le lion n'a pas les mœurs du renard.

Alors, messieurs, c'était grand ! L'empire, comme gouvernement et comme administration, fut assurément une époque d'intolérable tyrannie, mais souvenons-nous que notre liberté nous fut largement payée en gloire. La France d'alors avait, comme Rome sous César, une attitude tout à la fois soumise et superbe. Ce n'était pas la France comme nous la voulons, la France libre, la France souveraine d'elle-même, c'était la France esclave d'un homme et maîtresse du monde.

Alors on nous prenait notre liberté, c'est vrai ; mais on nous donnait un bien sublime spectacle. On disait : Tel jour, à telle heure, j'entrerai dans telle capitale ; et l'on y entrait au jour dit et à l'heure dite. On faisait se coudoyer toutes sortes de rois dans ses antichambres [1]. On détrônait une dynastie avec un décret du *Moniteur* [2]. Si l'on avait la fantaisie d'une colonne, on en faisait fournir le bronze par l'empereur d'Autriche [3]. On

---

1. Un des principaux éléments du mythe de l'Empereur, surtout chez Hugo : sous l'Empire, les rois d'Europe n'étaient plus que des courtisans, empressés et ridicules. **2.** Le 11 novembre 1807 un décret publié au *Moniteur* (ancêtre du *Journal officiel*) annonçait laconiquement : « La maison de Bragance [qui régnait sur le Portugal] a cessé de régner. » Napoléon s'était déjà servi de cette formule dans sa proclamation de Vienne, le 27 décembre 1805, à propos des Bourbons d'Italie : « La dynastie de Naples a cessé de régner. » **3.** La colonne de la place Vendôme est, officiellement, coulée dans le bronze des canons pris à l'ennemi dans la campagne de 1805 contre les austro-russes. Cf. les deux odes « À la colonne », celle de 1827 (*Odes et Ballades*) et celle de 1830 (*Les Chants du crépuscule*).

réglait un peu arbitrairement, je l'avoue, le sort des comédiens français, mais on datait le règlement de Moscou[1]. On nous prenait toutes nos libertés, dis-je, on avait un bureau de censure, on mettait nos livres au pilon, on rayait nos pièces de l'affiche ; mais, à toutes nos plaintes, on pouvait faire d'un seul mot des réponses magnifiques, on pouvait nous répondre : Marengo ! Iéna ! Austerlitz !

Alors, je le répète, c'était grand ; aujourd'hui, c'est petit[2]. Nous marchons à l'arbitraire comme alors, mais nous ne sommes pas des colosses. Notre gouvernement n'est pas de ceux qui peuvent consoler une grande nation de la perte de sa liberté. En fait d'art, nous déformons les Tuileries[3] ; en fait de gloire, nous laissons périr la Pologne[4]. Cela n'empêche pas nos petits hommes d'état de traiter la liberté comme s'ils étaient taillés en despotes ; de mettre la France sous leurs pieds, comme s'ils avaient des épaules à porter le monde. Pour peu que cela continue encore quelque temps, pour peu que les lois proposées soient adoptées, la confiscation de tous nos droits sera complète. Aujourd'hui on me fait prendre ma liberté de poète par un censeur, demain on me fera prendre ma liberté de

---

1. Allusion au décret réorganisant la Comédie-Française, signé par Napoléon à Moscou pendant la campagne de Russie, en 1812. **2.** Voir texte 1, p. 54, note 1. **3.** L'architecte Fontaine avait été chargé par Louis-Philippe de réaménager le palais des Tuileries, résidence royale bâtie au XVIe siècle par Philibert Delorme. Cf. la « Note ajoutée à la huitième édition de *Notre-Dame de Paris* », datée du 20 octobre 1832. **4.** L'essentiel de la Pologne, dont Varsovie, relevait alors de l'Empire russe. En novembre 1830, les Polonais s'étaient soulevés et, dans un premier temps, l'avaient emporté sur les Russes. Mais en septembre 1831 les troupes du tsar entraient dans Varsovie et déchaînaient une répression sanglante. La cause polonaise était très populaire en France, et l'annonce de la prise de Varsovie avait provoqué une émeute – d'autant plus violente que le gouvernement français refusait d'intervenir et que le ministre des Affaires étrangères avait lancé à la Chambre cette phrase malheureuse : « L'ordre règne à Varsovie. » Cf. *Les Feuilles d'automne*, XL, et *Les Chants du crépuscule*, IX.

citoyen par un gendarme ; aujourd'hui on me bannit du théâtre, demain on me bannira du pays ; aujourd'hui on me bâillonne, demain on me déportera ; aujourd'hui l'état de siège est dans la littérature, demain il sera dans la cité. De liberté, de garanties, de Charte, de droit public, plus un mot. Néant. Si le gouvernement, mieux conseillé par ses propres intérêts, ne s'arrête sur cette pente pendant qu'il en est temps encore, avant peu nous aurons tout le despotisme de 1807, moins la gloire. Nous aurons l'empire sans l'empereur.

Je n'ai plus que quatre mots à dire, messieurs, et je désire qu'ils soient présents à votre esprit au moment où vous délibérerez. Il n'y a eu dans ce siècle qu'un grand homme. Napoléon, et une grande chose, la liberté. Nous n'avons plus le grand homme, tâchons d'avoir la grande chose.

3

LE RHIN
Conclusion – IX
Janvier 1842 (écrit en juillet 1841[1])

En 1842 Victor Hugo a quarante ans et ne fait plus d'opposition. Il a été élu (après quatre échecs) à l'Académie française en juin 1841. Il est familier du duc d'Orléans[2]*, fils aîné de Louis-Philippe, considéré comme libéral et très apprécié, lui et sa charmante duchesse, des milieux intellectuels, artistiques et mondains. Comme la plupart des romantiques (Dumas, Gautier, Nerval...), il s'est progressivement rallié à un régime qui depuis 1835 semble avoir définitivement tourné la page révolutionnaire et est entré dans sa « belle époque ».*

Pourtant le poète continue d'irriter les officiels. C'est qu'il n'a pas renoncé, bien au contraire, à user de sa notoriété littéraire pour s'inscrire dans le champ politique. Son discours de réception à l'Académie, qui

---

1. Date qui figure dans l'édition originale mais pas sur le manuscrit. Cette conclusion fut en fait écrite quelques mois plus tard, sans doute en novembre. **2.** Sa mort accidentelle en 1842 priva le régime d'un prince intelligent et populaire, et laissait prévoir une régence à la mort de Louis-Philippe (le jeune comte de Paris n'ayant que quatre ans à la mort de son père), perspective assez inquiétante pour une monarchie dont la légitimité n'était pas claire.

traite du rapport des écrivains au pouvoir, n'a pas fait l'unanimité. On l'a compris comme un acte de candidature à une carrière politique[1], *ce qui a fait grincer les dents de bien des politiques, et de bien des littérateurs. Quelque six mois plus tard il récidive, à l'occasion de la brève préface et surtout de la longue conclusion de son récit de voyage au Rhin*[2], *s'essayant cette fois à la « grande » politique, la politique étrangère. Certes, il n'était ni le seul, ni le premier, à avoir alors de ces prétentions. Le député Lamartine voyait son influence (et son pouvoir de nuisance) grandir, jusqu'à recevoir (et décliner) des offres de ministère. Cela n'empêchait pas les gens sérieux de voir dans ces poètes en politique des outrecuidants et des gêneurs, des empêcheurs de « politiquer » en rond.*

La conclusion du Rhin *déploie ni plus ni moins qu'un programme global de politique européenne, appuyé sur une histoire et une géopolitique du continent (voire du monde), et préconisant une modification profonde de la diplomatie française. Elle tire les leçons, après un délai convenable de réflexion, de la grande crise européenne de l'été 1840, plus encore que de l'agitation politico-littéraire qui en découla au printemps de l'année suivante. Cet épisode est lié à la lancinante « question d'Orient » (qui agitera l'Europe durant tout le* XIX*e* *siècle jusqu'à la Première Guerre mondiale), c'est-à-dire aux avatars de l'Empire turc en décomposition. La France soutenait alors l'Égypte (qui subissait son influence depuis le début du siècle, au grand déplaisir de l'Angleterre) contre le sultan de Constantinople. Si en 1839 les opérations militaires se soldaient par un triomphe de l'allié égyptien, la*

---

1. Hugo, dépourvu de fortune familiale, vivant de ses seuls revenus littéraires, pas même propriétaire de son logement, ne payait pas assez d'impôt (de *cens*) pour être éligible à la Chambre des députés (il n'était pas même assez riche pour être électeur). Mais le roi pouvait appeler à la Chambre des pairs des membres des grands corps de l'État, comme l'Académie. **2.** Ce récit est le fruit des voyages de 1839 et de 1840, en compagnie de Juliette Drouet.

bataille diplomatique de l'année suivante, qui mettait aux prises les principales puissances de l'Europe, tournait pour la France au fiasco. Profitant au mieux des maladresses des gouvernements français successifs, l'Angleterre parvenait à signer avec l'Autriche, la Russie et la Prusse une convention qui réglait la question – sans la France (traité de Londres, 15 juillet 1840). Thiers, alors chef du gouvernement, réagit violemment, rappela les réservistes et les souvenirs glorieux des guerres de l'Empire – et menaça de reprendre la rive gauche du Rhin dont la perte était le principal grief des patriotes français contre les traités de 1815. Il fut soutenu par l'opinion parisienne et par la plupart des journaux (à l'exception notable de La Presse *d'Émile de Girardin, très proche de Hugo). On vit s'enfler une vague nationaliste dirigée principalement contre l'Allemagne, à laquelle répondait au moins aussi violemment le nationalisme d'outre-Rhin. Mais Thiers n'avait aucun des moyens de sa politique : la France, isolée, courait droit à un nouveau Waterloo, et en octobre Louis-Philippe remplaçait Thiers par Guizot, qui calmait le jeu. Les relations franco-allemandes avaient considérablement pâti de cet épisode, et elles allaient se détériorer encore au printemps suivant (au moins dans les milieux mondains et littéraires), quand Becker envoya à Lamartine son farouche* Rheinlied (Le Rhin allemand), *écrit pendant la crise, et qui faisait fureur dans les milieux nationalistes d'Allemagne. Le poète des* Méditations poétiques *lui répondit publiquement par sa* Marseillaise de la paix, *dont le pacifisme et l'internationalisme allaient à contre-courant et ne furent guère appréciés. Quinet et Musset répliquaient immédiatement par des poèmes particulièrement agressifs et chauvins. Le Rhin avait eu sa bataille poétique.*

Dans ce débat, la position de Hugo est à la fois très « juste-milieu » et très originale. Il évite soigneusement les accents belliqueux et récuse toute germanophobie ; mais il n'adhère pas au pacifisme intégral de

Lamartine et persiste à revendiquer pour la France la rive gauche du Rhin. La nouveauté, c'est non seulement une franche déclaration de paix à l'Allemagne, mais le soutien apporté à son unification sous l'égide de la Prusse. Hugo affirme accepter, voire désirer, une Allemagne unie et forte, à la condition que cette unité nationale débouche immédiatement sur une entente franco-allemande et sur une unité quasi fédérale (et libérale) de l'Europe. Europe unie dont l'artère serait le Rhin (axe fanco-allemand par excellence) et qui maintiendrait fermement à distance les impérialismes britannique et russe. Quant à la référence napoléonienne, elle est à la fois exaltée et conjuguée au passé. La grandeur de Napoléon fut d'avoir tenté une unité européenne que la personnalisation ombrageuse et despotique de son pouvoir vouait à l'échec. Le temps des conquérants et des empereurs est désormais révolu ; s'ouvre celui des penseurs et des peuples.

Ce discours, visant à la fois la paix de l'Europe et le remaniement complet de l'équilibre européen né des traités de 1815, ne manquait peut-être pas de pertinence historique – mais il n'avait à peu près aucune chance d'être entendu. Il prit à rebrousse-poil tous les « patriotes » (y compris des républicains comme Quinet) qui ne voyaient dans l'Allemagne que l'ennemie d'hier, agitée par le nationalisme « teutomane » et les bruits de bottes prussiens. Il ne plut pas davantage aux tenants du statu quo, *qui ne voulaient ni de révision profonde des traités, ni d'Allemagne unifiée, ni de remise en cause de l'alliance franco-anglaise. Ces derniers étaient sinon les plus nombreux, du moins les plus influents, ayant à leur tête le roi Louis-Philippe et son ministre Guizot. Hugo allait devoir patienter encore un peu avant d'être nommé pair de France (1845)* [1].

1. Nous reproduisons le texte de l'édition des *Œuvres complètes de Victor Hugo*, Ollendorf puis Albin Michel, dite « de l'Imprimerie nationale » (1901-1952).

Ainsi que nous l'avons indiqué sommairement dans le paragraphe V, les deux grands empires du dix-septième siècle[1] portaient dans leur constitution même les causes de leur décadence. Mais ils vivaient momentanément d'une vie fébrile si formidable, qu'avant de mourir ils eussent pu étouffer la civilisation. Il fallait qu'un fait extérieur considérable donnât aux causes de chute qui étaient en eux le temps de se développer. Ce fait, que nous avons également signalé, c'est la résistance de l'Europe.

Au dix-septième siècle, l'Europe, gardienne de la civilisation, menacée au levant et au couchant, a résisté à la Turquie et à l'Espagne. Au dix-neuvième, l'Europe, replacée par les combinaisons souveraines de la providence identiquement dans la même situation, doit résister à la Russie et à l'Angleterre.

Maintenant, comment résistera-t-elle ? que reste-t-il, à ne l'envisager que sous ce point de vue spécial, de la vieille Europe qui a lutté, et où sont les points d'appui de l'Europe nouvelle ?

La vieille Europe, cette citadelle que nous avons tâché de reconstruire par la pensée dans les pages où nous avons placé notre point de départ[2], est aujourd'hui à moitié démolie et trouée de toutes parts de brèches profondes.

Presque tous les petits états, duchés, républiques ou villes libres, qui contribuaient à la défense générale, sont tombés.

La Hollande, trop de fois remaniée, s'est amoindrie[3].

La Hongrie, devenue le pays de Galles, les Asturies ou le Dauphiné de l'Autriche[4], s'est effacée.

---

1. L'Espagne et la Turquie. **2.** Dans la première moitié du XVIIe siècle. **3.** Dernier remaniement en date, la perte de la Belgique, devenue indépendante en 1830 après avoir été rattachée à la Hollande en 1815. **4.** La Hongrie relève en effet de l'empire autrichien ; Hugo la compare ici à ces provinces qui revenaient nominalement à l'héritier du trône, respectivement en Angleterre, en Espagne et en France.

La Pologne a disparu.

Venise a disparu.

Gênes a disparu.

Malte a disparu[1].

Le pape n'est plus que nominal. La foi catholique a perdu du terrain ; perdre du terrain, c'est perdre des contribuables. Rome est appauvrie. Or, ses états ne suffiraient pas pour lui donner une armée ; elle n'a point d'argent pour en acheter une, et d'ailleurs nous ne sommes plus dans un siècle où l'on en vend. Comme prince temporel, le pape a disparu.

Que reste-t-il donc de tout ce vieux monde ? Qui est-ce qui est encore debout en Europe ? Deux nations seulement, la France et l'Allemagne[2].

Eh bien, cela pourrait suffire. La France et l'Allemagne sont essentiellement l'Europe. L'Allemagne est le cœur ; la France est la tête.

L'Allemagne et la France sont essentiellement la civilisation. L'Allemagne sent ; la France pense.

Le sentiment et la pensée, c'est tout l'homme civilisé.

Il y a entre les deux peuples connexion intime, consanguinité incontestable. Ils sortent des mêmes sources ; ils ont lutté ensemble contre les romains ; ils sont frères dans le passé, frères dans le présent, frères dans l'avenir.

Leur mode de formation a été le même. Ils ne sont pas des insulaires, ils ne sont pas des conquérants ; ils sont les vrais fils du sol européen.

Le caractère sacré et profond de fils du sol leur est

---

1. Quatre États souverains depuis le Moyen Âge, absorbés à la fin du XVIIIe ou au début du XIXe siècle par l'empire russe (Pologne), autrichien (Venise), anglais (Malte) et par le royaume de Piémont-Sardaigne (Gênes). **2.** Le sort réservé à l'Autriche est ici ambigu ; mais il est clair ailleurs (par exemple *Le Rhin*, conclusion – XV) que les sympathies de Hugo vont à une Allemagne unifiée sous l'impulsion de la Prusse, et qu'il ne se départ pas de sa méfiance à l'égard d'une Autriche où « règne » encore Metternich et en qui il voit, comme beaucoup d'autres romantiques européens, la pointe avancée de l'absolutisme et de la réaction en Europe.

tellement inhérent et se développe en eux si puissamment, qu'il a rendu longtemps impossible, même malgré l'effort des années et la prescription de l'antiquité, leur mélange avec tout peuple envahisseur, quel qu'il fût et de quelque part qu'il vînt. Sans compter les juifs, nation émigrante et non conquérante, qui est d'ailleurs dans l'exception partout, on peut citer, par exemple, des races slaves qui habitent le sol allemand depuis dix siècles, et qui n'étaient pas encore allemandes il y a cent cinquante ans. Rien de plus frappant à ce sujet que ce que raconte Tollius[1]. En 1687, il était à la cour de Brandebourg ; l'électeur[2] lui dit un jour : « J'ai des vandales dans mes états. Ils habitent les côtes de la mer Baltique. Ils parlent esclavon[3], à cause de l'Esclavonie, d'où ils sont venus jadis. Ce sont des gens fourbes, infidèles, aimant le changement, séditieux ; ils ont nombre de bourgs de cinq ou six cents pères de famille ; ils ont en secret un roi de leur nation, lequel porte sceptre et couronne, et à qui ils paient chaque année un sesterce par tête. J'ai aperçu une fois ce roi, qui était un jeune homme bien dispos de corps et d'esprit ; comme je le considérais attentivement, un vieillard s'en aperçut, entrevit ma pensée, et, pour m'en détourner, il tomba à coups de bâton sur ce roi, qui était son roi, et le chassa comme un esclave. Ils ont l'esprit léger, et reculent, quand on les approche, dans des bois et des marais inaccessibles ; c'est ce qui m'a empêché d'ouvrir chez eux des écoles ; mais j'ai fait traduire dans leur langue la Bible, les Psaumes et le Catéchisme. Ils ont des armes, mais secrètement. Une fois, ayant avec moi huit cents grenadiers, je me trouvai tout à coup environné de quatre ou cinq mille vandales ; mes huit cents grenadiers eurent grand'peine à

---

1. Jacques Tollius (v. 1630-1696), érudit, philologue, médecin et alchimiste hollandais. **2.** Au XVIIe siècle, la Prusse n'est encore qu'un duché, relevant du Saint-Empire, ayant à sa tête un Grand Électeur (à la diète de l'Empire) ; en 1701, elle sera érigée en royaume. Il s'agit ici de Frédéric-Guillaume (qui règne de 1640 à 1688). **3.** C'est-à-dire une langue slave.

les dissiper. » Après un moment de silence, l'électeur voyant Tollius rêveur, ajouta cette parole remarquable : « *Tollius, vous êtes alchimiste. Il est possible que vous fassiez de l'or avec du cuivre ; je vous défie de faire un prussien avec un vandale.* »

La fusion était difficile en effet ; pourtant, ce qu'aucun alchimiste n'eût pu faire, la nationalité allemande, aidée par la grande clarté du dix-neuvième siècle, finira par l'accomplir.

À l'heure qu'il est, les mêmes phénomènes constituants se manifestent en Allemagne et en France. Ce que l'établissement des départements a fait pour la France [1], l'union des douanes le fait pour l'Allemagne ; elle lui donne l'unité [2].

Il faut, pour que l'univers soit en équilibre, qu'il y ait en Europe, comme la double clef de voûte du continent, deux grands états du Rhin, tous deux fécondés et étroitement unis par ce fleuve régénérateur ; l'un septentrional et oriental, l'Allemagne, s'appuyant à la Baltique, à l'Adriatique et à la mer Noire, avec la Suède, le Danemarck, la Grèce et les principautés du Danube pour arcs-boutants ; l'autre, méridional et occidental, la France, s'appuyant à la Méditerranée et à l'Océan, avec l'Italie et l'Espagne pour contreforts.

Depuis mille ans, la même question s'est déjà présentée plusieurs fois en d'autres termes, et ce plan a déjà été essayé par trois grands princes.

D'abord, par Charlemagne. Au huitième siècle, ce n'étaient pas les turcs et les espagnols, ce n'étaient pas les anglais et les russes, c'étaient les saxons et les nor-

---

1. Votée par la Constituante le 15 janvier 1790, la loi instituant le découpage administratif en départements, et qui abrogeait de nombreuses entraves à la circulation, accentua l'homogénéisation territoriale du pays. **2.** Mise en place à l'instigation de la Prusse dans les années 1820, l'union douanière (*Zollverein*) des différents États de la Confédération germanique fut en effet l'un des facteurs les plus efficaces dans la marche à l'unité nationale allemande. En 1841, les réfractaires au *Zollverein* sont (outre l'Autriche, qui s'y opposa toujours), le Hanovre et les villes portuaires du nord, soutenus dans cette politique par l'Angleterre.

mands. Charlemagne construisit son état contre eux. L'empire de Charlemagne est une première épreuve encore vague et confuse, mais pourtant reconnaissable, de l'Europe que nous venons d'esquisser, et qui sera un jour, sans nul doute, l'Europe définitive.

Plus tard, par Louis XIV. Louis XIV voulut bâtir l'état méridional du Rhin tel que nous l'avons indiqué. Il mit sa famille en Espagne, en Italie et en Sicile[1], et y appuya la France. L'idée était neuve, mais la dynastie était usée ; l'idée était grande, mais la dynastie était petite. Cette disproportion empêcha le succès.

L'œuvre était bonne, l'ouvrier était bon, l'outil était mauvais.

Enfin, par Napoléon. Napoléon commença par rétablir, lui aussi, l'état méridional du Rhin. Il installa sa famille non seulement en Espagne, en Lombardie, en Étrurie et à Naples, mais encore dans le duché de Berg et en Hollande, afin d'avoir en bas toute la Méditerranée et en haut tout le cours du Rhin jusqu'à l'Océan. Puis, quand il eut refait ainsi ce qu'avait fait Louis XIV, il voulut refaire ce qu'avait fait Charlemagne. Il essaya de constituer l'Allemagne d'après la même pensée que la France. Il épousa l'Autriche, donna la Westphalie à son frère, la Suède à Bernadotte, et promit la Pologne à Poniatowski[2]. C'est dans cette œuvre immense qu'il

---

1. En 1700, le roi d'Espagne étant mort sans enfant, Louis XIV accepta son testament qui léguait la Couronne espagnole à son petit-fils, Philippe d'Anjou, ce qui déclencha la malheureuse guerre de Succession d'Espagne ; dans *Ruy Blas* (1838), drame de Hugo situé durant cette période, l'action politique du laquais devenu ministre est dirigée contre les prétentions françaises. Durant tout le XVIIe siècle, le duché de Savoie (futur royaume de Piémont) fut maintenu dans l'orbite française : la régente Christine était la sœur de Louis XIII (Madame Royale) et le duc Victor-Amédée II était neveu de Louis XIV, ce qui ne l'empêcha pas de rompre l'alliance française en 1703. Le royaume de Sicile revint à la Savoie en 1713 (pour cinq ans seulement), alors que le duc de Savoie avait déjà rompu avec son royal oncle. **2.** Joseph (frère aîné de Napoléon et protecteur du général Hugo) fut roi d'Espagne de 1808 à 1813, après avoir été, de 1806 à 1808, roi de Naples, où il fut remplacé par le maréchal Murat, beau-frère de Napoléon, tué par ses sujets

rencontra l'Angleterre, la Russie et la providence, et qu'il se brisa. Les temps n'étaient pas encore venus. S'il eût réussi, le groupe continental était formé.

Peut-être faut-il que l'œuvre de Charlemagne et de Napoléon se refasse sans Napoléon et sans Charlemagne. Ces grands hommes ont peut-être l'inconvénient de trop personnifier l'idée et d'inquiéter par leur entité, plutôt française que germanique, la jalousie des nationalités. Il en peut résulter des méprises, et les peuples en viennent à s'imaginer qu'ils servent un homme et non une cause, l'ambition d'un seul et non la civilisation de tous. Alors ils se détachent. C'est ce qui est arrivé en 1813 [1]. Il ne faut pas que ce soit Char-

---

napolitains en 1815. La Lombardie, la Vénétie et le centre-est de la péninsule furent confiés au beau-fils de Napoléon, Eugène de Beauharnais, qui eut le titre de vice-roi d'Italie de 1805 à 1814. Élisa, sœur de Napoléon, régna à partir de 1805 sur Lucques et Piombino, puis sur le royaume d'Étrurie (redevenu le grand-duché de Toscane) de 1807 à 1814, province annexée directement à l'Empire en 1808. Le grand-duché de Berg fut créé pour Murat en 1806, qui le quitta pour Naples en 1808. Louis Bonaparte reçut le royaume de Hollande en 1806 mais, s'opposant à la politique de son frère, il abdiqua en 1810 : la Hollande fut directement annexée à l'Empire français. Napoléon épousa Marie-Louise, archiduchesse d'Autriche, en 1810. Le royaume de Westphalie (Allemagne du Nord-Ouest) créé en 1807 et confié à Jérôme Bonaparte, disparut en 1813. Le maréchal Bernadotte, d'abord prince souverain de Pontecorvo (Italie du Sud) en 1806, devint en 1810 prince héritier de Suède, et combattit avec les Alliés contre Napoléon en 1813. Le prince polonais Poniatowski, maréchal de l'Empire français, qui mourut en 1813 à la bataille de Leipzig, défendit à plusieurs reprises le grand-duché de Varsovie, entité politique floue, nominalement dépendante du roi de Saxe, formée en 1807 et qui disparut en 1813. On voit que cette énumération, censée illustrer le génie géopolitique de Napoléon, révèle surtout, quoi qu'en dise ici Hugo, l'instabilité chronique de l'organisation européenne durant l'Empire. États sans cesse remodelés et renommés, couronnes voyageuses et éphémères. De tous ces « souverains », seul Bernadotte fit souche : l'actuelle famille royale de Suède descend de lui.

1. Après la désastreuse campagne de Russie (1812), les alliés ou vassaux de Napoléon (États allemands, Autriche, Suède) se retournèrent contre lui et se joignirent aux Russes. Cette manœuvre politico-militaire fut soutenue, en Allemagne surtout, par une certaine ferveur populaire soulevée contre l'envahisseur français. À la

lemagne ou Bonaparte qui se défende contre les ennemis de l'orient ou les ennemis de l'occident ; il faut que ce soit l'Europe. Quand l'Europe centrale sera constituée, et elle le sera un jour, l'intérêt de tous sera évident ; la France, adossée à l'Allemagne, fera front à l'Angleterre, qui est, comme nous l'avons déjà dit, l'esprit de commerce, et la rejettera dans l'océan ; l'Allemagne, adossée à la France, fera front à la Russie, qui, nous l'avons dit de même, est l'esprit de conquête, et la rejettera dans l'Asie.

Le commerce est à sa place dans l'océan.

Quant à l'esprit de conquête, qui a la guerre pour instrument, il retrempe et ressuscite les civilisations mortes et tue les civilisations vivantes. La guerre est pour les unes la renaissance, pour les autres la fin. L'Asie en a besoin, l'Europe non.

La civilisation admet l'esprit militaire et l'esprit commercial, mais elle ne s'en compose pas uniquement. Elle les combine dans une juste proportion avec les autres éléments humains. Elle corrige l'esprit guerrier par la sociabilité, et l'esprit marchand par le désintéressement. S'enrichir n'est pas son objet exclusif ; s'agrandir n'est pas son ambition suprême. Éclairer pour améliorer, voilà son but ; et, à travers les passions, les préjugés, les illusions, les erreurs et les folies des peuples et des hommes, elle fait le jour par le rayonnement calme et majestueux de la pensée.

Résumons. L'union de l'Allemagne et de la France, ce serait le frein de l'Angleterre et de la Russie, le salut de l'Europe, la paix du monde.

---

fin de cette année, après la bataille de Leipzig surnommée « bataille des nations » (16-19 octobre), il ne restait plus rien de l'édifice territorial du grand empereur.

Plantation, par Victor Hugo,
d'un arbre de la liberté place des Vosges.
Dessin au crayon
et aquarelle de Hermann Vogel, 1892.

4

PLANTATION DE L'ARBRE DE LA LIBERTÉ PLACE DES VOSGES[1]

2 mars 1848

Dans les jours qui suivirent la révolution de Février 1848, on planta d'innombrables arbres de la Liberté, à Paris et partout en France. Cette pratique, reprise de la Révolution française, manifestait l'enthousiasme et l'unanimisme si caractéristiques des premières semaines de la Seconde République. Cérémonie à la fois laïque et religieuse (le clergé bénissait l'arbre), elle mêlait politique et réjouissances, réunissait républicains « de la veille » et « du lendemain », autorités nouvelles et anciennes, notables et inconnus, bourgeois et prolétaires – et elle canalisait les énergies révolutionnaires pas encore retombées. Comme les autres, la place des Vosges eut son arbre ; Victor Hugo en était le plus illustre riverain, et il participa à la cérémonie.

Le ci-devant pair de France de Louis-Philippe n'était évidemment pas un républicain « de la veille ».

---

1. La place Royale, où la famille Hugo résidait depuis 1832, avait repris après Février 1848 le nom qu'elle avait reçu pendant la Révolution française (en l'honneur du département qui avait acquitté avec le plus de diligence le devoir civique de l'impôt), et qu'elle a depuis conservé.

Quelques jours plus tôt, le 24 février, il avait non sans courage harangué les ouvriers en armes, place de la Bastille, pour leur faire accepter la régence de la duchesse d'Orléans. Et il s'était fait huer. Cela n'avait pas empêché Lamartine, qui dirigeait le Gouvernement provisoire, de lui proposer le ministère de l'Instruction publique et la mairie de son arrondissement. Hugo avait refusé les deux, mais avait néanmoins pris part à la vie administrative et politique de son quartier, où il semble avoir été relativement populaire. Il est manifestement sensible à l'atmosphère à la fois bon enfant et électrique de ces journées, à l'enthousiasme, aux élans d'espérance et de fraternité qui soulèvent alors la population parisienne. Il n'en demeure pas moins inquiet, jugeant la république prématurée. Et cette inquiétude est motivée au moins autant par la situation internationale que par les tensions sociales qui se dessinent et lui font craindre un nouveau 93. Comme l'a justement suggéré Guy Rosa[1]*, s'il crie alors « Vive la République universelle ! », c'est peut-être d'abord pour ne pas crier « Vive la République ! » tout court. Et l'expression vaut à la fois comme restriction mentale, comme avertissement de celui qui, sept ans plus tôt, à la tribune de l'Académie française, affirmait que la France était européenne et ne pouvait se faire République dans une Europe monarchique*[2]*, et comme préfiguration du principe qui dirigera bientôt la pensée et l'action du grand républicain*[3]*.*

---

1. Cf. « La République universelle, paroles et actes de Victor Hugo », dans *Révolution et République, l'exception française*, Kimé, 1994. **2.** Dans son « Discours de réception à l'Académie française », 2 juin 1841, *Actes et Paroles, I.* **3.** Nous reproduisons le texte de l'édition originale d'*Actes et Paroles I. Avant l'exil*, Paris, Michel Lévy, 1875.

C'est avec joie que je me rends à l'appel de mes concitoyens et que je viens saluer au milieu d'eux toutes les espérances d'émancipation, d'ordre et de paix qui vont germer, mêlées aux racines de cet arbre de la liberté. C'est un beau et vrai symbole pour la liberté qu'un arbre ! La liberté a ses racines dans le cœur du peuple, comme l'arbre dans le cœur de la terre ; comme l'arbre, elle élève et déploie ses rameaux dans le ciel ; comme l'arbre, elle grandit sans cesse et couvre les générations de son ombre. (*Acclamations.*)

Le premier arbre de la liberté a été planté, il y a dix-huit cents ans, par Dieu même sur le Golgotha[1]. (*Acclamations.*) Le premier arbre de la liberté, c'est cette croix sur laquelle Jésus-Christ s'est offert en sacrifice pour la liberté, l'égalité et la fraternité du genre humain[2]. (*Bravos et longs applaudissements.*)

La signification de cet arbre n'a point changé depuis dix-huit siècles ; seulement, ne l'oublions pas, à temps nouveaux devoirs nouveaux ; la révolution que nos pères ont faite il y a soixante ans a été grande par la guerre ; la révolution que vous faites aujourd'hui doit

---

1. Colline de Jérusalem où le Christ fut crucifié. **2.** L'œuvre de Hugo recèle de multiples exemples de cette capacité à réactualiser la signification des vieux symboles, et notamment celui de la Croix. Mais ce rapprochement du symbole républicain et du symbole chrétien, loin d'être propre à Hugo, est tout à fait dans l'esprit de Février. Contrairement à Juillet 1830, marqué par un fort anticléricalisme, cette révolution fut aussi celle d'un christianisme enthousiaste et diffus, conséquence notamment du travail social et idéologique engagé dans les années 1840 par une fraction importante de la hiérarchie et des intellectuels catholiques. À partir de 1849-1850 ce « christianisme social » (illustré par Ozanam, Lacordaire, Lamennais, voire, quoique plus timidement, par Armand de Melun), désavoué et découragé, laissera de plus en plus nettement la place à un « parti clérical » animé par Falloux, Montalembert et le journaliste Veuillot, « parti » réactionnaire et revanchard, au service du pape et de l'ordre social, des notables monarchistes apeurés et des bonapartistes conquérants. Ce n'est qu'alors que la majorité des républicains adoptera durablement une attitude anticléricale voire antireligieuse, qui ne sera jamais exactement celle de Hugo.

être grande par la paix[1]. La première a détruit, la seconde doit organiser. L'œuvre d'organisation est le complément nécessaire de l'œuvre de destruction ; c'est là ce qui rattache intimement 1848 à 1789. Fonder, créer, produire, pacifier ; satisfaire à tous les droits, développer tous les grands instincts de l'homme, pourvoir à tous les besoins des sociétés ; voilà la tâche de l'avenir. Or, dans les temps où nous sommes, l'avenir vient vite. (*Applaudissements.*)

On pourrait presque dire que l'avenir n'est plus demain, il commence dès aujourd'hui. (*Bravo !*) À l'œuvre donc, à l'œuvre, travailleurs par le bras, travailleurs par l'intelligence, vous tous qui m'écoutez et qui m'entourez ! mettez à fin cette grande œuvre de l'organisation fraternelle de tous les peuples, conduits au même but, rattachés à la même idée, et vivant du même cœur. Soyons tous des hommes de bonne volonté, ne ménageons ni notre peine ni nos sueurs. Répandons sur le peuple qui nous entoure, et de là sur le monde entier, la sympathie, la charité et la fraternité. Depuis trois siècles, le monde imite la France. Depuis trois siècles, la France est la première des nations. Et

---

1. Il s'agit de conjurer le risque de guerre européenne, renaissant à chaque révolution parisienne, soit du fait de l'exaltation patriotique de républicains prompts à prêcher la croisade révolutionnaire, soit de la part de gouvernements monarchistes réactionnaires peu enclins à tolérer l'exemple de révolutions victorieuses. La position de Hugo est donc proche de celle de Lamartine, qui dans sa circulaire du 4 mars aux ambassadeurs allait déclarer que « la proclamation de la République française n'est pas un acte d'agression contre aucune forme de gouvernement dans le monde » ; que si la République, étant « de droit naturel » et « de droit national », « n'a pas besoin d'être reconnue [par l'étranger] pour exister », elle désire « entrer dans la famille des gouvernements institués comme une puissance régulière, et non comme un phénomène perturbateur de l'ordre européen » ; enfin que si les « traités de 1815 n'existent plus en droit aux yeux de la République française », celle-ci se donne « pour mission d'arriver régulièrement et pacifiquement » à leur modification. Bref, il n'y aura pas de guerre de propagande, et la France n'interviendra militairement que si l'indépendance de la Suisse ou des États italiens est menacée par une puissance étrangère (l'Autriche).

savez-vous ce que veut dire ce mot, la première des nations ? Ce mot veut dire, la plus grande ; ce mot veut dire aussi, la meilleure. (*Acclamations.*)

Mes amis, mes frères, mes concitoyens, établissons dans le monde entier, par la grandeur de nos exemples, l'empire de nos idées ! Que chaque nation soit heureuse et fière de ressembler à la France[1]. (*Bravo !*)

Unissons-nous dans une pensée commune, et répétez avec moi ce cri : Vive la liberté universelle ! Vive la République universelle ! (*Vive la République ! Vive Victor Hugo ! – Longues acclamations.*)

---

1. Pas de guerre révolutionnaire, donc, mais l'espoir d'une contagion européenne de l'exemple révolutionnaire français, d'où naîtrait une « république universelle » sous influence française. Là encore, Hugo est très proche de Lamartine : la République française « ne fera point de propagande sourde ou incendiaire chez ses voisins. Elle sait qu'il n'y a de libertés durables que celles qui naissent d'elles-mêmes sur leur propre sol. Mais elle exercera par la lueur de ses idées, par le spectacle d'ordre et de paix qu'elle espère donner au monde, le seul et honnête prosélytisme, le prosélytisme de l'esprit et de la sympathie. Ce n'est point la guerre, c'est la nature. Ce n'est point là l'agitation de l'Europe, c'est la vie. Ce n'est point là incendier le monde, c'est briller de sa place sur l'horizon des peuples pour les devancer et les guider à la fois » (Circulaire aux ambassadeurs du 4 mars 1848).

« *Un grand Poète d'État, poursuivi par la peur des Jésuites et de l'Inquisition, se sauve sur la Montagne.* »
Caricature de Quillenbois, *Le Caricaturiste*, 27 janvier 1850.

5

LA LIBERTÉ DE L'ENSEIGNEMENT
Assemblée législative – 15 janvier 1850

Près de deux ans après la révolution de Février, la vague républicaine, fraternitaire et socialisante paraît bien retombée. En France (comme partout en Europe), la réaction triomphe. Les élections de mai 1849 ont envoyé à l'Assemblée législative une forte majorité conservatrice, composée de monarchistes et de bonapartistes qui gouvernent globalement en accord avec le président de la République, Louis Bonaparte, et qui ne voient dans la République qu'une transition ridicule avant le retour d'un régime plus à leur goût. Pourtant le « péril rouge » fait encore trembler ces « hommes d'ordre ». Car les élections de 1849 ont montré la résistance, dans les grandes villes mais aussi, fait nouveau et particulièrement inquiétant, dans certaines campagnes, des républicains de gauche, démocrates-socialistes (« démocs-socs ») qui forment à l'Assemblée une minorité remuante désignée sous le nom de « Montagne » en référence à la Première République. Une politique de « compression » tous azimuts a été mise en place par le pouvoir, bridant toutes les libertés publiques, visant à éradiquer l'esprit révolutionnaire ou simplement progressiste. Écrivant près de vingt ans plus tard L'Éducation sentimentale, *Flaubert se sou-*

viendra sans aménité de cette Grande Peur des possédants : « Les uns désiraient l'Empire, d'autres les Orléans[1]*, d'autres le comte de Chambord*[2] *[...]. Les haines foisonnaient : haine contre les instituteurs primaires et contre les marchands de vin, contre les classes de philosophie, contre les cours d'histoire, contre les romans, les gilets rouges, les barbes longues, contre toute indépendance, toute manifestation individuelle ; car il fallait "relever le principe d'autorité" qu'elle s'exerçât au nom de n'importe qui, qu'elle vînt de n'importe où, pourvu que ce fût la Force, l'Autorité*[3] ! » *Pour défendre l'ordre social, un consensus se fit rapidement à droite en faveur d'un retour au catholicisme et au prestige de l'Église. Conversion étonnante de la part des orléanistes, bourgeois souvent voltairiens, et qui lorsqu'ils étaient au pouvoir avaient dans l'ensemble défendu la laïcité de l'enseignement. La loi préparée par le très catholique comte de Falloux revenait sur l'œuvre des précédents régimes depuis la Révolution française (à peine écornée au début de la Restauration) : d'une part elle donnait une grande latitude aux ordres religieux pour ouvrir leurs propres établissements, d'autre part elle accordait une place déterminante à la hiérarchie catholique dans les instances d'État chargées de contrôler les établissements scolaires, de définir les programmes, et de collationner les grades.*

*La discussion de cette loi va être pour Hugo l'occasion de clarifier sa position dans le paysage politique. Depuis l'été 1848, quoique officiellement élu à droite, il vote de plus en plus fréquemment avec la gauche. En juillet 1849 son discours sur la misère a été plutôt mal accueilli par son propre camp, et dans l'affaire de Rome (**voir p. 125, note 1**) il avait nettement fait figure d'opposant. Ce discours sur la liberté de l'enseignement, violemment anticlérical, le rangera définitive-*

---

1. Famille de Louis-Philippe. **2.** Petit-fils de Charles X, prétendant légitimiste. **3.** Troisième partie, ch. IV.

ment dans le camp des républicains de gauche. Parmi tous les discours prononcés par le poète durant cette période, ce fut sans doute celui qui eut le plus grand retentissement. Il constitue un bon exemple du lien étroit, indissoluble, qui va s'établir pendant un demi-siècle (et au-delà) entre le combat pour la République et celui qui est mené pour l'école laïque. Précisons qu'ici comme ailleurs l'anticléricalisme de Hugo, justifié à ses yeux par la volonté de pouvoir d'une Église catholique de plus en plus ouvertement opposée au libéralisme, à la démocratie et à l'esprit des Lumières, ne s'accompagne pas d'antichristianisme, et moins encore d'athéisme. « Je crois en Dieu », rappellera-t-il dans son testament, écrit en 1883[1].

Messieurs, quand une discussion est ouverte qui touche à ce qu'il y a de plus sérieux dans les destinées du pays, il faut aller tout de suite, et sans hésiter, au fond de la question.

Je commence par dire ce que je voudrais, je dirai tout à l'heure ce que je ne veux pas.

Messieurs, à mon sens, le but, difficile à atteindre et lointain sans doute, mais auquel il faut tendre dans cette grave question de l'enseignement, le voici. (*Plus haut ! plus haut !*)

Messieurs, toute question a son idéal. Pour moi, l'idéal de cette question de l'enseignement, le voici : L'instruction gratuite et obligatoire. Obligatoire au premier degré seulement, gratuite à tous les degrés[2].

---

1. Voir texte 25. Nous reproduisons le texte de l'édition originale d'*Actes et Paroles 1, Avant l'exil*, Paris, Michel Lévy, 1875. **2.** L'obligation et la laïcité de l'instruction prendront effet avec la loi Ferry du 28 mars 1882. La gratuité de l'enseignement primaire ne sera pleinement assurée que par la loi Ferry du 16 juin 1881 ; la gratuité de l'enseignement secondaire ne se généralisera progressivement qu'à partir de 1927.

(*Murmures à droite. – Applaudissements à gauche.*) L'instruction primaire obligatoire, c'est le droit de l'enfant (*Mouvement*) qui, ne vous y trompez pas, est plus sacré encore que le droit du père et qui se confond avec le droit de l'État.

Je reprends. Voici donc, selon moi, l'idéal de la question : l'instruction gratuite et obligatoire dans la mesure que je viens de marquer. Un grandiose enseignement public, donné et réglé par l'État, partant de l'école de village et montant de degré en degré jusqu'au Collège de France, plus haut encore, jusqu'à l'Institut de France. Les portes de la science toutes grandes ouvertes à toutes les intelligences. Partout où il y a un champ, partout où il y a un esprit, qu'il y ait un livre. Pas une commune sans une école, pas une ville sans un collège, pas un chef-lieu sans une faculté. Un vaste ensemble, ou, pour mieux dire, un vaste réseau d'ateliers intellectuels, lycées, gymnases [1], collèges, chaires, bibliothèques, mêlant leur rayonnement sur la surface du pays, éveillant partout les aptitudes et échauffant partout les vocations. En un mot, l'échelle de la connaissance humaine dressée fermement par la main de l'État, posée dans l'ombre des masses les plus profondes et les plus obscures, et aboutissant à la lumière. Aucune solution de continuité : le cœur du peuple mis en communication avec le cerveau de la France. (*Longs applaudissements.*)

Voilà comme je comprendrais l'éducation publique nationale. Messieurs, à côté de cette magnifique instruction gratuite, sollicitant les esprits de tout ordre, offerte par l'État, donnant à tous, pour rien, les meilleurs maîtres et les meilleures méthodes, modèle de science et de discipline, normale, française, chrétienne, libérale, qui élèverait, sans nul doute, le génie national à sa plus haute somme d'intensité, je placerais sans hésiter la liberté d'enseignement, la liberté d'enseignement pour les instituteurs privés, la liberté d'enseigne-

1. École secondaire.

ment pour les corporations religieuses, la liberté d'enseignement pleine, entière, absolue, soumise aux lois générales comme toutes les autres libertés, et je n'aurais pas besoin de lui donner le pouvoir inquiet de l'État pour surveillant, parce que je lui donnerais l'enseignement gratuit de l'État pour contre-poids. (*Bravo ! à gauche. – Murmures à droite.*)

Ceci, messieurs, je le répète, est l'idéal de la question. Ne vous en troublez pas, nous ne sommes pas près d'y atteindre, car la solution du problème contient une question financière considérable, comme tous les problèmes sociaux du temps présent.

Messieurs, cet idéal, il était nécessaire de l'indiquer, car il faut toujours dire où l'on tend ; il offre d'innombrables points de vue, mais l'heure n'est pas venue de le développer. Je ménage les instants de l'assemblée, et j'aborde immédiatement la question dans sa réalité positive actuelle. Je la prends où elle en est aujourd'hui, au point relatif de maturité où les événements d'une part, et d'autre part la raison publique, l'ont amenée.

À ce point de vue restreint, mais pratique, de la situation actuelle, je veux, je le déclare, la liberté de l'enseignement ; mais je veux la surveillance de l'État, et comme je veux cette surveillance effective, je veux l'État laïque, purement laïque, exclusivement laïque. L'honorable M. Guizot [1] l'a dit avant moi, en matière d'enseignement, l'État n'est pas et ne peut pas être autre chose que laïque.

Je veux, dis-je, la liberté de l'enseignement sous la surveillance de l'État, et je n'admets, pour personnifier

---

1. Principal ministre de Louis-Philippe dans les années 1840, Guizot, chassé par la révolution de Février, s'était d'abord réfugié en Angleterre mais était rentré en France en 1849. À la différence de Thiers, son vieux rival, il n'eut plus de rôle politique majeur après Février. Il est à la fois l'auteur de la loi de 1833, d'inspiration plutôt laïque, qui commença d'organiser l'enseignement primaire en France, et le ministre qui, à l'extrême fin de son « règne », donna des gages aux corporations religieuses, notamment en suspendant le cours de Michelet au Collège de France (2 janvier 1848).

l'État dans cette surveillance si délicate et si difficile, qui exige le concours de toutes les forces vives du pays, que des hommes appartenant sans doute aux carrières les plus graves, mais n'ayant aucun intérêt, soit de conscience, soit de politique, distinct de l'unité nationale. C'est vous dire que je n'introduis, soit dans le conseil supérieur de surveillance, soit dans les conseils secondaires, ni évêques, ni délégués d'évêques[1]. J'entends maintenir, quant à moi, et au besoin faire plus profonde que jamais, cette antique et salutaire séparation de l'Église et de l'État, qui était l'utopie de nos pères, et cela dans l'intérêt de l'Église comme dans l'intérêt de l'État[2]. (*Acclamation à gauche. – Protestation à droite.*)

Je viens de vous dire ce que je voudrais. Maintenant, voici ce que je ne veux pas :

Je ne veux pas de la loi qu'on vous apporte.

Pourquoi ?

Messieurs, cette loi est une arme.

Une arme n'est rien par elle-même ; elle n'existe que par la main qui la saisit.

Or, quelle est la main qui se saisira de cette loi ?

Là est toute la question.

Messieurs, c'est la main du parti clérical. (*C'est vrai ! – Longue agitation.*)

Messieurs, je redoute cette main ; je veux briser cette arme, je repousse ce projet.

Cela dit, j'entre dans la discussion.

J'aborde tout de suite, et de front, une objection

---

1. Selon la loi Falloux, l'évêque et d'autres représentants de l'Église catholique siègent ès qualités dans le conseil des académies départementales et au conseil supérieur. **2.** Divisés sur la question religieuse, les hommes de la Révolution française n'avaient pas prononcé la séparation de l'Église et de l'État, même si certains d'entre eux y songèrent. Mais ce « rêve » avait été également, sous la Restauration, celui de catholiques radicaux qui, tel le jeune Lamennais, pensaient que l'Église n'avait rien à gagner à rester dans la dépendance institutionnelle et financière des États. La loi de séparation sera votée en 1905.

qu'on fait aux opposants placés à mon point de vue, la seule objection qui ait une apparence de gravité.

On nous dit : Vous excluez le clergé du conseil de surveillance de l'État ; vous voulez donc proscrire l'enseignement religieux ?

Messieurs, je m'explique. Jamais on ne se méprendra, par ma faute, ni sur ce que je dis, ni sur ce que je pense.

Loin que je veuille proscrire l'enseignement religieux, entendez-vous bien ? il est, selon moi, plus nécessaire aujourd'hui que jamais. Plus l'homme grandit, plus il doit croire. Plus il approche de Dieu, mieux il doit voir Dieu. (*Mouvement.*)

Il y a un malheur dans notre temps, je dirais presque il n'y a qu'un malheur, c'est une certaine tendance à tout mettre dans cette vie. (*Sensation.*) En donnant à l'homme pour fin et pour but la vie terrestre et matérielle, on aggrave toutes les misères par la négation qui est au bout, on ajoute à l'accablement des malheureux le poids insupportable du néant ; et de ce qui n'était que la souffrance, c'est-à-dire la loi de Dieu, on fait le désespoir, c'est-à-dire la loi de l'enfer. (*Long mouvement.*) De là de profondes convulsions sociales. (*Oui ! oui !*)

Certes je suis de ceux qui veulent, et personne n'en doute dans cette enceinte, je suis de ceux qui veulent, je ne dis pas avec sincérité, le mot est trop faible, je veux avec une inexprimable ardeur, et par tous les moyens possibles, améliorer dans cette vie le sort matériel de ceux qui souffrent ; mais la première des améliorations, c'est de leur donner l'espérance. (*Bravo ! à droite.*) Combien s'amoindrissent nos misères finies quand il s'y mêle une espérance infinie ! (*Très bien ! très bien !*)

Notre devoir à tous, qui que nous soyons, les législateurs comme les évêques, les prêtres comme les écrivains, c'est de répandre, c'est de dépenser, c'est de prodiguer, sous toutes les formes, toute l'énergie sociale pour combattre et détruire la misère[1] (*Bravo ! à gauche*), et en même temps de faire lever toutes les têtes vers le ciel (*Bravo ! à droite*), de diriger toutes les âmes, de tourner toutes les attentes vers une vie ultérieure où justice sera faite et où justice sera rendue. Disons-le bien haut, personne n'aura injustement ni inutilement souffert. La mort est une restitution. (*Très bien ! à droite. – Mouvement.*) La loi du monde matériel, c'est l'équilibre ; la loi du monde moral, c'est l'équité. Dieu se retrouve à la fin de tout. Ne l'oublions pas, et enseignons-le à tous : il n'y aurait aucune dignité à vivre, et cela n'en vaudrait pas la peine, si nous devions mourir tout entiers. Ce qui allège le labeur, ce qui sanctifie le travail, ce qui rend l'homme fort, bon, sage, patient, bienveillant, juste, à la fois humble et grand, digne de l'intelligence, digne de la liberté, c'est d'avoir devant soi la perpétuelle vision d'un monde meilleur rayonnant à travers les ténèbres de cette vie. (*Vive et unanime approbation.*)

Quant à moi, puisque le hasard veut que ce soit moi qui parle en ce moment et met de si graves paroles dans une bouche de peu d'autorité, qu'il me soit permis de le dire ici et de le déclarer, je le proclame du haut de cette tribune, j'y crois profondément à ce monde meilleur ; il est pour moi bien plus réel que cette misérable chimère que nous dévorons et que nous appelons la vie ; il est sans cesse devant mes yeux ; j'y crois de toutes les puissances de ma conviction, et, après bien des luttes, bien des études et bien des épreuves, il est la suprême certitude de ma raison, comme il est la

---

1. Dans son discours du 9 juillet 1849, Hugo avait lancé : « Je ne suis pas de ceux qui croient qu'on peut supprimer la souffrance en ce monde, la souffrance est une loi divine, mais je suis de ceux qui pensent et qui affirment qu'on peut détruire la misère. » Cette déclaration avait suscité de « violentes dénégations à droite », où pourtant Hugo, à cette date, siégeait encore. Et sa volonté de « substituer à l'aumône qui dégrade l'assistance [publique, prise en charge par la collectivité] qui fortifie » lui avait attiré les foudres de la presse et du parti catholiques.

suprême consolation de mon âme. (*Profonde sensation.*)

Je veux donc, je veux sincèrement, fermement, ardemment, l'enseignement religieux, mais je veux l'enseignement religieux de l'Église et non l'enseignement religieux d'un parti[1]. Je le veux sincère et non hypocrite. (*Bravo ! bravo !*) Je le veux ayant pour but le ciel et non la terre. (*Mouvement.*) Je ne veux pas qu'une chaire envahisse l'autre ; je ne veux pas mêler le prêtre au professeur. Ou, si je consens à ce mélange, moi législateur, je le surveille, j'ouvre sur les séminaires et sur les congrégations enseignantes l'œil de l'État, et, j'y insiste, de l'État laïque, jaloux uniquement de sa grandeur et de son unité.

Jusqu'au jour, que j'appelle de tous mes vœux, où la liberté complète d'enseignement pourra être proclamée, et en commençant je vous ai dit à quelles conditions, jusqu'à ce jour-là, je veux l'enseignement de l'Église en dedans de l'Église et non au dehors. Surtout je considère comme une dérision de faire surveiller, au nom de l'État, par le clergé l'enseignement du clergé. En un mot, je veux, je le répète, ce que voulaient nos pères, l'Église chez elle et l'État chez lui. (*Oui ! oui !*)

L'assemblée voit déjà clairement pourquoi je repousse le projet de loi ; mais j'achève de m'expliquer.

Messieurs, comme je vous l'indiquais tout à l'heure, ce projet est quelque chose de plus, de pire, si vous voulez, qu'une loi politique, c'est une loi stratégique. (*Chuchotements.*)

Je m'adresse, non, certes, au vénérable évêque de

---

1. Durant tout ce discours, Hugo ménage encore quelque peu l'Église catholique, qu'il distingue du parti clérical. De fait, à cette date, les défenseurs laïcs du catholicisme (Falloux, Montalembert, Veuillot, etc.) étaient souvent bien plus radicaux et exigeants que les membres de la hiérarchie (notamment les évêques membres de l'Assemblée), plus libéraux ou plus prudents. Ce n'est qu'après le coup d'État du 2 décembre, approuvé et chanté officiellement par le clergé, que Hugo s'en prendra directement (et violemment) à l'Église catholique proprement dite.

Langres[1], non à quelque personne que ce soit dans cette enceinte, mais au parti qui a, sinon rédigé, du moins inspiré le projet de loi, à ce parti à la fois éteint et ardent, au parti clérical. Je ne sais pas s'il est dans le gouvernement, je ne sais pas s'il est dans l'assemblée (*Mouvement*) ; mais je le sens un peu partout. (*Nouveau mouvement.*) Il a l'oreille fine, il m'entendra. (*On rit.*) Je m'adresse donc au parti clérical, et je lui dis : Cette loi est votre loi[2]. Tenez, franchement, je me défie de vous. Instruire, c'est construire. (*Sensation.*) Je me défie de ce que vous construisez. (*Très bien ! très bien !*)

Je ne veux pas vous confier l'enseignement de la jeunesse, l'âme des enfants, le développement des intelligences neuves qui s'ouvrent à la vie, l'esprit des générations nouvelles, c'est-à-dire l'avenir de la France. Je ne veux pas vous confier l'avenir de la France, parce que vous le confier, ce serait vous le livrer. (*Mouvement.*)

Il ne me suffit pas que les générations nouvelles nous succèdent, j'entends qu'elles nous continuent. Voilà pourquoi je ne veux ni de votre main, ni de votre souffle sur elles. Je ne veux pas que ce qui a été fait par nos pères soit défait par vous[3]. Après cette gloire, je ne veux pas de cette honte. (*Mouvement prolongé.*)

---

1. Monseigneur Parisis (1795-1866), déjà élu à la Constituante (avril 1848), avait depuis 1843 écrit plusieurs ouvrages pour défendre l'éducation catholique. **2.** De fait, un groupe important de députés, et certains ministres, avaient pour principale politique la défense des intérêts de l'Église. Leur meilleur représentant fut le comte de Falloux, subtil et redoutable manœuvrier, plus clérical encore que légitimiste. Lui-même résumera ainsi sa doctrine politique : « Dieu dans l'éducation. Le pape à la tête de l'Église. L'Église à la tête de la civilisation. » En décembre 1848, il avait répondu à Thiers qui le suppliait d'entrer dans le premier gouvernement de Louis Bonaparte : « J'accepte le ministère, si vous me promettez de préparer, de soutenir et de voter avec moi une loi de liberté d'enseignement. » Quand la loi vint en discussion, Falloux n'était plus ministre depuis trois mois (31 octobre 1849) ; mais cette loi était bien son œuvre. **3.** Nouvelle référence à la Révolution de 1789. Hugo dénonce ici le virage profondément réactionnaire du parti clérical, qui s'amorce sous la Seconde République et va marquer toute la seconde moitié du siècle, voire au-delà. Pour

Votre loi est une loi qui a un masque. (*Bravo !*)

Elle dit une chose et elle en ferait une autre. C'est une pensée d'asservissement qui prend les allures de la liberté. C'est une confiscation intitulée donation. Je n'en veux pas. (*Applaudissements à gauche.*)

C'est votre habitude. Quand vous forgez une chaîne, vous dites : Voici une liberté ! Quand vous faites une proscription, vous criez : Voilà une amnistie[1] ! (*Nouveaux applaudissements.*)

Ah ! je ne vous confonds pas avec l'Église, pas plus que je ne confonds le gui avec le chêne. Vous êtes les parasites de l'Église, vous êtes la maladie de l'Église[2]. (*On rit.*) Ignace[3] est l'ennemi de Jésus. (*Vive approbation à gauche.*) Vous êtes, non les croyants, mais les sectaires d'une religion que vous ne comprenez pas. Vous êtes les metteurs en scène de la sainteté. Ne mêlez pas l'Église à vos affaires, à vos combinaisons, à vos stratégies, à vos doctrines, à vos ambitions. Ne l'appelez pas votre mère pour en faire votre servante. (*Profonde sensation.*) Ne la tourmentez pas sous le prétexte de lui apprendre la politique ; surtout ne l'identifiez pas avec vous. Voyez le tort que vous lui faites. M. l'évêque de Langres vous l'a dit[4]. (*On rit.*)

---

ce « parti », l'ennemi à abattre n'est déjà plus seulement, en 1850, le socialisme ni même la République, mais aussi, voire surtout, les principes de 1789 et l'esprit des Lumières.

1. Allusion à la politique du pape Pie IX. Chassé de Rome par la révolution républicaine de novembre 1848, il avait été rétabli dans son pouvoir temporel en juillet 1849 grâce à l'intervention d'un corps expéditionnaire français. Pour prix de cette aide, Pie IX était censé faire dans ses États de profondes réformes libérales et octroyer une large amnistie aux républicains. Il ne fit pas de réformes et l'amnistie se borna à une proscription massive. Hugo s'était élevé violemment contre cette politique dans son discours du 19 octobre 1849. La duplicité du président Louis Napoléon dans cette affaire fut pour beaucoup dans le ralliement définitif de Hugo à l'opposition républicaine des « démocs-socs ». **2.** Voir p. 123, note 1. **3.** Ignace de Loyola (1491-1556), fondateur de l'ordre des Jésuites. **4.** Parlant juste avant Victor Hugo, Mgr Parisis avait exprimé de vives réticences à l'égard d'une loi qui lui semblait encore trop contraignante pour l'Église : « ce n'est pas l'Église qui a proposé ce projet de fusion, c'est la politique. Si

Voyez comme elle dépérit depuis qu'elle vous a ! Vous vous faites si peu aimer que vous finiriez par la faire haïr ! En vérité, je vous le dis[1] (*On rit*), elle se passera fort bien de vous. Laissez-la en repos. Quand vous n'y serez plus, on y reviendra. Laissez-la, cette vénérable Église, cette vénérable mère, dans sa solitude, dans son abnégation, dans son humilité. Tout cela compose sa grandeur ! Sa solitude lui attirera la foule ; son abnégation est sa puissance, son humilité est sa majesté[2]. (*Vive adhésion.*)

Vous parlez d'enseignement religieux ! Savez-vous quel est le véritable enseignement religieux, celui devant lequel il faut se prosterner, celui qu'il ne faut pas troubler ? C'est la sœur de charité au chevet du mourant[3]. C'est le frère de la Merci rachetant l'esclave[4]. C'est Vincent de Paul ramassant l'enfant trouvé[5]. C'est l'évêque de Marseille au milieu des pestiférés[6]. C'est l'archevêque de Paris abordant avec un sourire ce formidable faubourg Saint-Antoine, levant son cru-

l'Église eût été amenée à prendre l'initiative, elle eût formulé une loi de vraie liberté, car la religion n'a besoin de se coaliser avec personne ; la religion toute seule ferait beaucoup mieux le bien des peuples, qu'en contractant une alliance éphémère avec l'Université » – Université qu'il attaquait vigoureusement, parce qu'elle ne professe aucune croyance religieuse et qu'elle « les enveloppe toutes dans cette immorale tolérance dont le véritable nom est : Athéisme ».

1. Formule souvent employée par Jésus. **2.** C'était déjà le propos des dernières strophes de « Dicté après Juillet 1830 » (*Les Chants du crépuscule*, I). Rappelons que lorsqu'il prononce ce discours Hugo a déjà inventé le personnage de Mgr Myriel, figure du prêtre vraiment évangélique (une part considérable des *Misérables*, qui ne seront publiés qu'en 1862, est écrite entre 1845 et 1848). **3.** Cf. le personnage de sœur Simplice au chevet de Fantine mourante, dans la deuxième partie des *Misérables*. **4.** L'ordre de la Merci, fondé en 1218, se consacrait au rachat des chrétiens faits prisonniers par les musulmans. **5.** Saint Vincent de Paul (1581-1660), fils de paysans, aumônier de la reine Marguerite mais aussi des galériens, a consacré l'essentiel de son activité missionnaire à des activités charitables en faveur des plus pauvres, en particulier l'œuvre des Enfants trouvés. **6.** En 1720 Marseille avait été ravagée par une épidémie de peste, la dernière survenue en Occident.

cifix au-dessus de la guerre civile, et s'inquiétant peu de recevoir la mort, pourvu qu'il apporte la paix [1]. (*Bravo !*) Voilà le véritable enseignement religieux, l'enseignement religieux réel, profond, efficace et populaire, celui qui, heureusement pour la religion et l'humanité, fait encore plus de chrétiens que vous n'en défaites ! (*Longs applaudissements à gauche.*)

Ah ! nous vous connaissons ! nous connaissons le parti clérical. C'est un vieux parti qui a des états de service. (*On rit.*) C'est lui qui monte la garde à la porte de l'orthodoxie. (*On rit.*) C'est lui qui a trouvé pour la vérité ces deux étais merveilleux, l'ignorance et l'erreur. C'est lui qui fait défense à la science et au génie d'aller au delà du missel et qui veut cloîtrer la pensée dans le dogme. Tous les pas qu'a faits l'intelligence de l'Europe, elle les a faits malgré lui. Son histoire est écrite dans l'histoire du progrès humain, mais elle est écrite au verso (*Sensation.*) Il s'est opposé à tout. (*On rit.*)

C'est lui qui a fait battre de verges Prinelli pour avoir dit que les étoiles ne tomberaient pas. C'est lui qui a appliqué Campanella [2] vingt-sept fois à la question pour avoir affirmé que le nombre des mondes était infini et entrevu le secret de la création. C'est lui qui a persécuté Harvey [3] pour avoir prouvé que le sang cir-

---

1. Mgr Affre, archevêque de Paris, était une figure respectée du peuple parisien. Il avait adhéré sans réticence à la révolution de Février 1848 et représentait bien la tendance « fraternitaire » et sociale d'un certain clergé « quarante-huitard » (voir texte 4, p. 111, note 2). Durant l'émeute ouvrière de juin, il tenta de s'interposer pour limiter l'effusion de sang, et fut tué par une balle dont on ignore toujours la provenance. Si le parti de l'Ordre en fit immédiatement un martyr de la « barbarie rouge », Hugo voit en lui un martyr de la paix au cœur des guerres civiles. **2.** Ce philosophe italien (1568-1639) fut effectivement accusé d'hérésie à plusieurs reprises, et torturé. Il écrivit dans les prisons de l'Inquisition une utopie, *La Cité du soleil*. **3.** William Harvey (1578-1658) suscita une violente opposition lorsqu'il publia sa théorie de la circulation sanguine (1622) ; mais cette opposition n'émanait pas exclusivement de l'Église catholique.

culait. De par Josué, il a enfermé Galilée[1] ; de par saint Paul, il a emprisonné Christophe Colomb[2]. (*Sensation.*) Découvrir la loi du ciel, c'était une impiété ; trouver un monde, c'était une hérésie. C'est lui qui a anathématisé Pascal au nom de la religion, Montaigne au nom de la morale, Molière au nom de la morale et de la religion. Oh ! oui, certes, qui que vous soyez, qui vous appelez le parti catholique et qui êtes le parti clérical, nous vous connaissons. Voilà longtemps déjà que la conscience humaine se révolte contre vous et vous demande : Qu'est-ce que vous me voulez ? Voilà longtemps déjà que vous essayez de mettre un bâillon à l'esprit humain. (*Acclamations à gauche.*)

Et vous voulez être les maîtres de l'enseignement ! Et il n'y a pas un poète, pas un écrivain, pas un philosophe, pas un penseur, que vous acceptiez ! Et tout ce qui a été écrit, trouvé, rêvé, déduit, illuminé, imaginé, inventé par les génies, le trésor de la civilisation, l'héritage séculaire des générations, le patrimoine commun des intelligences, vous le rejetez ! Si le cerveau de l'humanité était là devant vos yeux, à votre discrétion, ouvert comme la page d'un livre, vous y feriez des ratures ! (*Oui ! oui !*) Convenez-en ! (*Mouvement prolongé.*)

Enfin, il y a un livre, un livre qui semble d'un bout à l'autre une émanation supérieure, un livre qui est pour l'univers ce que le Koran est pour l'islamisme, ce que

---

1. Le physicien et astronome italien (1564-1642) prouva par l'observation la théorie de Copernic (la terre tourne autour du soleil), que l'Église ne tolérait qu'à l'état d'hypothèse ; l'Inquisition obtint de lui qu'il se rétractât. Dans l'Ancien Testament, Dieu, à la demande de Josué, suspend la course du soleil pour laisser aux Hébreux le temps de gagner une bataille (Josué, 10). **2.** Avant d'obtenir le soutien de la reine d'Espagne à son projet de voyage transatlantique, le célèbre navigateur, qui cherchait à gagner l'Asie par l'ouest, eut à soutenir une controverse sur la rotondité de la terre devant une assemblée de savants et de sommités religieuses (1485). On lui opposa des « arguments » tirés de la Bible, et notamment un passage où saint Pierre, dans sa lettre aux Hébreux, compare le ciel à une tente déployée sur la terre, ce qui prouve bien qu'elle est plate.

les Védas[1] sont pour l'Inde, un livre qui contient toute la sagesse humaine éclairée par toute la sagesse divine, un livre que la vénération des peuples appelle le Livre, la Bible ! Eh bien ! votre censure a monté jusque-là ! Chose inouïe ! des papes ont proscrit la Bible[2] ! Quel étonnement pour les esprits sages, quelle épouvante pour les cœurs simples, de voir l'index de Rome[3] posé sur le livre de Dieu ! (*Vive adhésion à gauche.*)

Et vous réclamez la liberté d'enseigner ! Tenez, soyons sincères ; entendons-nous sur la liberté que vous réclamez : c'est la liberté de ne pas enseigner. (*Applaudissements à gauche. – Vives réclamations à droite.*)

Ah ! vous voulez qu'on vous donne des peuples à instruire ! Fort bien. – Voyons vos élèves. Voyons vos produits. (*On rit.*) Qu'est-ce que vous avez fait de l'Italie ? Qu'est-ce que vous avez fait de l'Espagne[4] ? Depuis des siècles vous tenez dans vos mains, à votre discrétion, à votre école, sous votre férule, ces deux grandes nations, illustres parmi les plus illustres ; qu'en avez-vous fait ? (*Mouvement.*)

Je vais vous le dire. Grâce à vous, l'Italie, dont aucun homme qui pense ne peut plus prononcer le nom qu'avec une inexprimable douleur filiale, l'Italie, cette mère des génies et des nations, qui a répandu sur l'univers toutes les plus éblouissantes merveilles de la poésie et des arts, l'Italie, qui a appris à lire au genre humain, l'Italie aujourd'hui ne sait pas lire ! (*Profonde sensation.*)

Oui, l'Italie est de tous les États de l'Europe celui

---

1. Textes poétiques et sacrés de l'Inde. **2.** Selon une certaine tradition catholique, la lecture de ce livre éminemment symbolique qu'est la Bible doit être réservée aux clercs, qui en délivrent aux fidèles l'interprétation adéquate ; la pratique individuelle et directe du texte sacré risquerait d'inciter à l'examen personnel et à l'orgueil intellectuel. **3.** Catalogue des ouvrages interdits par le pape ; jeu de mots, donc. **4.** Dans ces deux pays, l'éducation était encore essentiellement délivrée, à tous ses niveaux, par l'Église catholique.

où il y a le moins de natifs sachant lire ! (*Réclamations à droite. – Cris violents.*)

L'Espagne, magnifiquement dotée, l'Espagne, qui avait reçu des Romains sa première civilisation, des Arabes sa seconde civilisation, de la Providence, et malgré vous, un monde, l'Amérique ; l'Espagne a perdu, grâce à vous, grâce à votre joug d'abrutissement, qui est un joug de dégradation et d'amoindrissement (*Applaudissements à gauche*), l'Espagne a perdu ce secret de la puissance qu'elle tenait des Romains, ce génie des arts qu'elle tenait des Arabes, ce monde qu'elle tenait de Dieu, et en échange de tout ce que vous lui avez fait perdre, elle a reçu de vous l'inquisition[1]. (*Mouvement.*)

L'inquisition, que certains hommes du parti essayent aujourd'hui de réhabiliter avec une timidité pudique dont je les honore[2]. (*Longue hilarité à gauche. – Réclamations à droite.*) L'inquisition, qui a brûlé sur le bûcher ou étouffé dans les cachots cinq millions d'hommes ! (*Dénégations à droite.*) Lisez l'histoire ! L'inquisition, qui exhumait les morts pour les brûler comme hérétiques (*C'est vrai !*), témoin Urgel et Arnault, comte de Forcalquier. L'inquisition, qui déclarait les enfants des hérétiques, jusqu'à la deuxième génération, infâmes et incapables d'aucuns honneurs publics, en exceptant seulement, ce sont les propres termes des arrêts, *ceux qui auraient dénoncé leur père !* (*Long mouvement.*) L'inquisition, qui, à l'heure où je parle, tient encore dans la bibliothèque vaticane les manuscrits de Galilée clos et scellés sous

1. Juridiction ecclésiastique d'origine médiévale, chargée d'instruire et réprimer les crimes d'hérésie, d'apostasie, de sorcellerie, etc. La torture et la mise à mort sur le bûcher faisaient partie de ses pratiques habituelles. Elle fut en effet particulièrement active en Espagne où, depuis le XVe siècle, elle travaillait à maintenir la *limpieza de sangre* (pureté du sang) en pourchassant les Juifs et les Arabes. **2.** Louis Veuillot, rédacteur en chef du journal catholique *L'Univers*, écrit alors : « Il nous faut une institution coercitive ; une inquisition quelconque, pas le nom, si vous voulez, mais la chose. »

le scellé de l'index ! (*Agitation.*) Il est vrai que, pour consoler l'Espagne de ce que vous lui ôtiez et de ce que vous lui donniez, vous l'avez surnommée la Catholique ! (*Rumeurs à droite.*)

Ah ! savez-vous ? vous avez arraché à l'un de ses plus grands hommes ce cri douloureux qui vous accuse : « J'aime mieux qu'elle soit la Grande que la Catholique ! » (*Cris à droite. – Longue interruption. – Plusieurs membres interpellent violemment l'orateur.*)

Voilà vos chefs-d'œuvre ! Ce foyer qu'on appelait l'Italie, vous l'avez éteint. Ce colosse qu'on appelait l'Espagne, vous l'avez miné. L'une est en cendres, l'autre est en ruine. Voilà ce que vous avez fait de deux grands peuples. Qu'est-ce que vous voulez faire de la France ? (*Mouvement prolongé.*)

Tenez, vous venez de Rome ; je vous fais compliment. Vous avez eu là un beau succès ! (*Rires et bravos à gauche.*) Vous venez de bâillonner le peuple romain [1] ; maintenant vous voulez bâillonner le peuple français. Je comprends : cela est encore plus beau, cela tente ; seulement, prenez garde ; c'est malaisé : celui-ci est un lion tout à fait vivant. (*Agitation.*)

À qui en voulez-vous donc ? Je vais vous le dire : vous en voulez à la raison humaine. Pourquoi ? Parce qu'elle fait le jour. (*Oui ! oui ! – Non ! non !*)

Oui, voulez-vous que je vous dise ce qui vous importune ? C'est cette énorme quantité de lumière libre que la France dégage depuis trois siècles, lumière toute faite de raison, lumière aujourd'hui plus éclatante que jamais, lumière qui fait de la nation française la nation éclairante, de telle sorte qu'on aperçoit la clarté de la France sur la face de tous les peuples de l'univers. (*Sensation.*) Eh bien, cette clarté de la France, cette lumière libre, cette lumière directe, cette lumière qui ne vient pas de Rome, qui vient de Dieu, voilà ce que

---

1. Voir p. 125, note 1.

vous voulez éteindre, voilà ce que nous voulons conserver ! (*Oui ! oui ! – Bravos à gauche.*)

Je repousse votre loi. Je la repousse parce qu'elle confisque l'enseignement primaire, parce qu'elle dégrade l'enseignement secondaire, parce qu'elle abaisse le niveau de la science, parce qu'elle diminue mon pays. (*Sensation.*)

Je la repousse, parce que je suis de ceux qui ont un serrement de cœur et la rougeur au front toutes les fois que la France subit, pour une cause quelconque, une diminution, que ce soit une diminution de territoire, comme par les traités de 1815, ou une diminution de grandeur intellectuelle, comme par votre loi ! (*Vifs applaudissements à gauche.*)

Messieurs, avant de terminer, permettez-moi d'adresser ici, du haut de la tribune, au parti clérical, au parti qui nous envahit (*Écoutez ! écoutez !*), un conseil sérieux. (*Rumeurs à droite.*)

Ce n'est pas l'habileté qui lui manque. Quand les circonstances l'aident, il est fort, très fort, trop fort ! (*Mouvement.*) Il sait l'art de maintenir une nation dans un état mixte et lamentable, qui n'est pas la mort, mais qui n'est plus la vie. (*C'est vrai !*) Il appelle cela gouverner. (*Rires.*)

C'est le gouvernement par la léthargie. (*On rit.*) Mais qu'il y prenne garde, rien de pareil ne convient à la France. C'est un jeu redoutable que de lui laisser entrevoir, seulement entrevoir, à cette France, l'idéal que voici : la sacristie souveraine, la liberté trahie, l'intelligence vaincue et liée, les livres déchirés, le prône [1]

1. Discours du prêtre à la messe du dimanche. Les lois sur la presse se faisaient de plus en plus répressives depuis l'été 1848 ; les journaux de gauche étaient systématiquement poursuivis, et de plus en plus souvent suspendus. L'année suivante, le pouvoir s'en prendra au journal inspiré par Hugo, *L'Événement* (interdit peu de temps avant le coup d'État) ainsi qu'à ses principaux rédacteurs, Charles et François-Victor Hugo, qui feront plusieurs mois de prison pour délit de presse. De 1848 à 1851, Hugo prononça cinq discours à l'Assemblée pour défendre la liberté de la presse et des théâtres.

remplaçant la presse, la nuit faite dans les esprits par l'ombre des soutanes, et les génies matés par les bedeaux ! (*Acclamations à gauche. – Dénégations furieuses à droite.*)

C'est vrai, le parti clérical est habile ; mais cela ne l'empêche pas d'être naïf. (*Hilarité.*) Quoi ! il redoute le socialisme ! Quoi ! il voit monter le flot, à ce qu'il dit, et il lui oppose, à ce flot qui monte, je ne sais quel obstacle à claire-voie ! Il voit monter le flot, et il s'imagine que la société sera sauvée parce qu'il aura combiné, pour la défendre, les hypocrisies sociales avec les résistances matérielles, et qu'il aura mis un jésuite partout où il n'y a pas un gendarme ! (*Rires et applaudissements.*) Quelle pitié !

Je le répète, qu'il y prenne garde, le dix-neuvième siècle lui est contraire ; qu'il ne s'obstine pas, qu'il renonce à maîtriser cette grande époque pleine d'instincts profonds et nouveaux, sinon il ne réussira qu'à la courroucer, il développera imprudemment le côté redoutable de notre temps, et il fera surgir des éventualités terribles. Oui, avec ce système qui fait sortir, j'y insiste, l'éducation de la sacristie et le gouvernement du confessionnal !... (*Longue interruption. Cris : À l'ordre ! Plusieurs membres de la droite se lèvent. M. le président et M. Victor Hugo échangent un colloque qui ne parvient pas jusqu'à nous. Violent tumulte. L'orateur reprend, en se tournant vers la droite* :)

Messieurs, vous voulez beaucoup, dites-vous, la liberté de l'enseignement ; tâchez de vouloir un peu la liberté de la tribune. (*On rit. Le bruit s'apaise.*)

Avec ces doctrines qu'une logique inflexible et fatale entraîne malgré les hommes eux-mêmes et féconde pour le mal, avec ces doctrines qui font horreur quand on les regarde dans l'histoire... (*Nouveaux cris : À l'ordre. L'orateur s'interrompant* :)

Messieurs, le parti clérical, je vous l'ai dit, nous envahit. Je le combats, et au moment où ce parti se présente une loi à la main, c'est mon droit de législateur d'examiner cette loi et d'examiner ce parti. Vous ne m'empêcherez pas de le faire. (*Très bien !*) Je continue :

Oui, avec ce système-là, cette doctrine-là et cette histoire-là, que le parti clérical le sache, partout où il sera, il engendrera des révolutions ; partout, pour éviter Torquemada[1], on se jettera dans Robespierre. (*Sensation.*) Voilà ce qui fait du parti qui s'intitule parti catholique un sérieux danger public. Et ceux qui, comme moi, redoutent également pour les nations le bouleversement anarchique et l'assoupissement sacerdotal, jettent le cri d'alarme. Pendant qu'il en est temps encore, qu'on y songe bien ! (*Clameurs à droite.*)

Vous m'interrompez. Les cris et les murmures couvrent ma voix. Messieurs, je vous parle, non en agitateur, mais en honnête homme ! (*Écoutez ! écoutez !*) Ah çà, messieurs, est-ce que je vous serais suspect, par hasard ?

CRIS À DROITE. – Oui ! oui !

M. VICTOR HUGO. – Quoi ! je vous suis suspect ! Vous le dites ?

CRIS À DROITE. – Oui ! oui !

(*Tumulte inexprimable. Une partie de la droite se lève et interpelle l'orateur impassible à la tribune.*)

Eh bien ! sur ce point, il faut s'expliquer. (*Le silence se rétablit.*) C'est en quelque sorte un fait personnel. Vous écouterez, je le pense, une explication que vous avez provoquée vous-mêmes. Ah ! je vous suis suspect ! Et de quoi ? Je vous suis suspect ! Mais l'an dernier, je défendais l'ordre en péril comme je défends aujourd'hui la liberté menacée ! comme je défendrai l'ordre demain, si le danger revient de ce côté-là. (*Mouvement.*)

Je vous suis suspect ! Mais vous étais-je suspect quand j'accomplissais mon mandat de représentant de

1. Moine dominicain espagnol (1420-1498), grand inquisiteur pour toute la péninsule Ibérique, il incita à l'expulsion des Juifs d'Espagne (1483) et condamna à la mort sur le bûcher des milliers de personnes. Il inspirera à Hugo un drame qui porte son nom (1869).

Paris, en prévenant l'effusion du sang dans les barricades de juin[1] ? (*Bravos à gauche. Nouveaux cris à droite. Le tumulte recommence.*)

Eh bien ! vous ne voulez pas même entendre une voix qui défend résolument la liberté ! Si je vous suis suspect, vous me l'êtes aussi. Entre nous le pays jugera ! (*Très bien ! très bien !*)

Messieurs, un dernier mot. Je suis peut-être un de ceux qui ont eu le bonheur de rendre à la cause de l'ordre, dans les temps difficiles, dans un passé récent, quelques services obscurs. Ces services, on a pu les oublier ; je ne les rappelle pas. Mais au moment où je parle, j'ai le droit de m'y appuyer. (*Non ! non ! – Si ! si !*)

Eh bien ! appuyé sur ce passé, je le déclare, dans ma conviction, ce qu'il faut à la France, c'est l'ordre, mais l'ordre vivant, qui est le progrès ; c'est l'ordre tel qu'il résulte de la croissance normale, paisible, naturelle du peuple ; c'est l'ordre se faisant à la fois dans les faits et dans les idées par le plein rayonnement de l'intelligence nationale. C'est tout le contraire de votre loi ! (*Vive adhésion à gauche.*)

Je suis de ceux qui veulent pour ce noble pays la liberté et non la compression[2], la croissance continue et non l'amoindrissement, la puissance et non la servitude, la grandeur et non le néant ! (*Bravo ! à gauche.*) Quoi ! voilà les lois que vous nous apportez ? Quoi ! vous gouvernants, vous législateurs, vous voulez vous arrêter ! vous voulez arrêter la France ! Vous voulez pétrifier la pensée humaine, étouffer le flambeau divin, matérialiser l'esprit ! (*Oui ! oui ! – Non ! non !*) Mais

---

1. Durant l'émeute ouvrière des 23-26 juin 1848, Hugo fit partie des soixante représentants délégués par l'Assemblée pour l'informer des événements, contrôler l'action des forces armées, et parlementer avec les insurgés. Sa bravoure fut remarquée. **2.** Terme d'époque, qui désigne l'ensemble des procédures légales, des tracasseries administratives et des dispositifs idéologiques visant à museler l'opinion socialiste, voire simplement républicaine. Son échec relatif déterminera l'adoption de la loi du 31 mai 1850 qui restreindra considérablement le droit de suffrage (voir texte 6).

vous ne voyez donc pas les éléments mêmes du temps où vous êtes ! Mais vous êtes donc dans votre siècle comme des étrangers ! (*Profonde sensation.*)

Quoi ! c'est dans ce siècle, dans ce grand siècle des nouveautés, des avénements, des découvertes, des conquêtes, que vous rêvez l'immobilité ! (*Très bien !*) C'est dans le siècle de l'espérance que vous proclamez le désespoir ! (*Bravo !*) Quoi ! vous jetez à terre, comme des hommes de peine fatigués, la gloire, la pensée, l'intelligence, le progrès, l'avenir, et vous dites : C'est assez ! n'allons pas plus loin ; arrêtons-nous ! (*Dénégations à droite.*) Mais vous ne voyez donc pas que tout va, vient, se meut, s'accroît, se transforme et se renouvelle autour de vous, au-dessus de vous, au-dessous de vous ! (*Mouvement.*)

Ah ! vous voulez vous arrêter ! Eh bien ! je vous le répète avec une profonde douleur, moi qui hais les catastrophes et les écroulements, je vous avertis la mort dans l'âme (*On rit à droite*), vous ne voulez pas du progrès ? vous aurez les révolutions ! (*Profonde agitation.*) Aux hommes assez insensés pour dire : L'humanité ne marchera pas, Dieu répond par la terre qui tremble ! (*Longs applaudissements à gauche.*)

(*L'orateur, descendant de la tribune, est entouré par une foule de membres qui le félicitent. L'assemblée se sépare en proie à une vive émotion.*)

6

LE SUFFRAGE UNIVERSEL
Assemblée législative – 20 mai 1850

L'adoption du suffrage universel (masculin) constituait la principale conquête politique de Février 1848. Conquête proprement révolutionnaire et qui faisait brusquement passer le corps électoral de 200 000 à plus de neuf millions, alors que la campagne réformiste des « Banquets » de 1847 se limitait à réclamer l'élargissement du suffrage censitaire. La France était alors le seul pays d'Europe à avoir adopté une mesure aussi radicalement démocratique (un demi-siècle avant l'Angleterre, par exemple). Mais parmi les députés de droite, notables, grands propriétaires, anciens députés ou ministres des régimes censitaires, ce principe de la souveraineté populaire n'était que très superficiellement admis. Même si les élections de décembre 1848 et de mai 1849 avaient prouvé qu'elle pouvait tourner à leur avantage, ils se méfiaient toujours de cette « loi du nombre ». La persistance du « vote rouge » dans les grandes villes et dans certaines campagnes les faisait frémir. Plusieurs événements allaient précipiter leur décision. Le 13 juin 1849, pour protester contre l'intervention, jugée anticonstitutionnelle, des armées françaises contre la république romaine[1], le chef de

---

1. Voir texte 5, p. 125, note 1.

l'opposition démocrate socialiste Ledru-Rollin organisait à Paris une manifestation populaire qui ne mobilisait que faiblement. La majorité conservatrice faisait alors arrêter les principaux dirigeants de l'opposition et Ledru-Rollin s'enfuyait en Angleterre. L'opposition décapitée, il fallut procéder à des élections partielles. Le pouvoir attendit plusieurs mois avant de les organiser, espérant que la « compression[1] *» ferait effet et que la gauche perdrait ces sièges. Mais le 10 mars, les « démocs-socs » conservaient 11 des 21 sièges à pourvoir, et à Paris aucun ne basculait à droite. Ce résultat effraya les conservateurs. « Ils constatèrent [...] que, malgré un an de compression politique, l'opinion montagnarde ne s'était pas totalement effondrée : ce n'était donc pas une aberration passagère, mais un mal tenace, enraciné » (Agulhon). Un député de Paris élu également dans le Bas-Rhin ayant opté pour ce département, il fallut à nouveau voter dans la capitale. On fit de cette élection un symbole : à l'écrivain populaire Eugène Sue, converti au socialisme, la droite opposa un boutiquier qui avait combattu contre les insurgés de Juin et dont les deux fils étaient tombés sous les balles ouvrières. Le 28 avril, Eugène Sue fut élu. Le tollé fut énorme, et la droite se prit à croire (ou feignit de croire) que les « rouges » pouvaient l'emporter aux élections législatives et présidentielles de 1852. Le principe d'une loi taillant dans le suffrage universel fut dès lors acquis, et vite mis en œuvre.*

Cette loi, votée le 31 mai, rayait des listes électorales tous ceux qui ne pouvaient justifier de trois ans de résidence fixe (tous les migrants, donc, notamment les ouvriers en chômage) et ceux qui avaient été condamnés pour des infractions même minimes (délits de presse par exemple, ce qui excluait bon nombre de militants républicains, ou encore braconnage, délits forestiers, ce qui éloignait des urnes les prolétaires des campagnes). Un des plus ardents défenseurs du projet

---

1. Voir texte 5, p. 135, note 2.

de loi fut Adolphe Thiers, grande figure parlementaire sous Louis-Philippe, et depuis 1848 l'un des principaux animateurs du parti de l'ordre. Parlant à la tribune le 24 mai, il exprima avec un cynisme alors très banal la nécessité d'exclure de la Cité les pauvres, évidemment immoraux : « Il y a une quantité de vagabonds qui ont des salaires considérables, d'autres qui, par des moyens illicites, gagnent suffisamment pour avoir un domicile, qui n'en veulent pas avoir. Ce sont ces hommes qui forment, non pas le fond, mais la partie dangereuse des grandes populations agglomérées, ce sont ces hommes qui méritent ce titre, l'un des plus flétris de l'histoire, entendez-vous, le titre de multitude. La vile multitude qui a perdu toutes les Républiques. C'est la multitude, ce n'est pas le peuple, cette multitude de vagabonds dont on ne peut saisir ni le domicile, ni la famille, si remuante qu'on ne peut la saisir nulle part, qui n'ont pas su créer pour leur famille un asile appréciable : c'est cette multitude que la loi a pour but d'éloigner. » Répondant au discours de Hugo, Thiers prôna l'Ordre esthétique en même temps que l'Ordre social en stigmatisant le romantisme, « cette littérature naïve et déclamatoire née de la corruption des esprits et qui était très digne de devenir le langage de la démagogie ». Il exprimait ainsi une solidarité entre littérature et politique qui, au jugement de valeur près, convenait parfaitement à Hugo.

Louis Bonaparte ne défendit pas cette loi. Le bonapartisme, autoritaire, antilibéral, se dit volontiers démocratique ; il revendique la légitimité populaire, étant de nature plébiscitaire. Le président ne défendit donc pas la loi, mais il ne s'y opposa pas non plus. En fait, elle servait ses desseins. L'opposition de gauche semblant désormais durablement éloignée du pouvoir, il put consacrer ses efforts à disqualifier les monarchistes de l'Assemblée, principaux auteurs de cette loi scélérate. À plusieurs reprises au cours de l'année 1851, il prit publiquement position pour le rétablissement du suffrage universel, apparaissant ainsi comme le défenseur des intérêts populaires tout comme il incarnait pour les notables le rempart contre le « spectre rouge ». Après son coup d'État, il abolira la loi du 31 mai 1850[1].

Messieurs, la révolution de février, et, pour ma part, puisqu'elle semble vaincue, puisqu'elle est calomniée, je chercherai toutes les occasions de la glorifier dans ce qu'elle a fait de magnanime et de beau (*Très bien ! très bien !*), la révolution de février avait eu deux magnifiques pensées. La première, je vous la rappelais l'autre jour[2], ce fut de monter jusqu'aux sommets de l'ordre politique et d'en arracher la peine de mort ; la seconde, ce fut d'élever subitement les plus humbles régions de l'ordre social au niveau des plus hautes et d'y installer la souveraineté.

Double et pacifique victoire du progrès qui, d'une part, relevait l'humanité, qui, d'autre part, constituait le peuple, qui emplissait de lumière en même temps le monde politique et le monde social, et qui les régénérait et les consolidait tous deux à la fois : l'un par la clémence, l'autre par l'égalité. (*Bravo ! à gauche.*)

Messieurs, le grand acte, tout ensemble politique et chrétien, par lequel la révolution de février fit pénétrer son principe jusque dans les racines mêmes de l'ordre social, fut l'établissement du suffrage universel : fait capital, fait immense, événement considérable qui introduisit dans l'État un élément nouveau, irrévocable, définitif. Remarquez-en, messieurs, toute la portée. Certes, ce fut une grande chose de reconnaître le droit de tous, de composer l'autorité universelle de la

---

1. Nous reproduisons le texte de l'édition originale d'*Actes et Paroles I, Avant l'exil*, Paris, Michel Lévy, 1875. **2.** Dans son discours du 5 avril 1850 contre la déportation des prisonniers politiques (*Actes et Paroles, I*).

somme des libertés individuelles, de dissoudre ce qui restait des castes dans l'unité auguste d'une souveraineté commune, et d'emplir du même peuple tous les compartiments du vieux monde social ; certes, cela fut grand ; mais, messieurs, c'est surtout dans son action sur les classes qualifiées jusqu'alors classes inférieures qu'éclate la beauté du suffrage universel. (*Rires ironiques à droite.*)

Messieurs, vos rires me contraignent d'y insister. Oui, le merveilleux côté du suffrage universel, le côté efficace, le côté politique, le côté profond, ce ne fut pas de lever le bizarre interdit électoral qui pesait, sans qu'on pût deviner pourquoi, mais c'était la sagesse des grands hommes d'état de ce temps-là (*On rit à gauche*), – qui sont les mêmes que ceux de ce temps-ci... – (*Nouveaux rires approbatifs à gauche*) ; ce ne fut pas, dis-je, de lever le bizarre interdit électoral qui pesait sur une partie de ce qu'on nommait la classe moyenne, et même de ce qu'on nommait la classe élevée ; ce ne fut pas de restituer son droit à l'homme qui était avocat, médecin, lettré, administrateur, officier, professeur, prêtre, magistrat, et qui n'était pas électeur ; à l'homme qui était juré, et qui n'était pas électeur ; à l'homme qui était membre de l'Institut, et qui n'était pas électeur ; à l'homme qui était pair de France, et qui n'était pas électeur[1] ; non, le côté merveilleux, je le répète, le côté profond, efficace, politique, du suffrage universel, ce fut d'aller chercher dans les régions douloureuses de la société, dans les bas-fonds, comme vous dites, l'être courbé sous le poids des négations sociales, l'être froissé qui, jus-

---

1. Fondé sur la propriété (surtout immobilière), le droit électoral était très restrictif sous la monarchie de Juillet. Hugo énumère ici des catégories sociales relevant d'une bourgeoisie intellectuelle qui souvent n'avait pas de fortune personnelle, et donc pas le droit de vote (c'est pour l'étendre d'abord à ces catégories qu'on avait demandé la réforme électorale tout au long du régime). Les pairs de France, membres de la Chambre haute, nommés par le roi, pouvaient ainsi fort bien n'être pas électeurs : c'était le cas de Victor Hugo.

qu'alors, n'avait eu d'autre espoir que la révolte, et de lui apporter l'espérance sous une autre forme (*Très bien !*), et de lui dire : Vote ! ne te bats plus ! (*Mouvement.*) Ce fut de rendre sa part de souveraineté à celui qui jusque-là n'avait eu que sa part de souffrance ! Ce fut d'aborder dans ses ténèbres matérielles et morales l'infortuné qui, dans les extrémités de sa détresse, n'avait d'autre arme, d'autre défense, d'autre ressource que la violence, et de lui retirer la violence, et de lui remettre dans les mains, à la place de la violence, le droit ! (*Bravos prolongés.*)

Oui, la grande sagesse de cette révolution de février qui, prenant pour base de la politique l'Évangile, (*À droite : Quelle impiété !*) institua le suffrage universel ; sa grande sagesse, et en même temps sa grande justice, ce ne fut pas seulement de confondre et de dignifier dans l'exercice du même pouvoir souverain le bourgeois et le prolétaire ; ce fut d'aller chercher dans l'accablement, dans le délaissement, dans l'abandon, dans cet abaissement qui conseille si mal, l'homme de désespoir, et de lui dire : Espère ! l'homme de colère, et de lui dire : Raisonne ! le mendiant, comme on l'appelle, le vagabond, comme on l'appelle, le pauvre, l'indigent, le déshérité, le malheureux, le misérable, comme on l'appelle, et de le sacrer citoyen ! (*Acclamation à gauche.*)

Voyez, messieurs, comme ce qui est profondément juste est toujours en même temps profondément politique : le suffrage universel, en donnant un bulletin à ceux qui souffrent, leur ôte le fusil. En leur donnant la puissance, il leur donne le calme. Tout ce qui grandit l'homme l'apaise. (*Mouvement.*)

Le suffrage universel dit à tous, et je ne connais pas de plus admirable formule de la paix publique : Soyez tranquilles, vous êtes souverains. (*Sensation.*)

Il ajoute : Vous souffrez ? eh bien ! n'aggravez pas vos souffrances, n'aggravez pas les détresses publiques par la révolte. Vous souffrez ? eh bien ! vous allez travailler vous-mêmes, dès à présent, au grand œuvre de la destruction de la misère, par des hommes qui seront à vous, par des hommes en qui vous mettrez votre âme, et qui seront, en quelque sorte, votre main. Soyez tranquilles.

Puis, pour ceux qui seraient tentés d'être récalcitrants, il dit :

— Avez-vous voté ? Oui. Vous avez épuisé votre droit, tout est dit. Quand le vote a parlé, la souveraineté a prononcé. Il n'appartient pas à une fraction de défaire ni de refaire l'œuvre collective. Vous êtes citoyens, vous êtes libres, votre heure reviendra, sachez l'attendre. En attendant, parlez, écrivez, discutez, contestez, enseignez, éclairez ; éclairez-vous, éclairez les autres. Vous avez à vous, aujourd'hui, la vérité, demain la souveraineté : vous êtes forts. Quoi ! deux modes d'action sont à votre disposition, le droit du souverain et le rôle du rebelle ; vous choisiriez le rôle du rebelle ! ce serait une sottise et ce serait un crime. (*Applaudissements à gauche.*)

Voilà les conseils que donne aux classes souffrantes le suffrage universel. (*Oui ! oui ! à gauche. – Rires à droite.*)

Messieurs, dissoudre les animosités, désarmer les haines, faire tomber la cartouche des mains de la misère, relever l'homme injustement abaissé et assainir l'esprit malade par ce qu'il y a de plus pur au monde, le sentiment du droit librement exercé : reprendre à chacun le droit de force, qui est le fait naturel, et lui rendre en échange la part de souveraineté, qui est le fait social ; montrer aux souffrances une issue vers la lumière et le bien-être ; éloigner les échéances révolutionnaires et donner à la société, avertie, le temps de s'y préparer ; inspirer aux masses cette patience forte qui fait les grands peuples : voilà l'œuvre du suffrage universel (*Sensation profonde*), œuvre éminemment sociale au point de vue de l'État, éminemment morale au point de vue de l'individu.

Méditez ceci, en effet : sur cette terre d'égalité et de liberté, tous les hommes respirent le même air et le même droit. (*Mouvement.*) Il y a dans l'année un jour où celui qui vous obéit se voit votre pareil, où celui qui vous sert se voit votre égal, où chaque citoyen, entrant dans la balance universelle, sent et constate la pesanteur spécifique du droit de cité, et où le plus petit fait équilibre au plus grand. (*Bravo ! à gauche. – On rit à droite.*) Il y a un jour dans l'année où le gagne-pain, le journalier, le manœuvre, l'homme qui traîne des fardeaux, l'homme qui casse des pierres au bord des routes, juge le sénat [1], prend dans sa main, durcie par le travail, les ministres, les représentants [2], le président de la république, et dit : La puissance, c'est moi ! Il y a un jour dans l'année où le plus imperceptible citoyen, où l'atome social participe à la vie immense du pays tout entier, où la plus étroite poitrine se dilate à l'air vaste des affaires publiques [3] ; un jour où le plus faible sent en lui la grandeur de la souveraineté nationale, où le plus humble sent en lui l'âme de la patrie ! (*Applaudissements à gauche. – Rires et bruit à droite.*) Quel accroissement de dignité pour l'individu, et par conséquent de moralité ! Quelle satisfaction, et par conséquent quel apaisement ! Regardez l'ouvrier qui va au scrutin. Il y entre avec le front triste du prolétaire accablé, il en sort avec le regard d'un souverain. (*Acclamations à gauche. – Murmures à droite.*)

Or, qu'est-ce que tout cela, messieurs ? C'est la fin de la violence, c'est la fin de la force brutale, c'est la fin de l'émeute, c'est la fin du fait matériel, et c'est le commencement du fait moral. (*Mouvement.*) C'est, si vous permettez que je rappelle mes propres paroles, le droit d'insurrection aboli par le droit de suffrage. (*Sensation.*)

---

1. Au sens général, issu du latin, désigne l'assemblée politique régulière. **2.** Les représentants du peuple, nom officiel des députés sous la Seconde République. **3.** De fait le suffrage universel fut un puissant moyen d'intégration des masses rurales à la vie, à la politique, et à la culture nationales, même si le pouvoir des notables locaux, accentué sous le Second Empire par le retour au scrutin d'arrondissement, tenta longtemps de s'opposer à cet élargissement des horizons.

Eh bien ! vous, législateurs chargés par la Providence de fermer les abîmes et non de les ouvrir, vous qui êtes venus pour consolider et non pour ébranler, vous, représentants de ce grand peuple de l'initiative et du progrès, vous, hommes de sagesse et de raison, qui comprenez toute la sainteté de votre mission, et qui, certes, n'y faillirez pas, savez-vous ce que vient faire aujourd'hui cette loi fatale, cette loi aveugle qu'on ose si imprudemment vous présenter ? (*Profond silence.*)

Elle vient, je le dis avec un frémissement d'angoisse, je le dis avec l'anxiété douloureuse du bon citoyen épouvanté des aventures où l'on précipite la patrie, elle vient proposer à l'assemblée l'abolition du droit de suffrage pour les classes souffrantes, et, par conséquent, je ne sais quel rétablissement abominable et impie du droit d'insurrection. (*Mouvement prolongé.*)

Voilà toute la situation en deux mots. (*Nouveau mouvement.*)

Oui, messieurs, ce projet, qui est toute une politique, fait deux choses : il fait une loi, et il crée une situation.

Une situation grave, inattendue, nouvelle, menaçante, compliquée, terrible.

Allons au plus pressé. Le tour de la loi, considérée en elle-même, viendra. Examinons d'abord la situation.

Quoi ! après deux années d'agitation et d'épreuves, inséparables, il faut bien le dire, de toute grande commotion sociale, le but était atteint !

Quoi ! la paix était faite ! quoi ! le plus difficile de la solution, le procédé, était trouvé, et, avec le procédé, la certitude. Quoi ! le mode de création pacifique du progrès était substitué au mode violent ; les impatiences et les colères avaient désarmé ; l'échange du droit de révolte contre le droit de suffrage était consommé ; l'homme des classes souffrantes avait accepté ; il avait doucement et noblement accepté. Nulle agitation, nulle turbulence. Le malheureux s'était senti rehaussé par la confiance sociale. Ce nouveau citoyen, ce souverain restauré, était entré dans la cité avec une dignité sereine. (*Applaudissements à gauche. – Depuis quelques instants, un bruit presque continuel, venant de certains bancs de la droite, se mêle à la voix de l'orateur. M. Victor Hugo s'interrompt et se tourne vers la droite.*)

Messieurs, je sais bien que ces interruptions calculées et systématiques (*Dénégations à droite. – Oui ! oui ! à gauche*) ont pour but de déconcerter la pensée de l'orateur (*C'est vrai !*) et de lui ôter la liberté d'esprit, ce qui est une manière de lui ôter la liberté de la parole. (*Très bien !*) Mais c'est là vraiment un triste jeu, et peu digne d'une grande assemblée. (*Dénégations à droite.*) Quant à moi, je mets le droit de l'orateur sous la sauvegarde de la majorité vraie, c'est-à-dire de tous les esprits généreux et justes qui siègent sur tous les bancs et qui sont toujours les plus nombreux parmi les élus d'un grand peuple. (*Très bien ! à gauche. – Silence à droite.*)

Je reprends : La vie publique avait saisi le prolétaire sans l'étonner ni l'enivrer. Les jours d'élection étaient pour le pays mieux que des jours de fête, c'étaient des jours de calme. (*C'est vrai !*) En présence de ce calme, le mouvement des affaires, des transactions, du commerce, de l'industrie, du luxe, des arts, avait repris ; les pulsations de la vie régulière revenaient. Un admirable résultat était obtenu. Un imposant traité de paix était signé entre ce qu'on appelle encore le haut et le bas de la société. (*Oui ! oui !*)

Et c'est là le moment que vous choisissez pour tout remettre en question ! Et ce traité signé, vous le déchirez ! (*Mouvement.*) Et c'est précisément cet homme, le dernier sur l'échelle de vie, qui, maintenant, espérait remonter peu à peu et tranquillement, c'est ce pauvre, c'est ce malheureux, naguère redoutable, maintenant réconcilié, apaisé, confiant, fraternel, c'est lui que votre loi va chercher ! Pourquoi ? Pour faire une chose insensée, indigne, odieuse, anarchique, abominable ! pour lui reprendre son droit de suffrage ! pour l'arracher aux idées de paix, de conciliation, d'espérance, de justice, de concorde, et, par conséquent, pour le rendre aux idées de violence ! Mais quels hommes de désordre êtes-vous donc[1] ? (*Nouveau mouvement.*)

Quoi ! le port était trouvé, et c'est vous qui recommencez les aventures ! Quoi ! le pacte était conclu, et c'est vous qui le violez !

Et pourquoi cette violation du pacte ? pourquoi cette agression en pleine paix ? pourquoi ces emportements ? pourquoi cet attentat ? pourquoi cette folie ? Pourquoi ? je vais vous le dire : c'est parce qu'il a plu au peuple, après avoir nommé qui vous vouliez, ce que vous avez trouvé fort bon, de nommer qui vous ne vouliez pas, ce que vous trouvez mauvais. C'est parce qu'il a jugé dignes de son choix des hommes que vous jugiez dignes de vos insultes. C'est parce qu'il est présumable qu'il a la hardiesse de changer d'avis sur votre compte depuis que vous êtes le pouvoir, et qu'il peut comparer les actes aux programmes, et ce qu'on avait promis avec ce qu'on a tenu. (*C'est cela !*) C'est parce qu'il est probable qu'il ne trouve pas votre gouvernement complètement sublime. (*Très bien ! – On rit.*) C'est parce qu'il semble se permettre de ne pas vous admirer comme il convient. (*Très bien ! très bien ! – Mouvement.*) C'est parce qu'il ose user de son vote à sa fantaisie, ce peuple, parce qu'il paraît avoir cette audace inouïe de s'imaginer qu'il est libre, et que, selon toute apparence, il lui passe par la tête cette autre idée étrange qu'il est souverain (*Très bien !*) ; c'est, enfin, parce qu'il a l'insolence de vous donner un avis sous cette forme pacifique du scrutin et de ne pas se prosterner purement et simplement à vos pieds. (*Mouvement*). Alors vous vous indignez, vous vous mettez en colère, vous déclarez la société en danger, vous vous écriez : Nous allons te châtier, peuple ! nous allons te punir, peuple ! Tu vas avoir affaire à nous,

1. Les conservateurs se nommaient eux-mêmes « hommes d'ordre », membres du « parti de l'Ordre ».

peuple ! – et comme ce maniaque de l'histoire, vous battez de verges l'Océan[1] ! (*Acclamation à gauche.*)

Que l'assemblée me permette ici une observation qui, selon moi, éclaire jusqu'au fond, et d'un jour vrai et rassurant, cette grande question du suffrage universel.

Quoi ! le gouvernement veut restreindre, amoindrir, émonder, mutiler le suffrage universel ! Mais y a-t-il bien réfléchi ? Mais voyons, vous, ministres, hommes sérieux, hommes politiques, vous rendez-vous bien compte de ce que c'est que le suffrage universel ? le suffrage universel vrai, le suffrage universel sans restrictions, sans exclusions, sans défiances, comme la révolution de février l'a établi, comme le comprennent et le veulent les hommes de progrès ? (*Au banc des ministres : C'est de l'anarchie. Nous ne voulons pas de ça !*)

Je vous entends, vous me répondez : « Nous n'en voulons pas ! C'est le mode de création de l'anarchie ! » (*Oui ! oui ! à droite.*) Eh bien ! c'est précisément tout le contraire. C'est le mode de création du pouvoir. (*Bravo ! à gauche.*) Oui, il faut le dire et le dire bien haut, et j'y insiste ; ceci, selon moi, devrait éclairer toute cette discussion : ce qui sort du suffrage universel, c'est la liberté, sans nul doute ; mais c'est encore plus le pouvoir que la liberté !

Le suffrage universel, au milieu de toutes nos oscillations orageuses, crée un point fixe. Ce point fixe, c'est la volonté nationale légalement manifestée ; la volonté nationale, robuste amarre de l'État, ancre d'airain qui ne casse pas et que viennent battre vainement tour à tour le flux des révolutions et le reflux des réactions ! (*Profonde sensation.*)

Et, pour que le suffrage universel puisse créer ce

---

1. Xerxès, roi perse du Ve siècle av. J.-C. qui, selon une tradition reprise par Eschyle (*Les Perses*), fit fouetter l'océan après l'anéantissement de sa flotte par les Grecs à Salamine. La métaphore du peuple-océan est récurrente chez Hugo, depuis *Hernani* (acte IV, sc. 2).

point fixe, pour qu'il puisse dégager la volonté nationale dans toute sa plénitude souveraine, il faut qu'il n'ait rien de contestable (*C'est vrai ! c'est cela !*) ; il faut qu'il soit bien réellement le suffrage universel, c'est-à-dire qu'il ne laisse personne, absolument personne en dehors du vote ; qu'il fasse de la cité la chose de tous, sans exception ; car, en pareille matière, faire une exception, c'est commettre une usurpation (*Bravo ! à gauche*) ; il faut, en un mot, qu'il ne laisse à qui que ce soit le droit redoutable de dire à la société : Je ne te connais pas ! (*Mouvement prolongé.*)

À ces conditions, le suffrage universel produit le pouvoir, un pouvoir colossal, un pouvoir supérieur à tous les assauts, même les plus terribles ; un pouvoir qui pourra être attaqué, mais qui ne pourra être renversé, témoin le 15 mai, témoin le 23 juin [1] (*C'est vrai ! c'est vrai !*) ; un pouvoir invincible parce qu'il pose sur le peuple, comme Antée parce qu'il pose sur la terre ! (*Applaudissements à gauche.*) Oui, grâce au suffrage universel, vous créez et vous mettez au service de l'ordre un pouvoir où se condense toute la force de la nation ; un pouvoir pour lequel il n'y a qu'une chose qui soit impossible, c'est de détruire son principe, c'est de tuer ce qui l'a engendré ! (*Nouveaux applaudissements à gauche.*)

Grâce au suffrage universel, dans notre époque où flottent et s'écroulent toutes les fictions, vous trouvez le fond solide de la société. Ah ! vous êtes embarrassés

---

1. Le 15 mai 1848, une manifestation populaire en faveur de la Pologne envahit l'Assemblée constituante nouvellement élue, et menaça de la renverser ; peut-être le fruit d'une provocation, cet événement permit l'arrestation des leaders de l'extrême gauche socialiste. Le 23 juin 1848 commence l'insurrection ouvrière parisienne, provoquée par la décision du nouveau gouvernement de fermer les Ateliers nationaux (qui employaient tant bien que mal les chômeurs), et dont la répression sanglante semblait sonner le glas de « l'esprit de 48 » ; mais l'insurrection ne renversa pas la République et sa répression n'empêcha pas tout à fait le développement d'une opinion « démocrate socialiste » qui s'était exprimée par le vote en 1849 et en 1850.

du suffrage universel, hommes d'état ! ah ! vous ne savez que faire du suffrage universel ! Grand Dieu ! c'est le point d'appui, l'inébranlable point d'appui qui suffirait à un Archimède politique pour soulever le monde ! (*Longue acclamation à gauche.*)

Ministres, hommes qui nous gouvernez, en détruisant le caractère intégral du suffrage universel, vous attentez au principe même du pouvoir, du seul pouvoir possible aujourd'hui ! Comment ne voyez-vous pas cela ?

Tenez, voulez-vous que je vous le dise ? Vous ne savez pas vous-mêmes ce que vous êtes ni ce que vous faites. Je n'accuse pas vos intentions, j'accuse votre aveuglement. Vous vous croyez, de bonne foi, des conservateurs, des reconstructeurs de la société, des organisateurs ? Eh bien ! je suis fâché de détruire votre illusion ; à votre insu, candidement, innocemment, vous êtes des révolutionnaires ! (*Longue et universelle sensation.*)

Oui ! et des révolutionnaires de la plus dangereuse espèce, des révolutionnaires de l'espèce naïve ! (*Hilarité générale.*) Vous avez, et plusieurs d'entre vous l'ont déjà prouvé, ce talent merveilleux de faire des révolutions sans le voir, sans le vouloir et sans le savoir (*Nouvelle hilarité*), en voulant faire autre chose ! (*On rit. – Très bien ! très bien !*) Vous nous dites : Soyez tranquilles ! Vous saisissez dans vos mains, sans vous douter de ce que cela pèse, la France, la société, le présent, l'avenir, la civilisation, et vous les laissez tomber sur le pavé par maladresse ! Vous faites la guerre à l'abîme en vous y jetant tête baissée ! (*Long mouvement. – M. d'Hautpoul*[1] *rit.*)

Eh bien ! l'abîme ne s'ouvrira pas ! (*Sensation.*) Le peuple ne sortira pas de son calme ! Le peuple calme, c'est l'avenir sauvé. (*Applaudissements à gauche. – Rumeurs à droite.*)

---

1. Officier de l'Empire et de la Restauration, député sous la monarchie de Juillet, il siégeait à droite à la Législative et était alors ministre de la Guerre. Il sera fait sénateur par Napoléon III.

L'intelligente et généreuse population parisienne sait cela, voyez-vous, et, je le dis sans comprendre que de telles paroles puissent éveiller des murmures, Paris offrira ce grand et instructif spectacle que si le gouvernement est révolutionnaire, le peuple sera conservateur. (*Bravo ! bravo ! – Rires à droite.*)

Il a à conserver, en effet, ce peuple, non seulement l'avenir de la France, mais l'avenir de toutes les nations ! Il a à conserver le progrès humain dont la France est l'âme, la démocratie dont la France est le foyer, et ce travail magnifique que la France fait et qui, des hauteurs de la France, se répand sur le monde, la civilisation par la liberté ! (*Explosion de bravos.*) Oui, le peuple sait cela, et quoi qu'on fasse, je le répète, il ne remuera pas. Lui qui a la souveraineté, il saura aussi avoir la majesté. (*Mouvement.*) Il attendra, impassible, que son jour, que le jour infaillible, que le jour légal se lève[1] ! Comme il le fait déjà, depuis huit mois, aux provocations quelles qu'elles soient, aux agressions quelles qu'elles soient, il opposera la formidable tranquillité de la force, et il regardera, avec le sourire indigné et froid du dédain, vos pauvres petites lois, si furieuses et si faibles, défier l'esprit du siècle, défier le bon sens public, défier la démocratie, et enfoncer leurs malheureux petits ongles dans le granit du suffrage universel ! (*Acclamation prolongée à gauche.*)

Messieurs, un dernier mot. J'ai essayé de caractériser la situation. Avant de descendre de cette tribune, permettez-moi de caractériser la loi.

Cette loi, comme brandon révolutionnaire, les hommes du progrès pourraient la redouter ; comme moyen électoral, ils la dédaignent.

Ce n'est pas qu'elle soit mal faite, au contraire. Tout inefficace qu'elle est et qu'elle sera, c'est une loi savante, c'est une loi construite dans toutes les règles de l'art. Je lui rends justice. (*On rit.*)

---

1. Le 4 mai et le 17 mai 1850, *L'Événement* avait publié un « Appel au peuple » demandant aux citoyens de rester calmes et d'attendre les élections de 1852.

Tenez, voyez, chaque détail est une habileté. Passons, s'il vous plaît, cette revue instructive. (*Nouveaux rires. – Très bien !*)

À la simple résidence décrétée par la Constituante, elle substitue sournoisement le domicile. Au lieu de six mois, elle écrit trois ans, et elle dit : C'est la même chose. (*Dénégations à droite.*) À la place du principe de la permanence des listes, nécessaire à la sincérité de l'élection, elle met, sans avoir l'air d'y toucher (*On rit*), le principe de la permanence du domicile, attentatoire au droit de l'électeur. Sans en dire un mot, elle biffe l'article 104 du Code civil, qui n'exige pour la constatation du domicile qu'une simple déclaration, et elle remplace cet article 104 par le cens indirectement rétabli, et à défaut du cens, par une sorte d'assujettissement électoral mal déguisé de l'ouvrier au patron, du serviteur au maître, du fils au père. Elle crée ainsi, imprudence mêlée à tant d'habiletés, une sourde guerre entre le patron et l'ouvrier, entre le domestique et le maître, et, chose coupable, entre le père et le fils. (*Mouvement. – C'est vrai !*)

Ce droit de suffrage, qui, je crois l'avoir démontré, fait partie de l'entité du citoyen, ce droit de suffrage, sans lequel le citoyen n'est pas ; ce droit, qui fait plus que le suivre, qui s'incorpore à lui, qui respire dans sa poitrine, qui coule dans ses veines avec son sang, qui va, vient et se meut avec lui, qui est libre avec lui, qui naît avec lui pour ne mourir qu'avec lui, ce droit imperdable, essentiel, personnel, vivant, sacré (*On rit à droite*), ce droit, qui est le souffle, la chair et l'âme d'un homme, votre loi le prend à l'homme et le transporte à quoi ? À la chose inanimée, au logis, au tas de pierres, au numéro de la maison ! Elle attache l'électeur à la glèbe[1] ! (*Bravos à gauche. – Murmures à droite.*)

---

1. Les errants, migrants et autres nomades étaient fort mal vus par la société encore très traditionnelle du milieu du XIXe siècle, notamment par ses élites bourgeoises, attachées à un idéal de notabilité locale fondé notamment sur la propriété patrimoniale du

Je continue :

Elle entreprend, elle accomplit, comme la chose la plus simple du monde, cette énormité, de faire supprimer par le mandataire le titre du mandant[1]. (*Mouvement.*) Quoi encore ? Elle chasse de la cité légale des classes entières de citoyens, elle proscrit en masse de certaines professions libérales, les artistes dramatiques, par exemple, que l'exercice de leur art contraint à changer de résidence à peu près tous les ans.

À DROITE. – Les comédiens dehors ! Eh bien ! tant mieux.

M. VICTOR HUGO. – Je constate, et le *Moniteur* constatera que, lorsque j'ai déploré l'exclusion d'une classe de citoyens digne entre toutes d'estime et d'intérêt, de ce côté on a ri et on a dit : Tant mieux !

À DROITE. – Oui ! oui !

M. TH. BAC[2]. – C'est l'excommunication qui revient. Vos pères jetaient les comédiens hors de l'Église, vous faites mieux, vous les jetez hors de la société ! (*Très bien ! à gauche.*)

À DROITE. – Oui ! oui !

M. VICTOR HUGO. – Passons. Je continue l'examen de votre loi : elle assimile, elle identifie l'homme

---

domicile, facteur de stabilité. Or ces nomades, qu'on accusait volontiers de tous les maux, s'accroissaient prodigieusement sous les effets conjugués de l'exode rural, des migrations saisonnières, du chômage qui poussait les ouvriers à chercher de ville en ville un emploi, et du début de l'immigration de main-d'œuvre étrangère. Ils furent les principales victimes de la loi du 31 mai. Hugo voit dans ce privilège accordé à la stabilité locale une régression politique : la loi « attache l'électeur à la glèbe » comme la féodalité le faisait du serf.

1. Les députés, qui tiennent leur fonction de leurs électeurs, s'arrogent le droit de supprimer une partie d'entre eux. Il y a là comme un scandale logique, autant que politique. **2.** Avocat, en 1848 commissaire du Gouvernement provisoire (préfet) en Haute-Vienne, il fut élu à la Législative en 1849 sur les listes « démocs-socs ». Il fera partie (avec Hugo) des 66 députés proscrits par décret de Louis Bonaparte pour avoir tenté de soulever le peuple parisien contre le coup d'État du 2 décembre. Il ne rentrera en France qu'en 1868, année de sa mort.

condamné pour délit commun et l'écrivain frappé pour délit de presse. (*À droite : Elle fait bien !*) Elle les confond dans la même indignité et dans la même exclusion. (*À droite ! Elle a raison !*) De telle sorte que si Voltaire vivait, comme le présent système, qui cache sous un masque d'austérité transparente son intolérance religieuse et son intolérance politique (*Mouvement*), ferait certainement condamner Voltaire pour offense à la morale publique et religieuse... (*À droite : Oui ! oui ! et l'on ferait très bien !... – M. Thiers et M. de Montalembert s'agitent sur leur banc*[1].)

M. TH. BAC. – Et Béranger[2] ! il serait indigne !

AUTRES VOIX. – Et M. Michel Chevalier[3] !

M. VICTOR HUGO. – Je n'ai voulu citer aucun vivant. J'ai pris un des plus grands et des plus illustres noms qui soient parmi les peuples, un nom qui est une gloire de la France, et je vous dis : Voltaire tomberait sous votre loi, et vous auriez sur la liste des exclusions et des indignités le repris de justice Voltaire ! (*Long mouvement.*)

À DROITE. – Et ce serait très bien ! (*Inexprimable agitation sur tous les bancs.*)

---

1. Montalembert, longtemps considéré comme catholique libéral, et surtout Thiers, voltairien athée, pourfendeur des jésuites sous la monarchie de Juillet, ne pouvaient qu'être fort gênés de voir leurs troupes honnir le grand philosophe des Lumières. Hugo cherche, et réussit souvent, à rendre manifeste le caractère contre nature et purement tactique de l'alliance des libéraux orléanistes, qui acceptent les Lumières et 1789, et des cléricaux contre-révolutionnaires, qui refusent la société moderne. **2.** Poète et chansonnier, très populaire sous la Restauration et la monarchie de Juillet, un des principaux artisans de la légende napoléonienne ; il avait été emprisonné sous la Restauration pour ses chansons antimonarchiques et antireligieuses. Louis Bonaparte recherchait son soutien. **3.** Ingénieur et économiste, il avait adhéré au saint-simonisme dont il avait dirigé le journal (*Le Globe*), ce qui lui avait valu une condamnation en 1832. Adversaire des socialistes quarante-huitards et surtout de Louis Blanc, il saluera le coup d'État de Louis Bonaparte comme l'aurore d'une ère nouvelle. Nommé conseiller d'État puis sénateur par Napoléon III, il sera parmi les économistes les plus influents de l'Empire, et préparera notamment le traité libre-échangiste de 1860 entre la France et l'Angleterre.

M. VICTOR HUGO *reprend* : – Ce serait très bien, n'est-ce pas ? Oui, vous auriez sur vos listes d'exclus et d'indignes le repris de justice Voltaire (*Nouveau mouvement*), ce qui ferait grand plaisir à Loyola[1] ! (*Applaudissements à gauche et longs éclats de rire.*)

Que vous dirai-je ? Cette loi construit, avec une adresse funeste, tout un système de formalités et de délais qui entraînent des déchéances. Elle est pleine de pièges et de trappes où se perdra le droit de trois millions d'hommes[2] ! (*Vive sensation.*) Messieurs, cette loi viole, ceci résume tout, ce qui est antérieur et supérieur à la Constitution, la souveraineté de la nation. (*Oui ! oui !*)

Contrairement au texte formel de l'article 1er de cette Constitution[3], elle attribue à une fraction du peuple l'exercice de la souveraineté qui n'appartient qu'à l'universalité des citoyens, et elle fait gouverner féodalement trois millions d'exclus par six millions de privilégiés. Elle institue des ilotes[4] (*Mouvement*), fait monstrueux ! Enfin, par une hypocrisie qui est en même temps une suprême ironie, et qui, du reste, complète admirablement l'ensemble des sincérités régnantes, lesquelles appellent les proscriptions romaines amnisties, et la servitude de l'enseignement liberté[5] (*Bravo !*), cette loi continue de donner à ce suffrage restreint, à ce suffrage mutilé, à ce suffrage privilégié, à ce suffrage des domiciliés, le nom de suffrage universel ! Ainsi, ce que nous discutons en ce moment, ce que je discute, moi, à cette tribune, c'est la loi du suffrage universel ! Messieurs, cette loi, je ne dirai pas, à Dieu ne plaise ! que c'est Tartuffe qui l'a

---

1. Voir texte 5, p. 125, note 3. **2.** Estimation à peu près exacte : le corps électoral passa de 9 600 000 à 6 800 000 environ. **3.** L'article premier de la constitution républicaine du 4 novembre 1848 stipule : « La souveraineté réside dans l'universalité des citoyens français. – Elle est inaliénable et imprescriptible. – Aucun individu, aucune fraction du peuple ne peut s'en attribuer l'exercice. » **4.** Dans l'antiquité grecque, ces habitants de Laconie avaient été réduits en esclavage par Sparte, et ne disposaient pas du droit de cité. **5.** Voir le texte 5 et la note 1 de la p. 125.

faite, mais j'affirme que c'est Escobar[1] qui l'a baptisée. (*Vifs applaudissements et hilarité sur tous les bancs.*)

Eh bien ! j'y insiste : avec toute cette complication de finesses, avec tout cet enchevêtrement de pièges, avec tout cet entassement de ruses, avec tout cet échafaudage de combinaisons et d'expédients, savez-vous si, par impossible, elle est jamais appliquée, quel sera le résultat de cette loi ? Néant. (*Sensation.*)

Néant pour vous qui la faites. (*À droite : C'est notre affaire !*)

C'est que, comme je vous le disais tout à l'heure, votre projet de loi est téméraire, violent, monstrueux, mais il est chétif. Rien n'égale son audace, si ce n'est son impuissance. (*Oui ! c'est vrai !*)

Ah ! s'il ne faisait pas courir à la paix publique l'immense risque que je viens de signaler à cette grande assemblée, je vous dirais : Mon Dieu ! qu'on le vote ! Il ne pourra rien et il ne fera rien. Les électeurs maintenus vengeront les électeurs supprimés. La réaction aura recruté pour l'opposition. Comptez-y. Le souverain mutilé sera un souverain indigné. (*Vive approbation à gauche.*)

Allez, faites ! retranchez trois millions d'électeurs, retranchez-en quatre, retranchez-en huit millions sur neuf. Fort bien, le résultat sera le même pour vous, sinon pire. (*Oui ! oui !*) Ce que vous ne retrancherez pas, ce sont vos fautes (*Mouvement*) ; ce sont tous les contresens de votre politique de compression[2] ; c'est votre incapacité fatale (*Rires au banc des ministres*) ; c'est votre ignorance du pays actuel ; c'est l'antipathie qu'il vous inspire et l'antipathie que vous lui inspirez. (*Nouveau mouvement.*) Ce que vous ne retrancherez pas, c'est le temps qui marche, c'est l'heure qui sonne, c'est la terre qui tourne, c'est le mouvement ascendant des idées, c'est la progression décroissante des pré-

---

1. Escobar y Mendoza, jésuite espagnol du XVIIe siècle, attaqué par Pascal dans ses *Provinciales* et dont le nom était devenu synonyme d'hypocrisie. **2.** Voir p. 135, note 2.

jugés, c'est l'écartement de plus en plus profond entre le siècle et vous, entre les jeunes générations et vous, entre l'esprit de liberté et vous, entre l'esprit de philosophie et vous. (*Très bien ! très bien !*)

Ce que vous ne retrancherez pas, c'est ce fait invincible, que, pendant que vous allez d'un côté, la nation va de l'autre, que ce qui est pour vous l'orient est pour elle le couchant, et que vous tournez le dos à l'avenir, tandis que ce grand peuple de France, la face tout inondée de lumière par l'aube de l'humanité nouvelle qui se lève, tourne le dos au passé ! (*Explosion de bravos à gauche.*)

Tenez, faites votre sacrifice ! Que cela vous plaise ou non, le passé est le passé. (*Bravos.*) Essayez de raccommoder ses vieux essieux et ses vieilles roues ; attelez-y dix-sept hommes d'état si vous voulez. (*Rire universel.*) Dix-sept hommes d'état de renfort ! (*Nouveaux rires prolongés.*) Traînez-le au grand jour du temps présent, eh bien ! quoi ! ce sera toujours le passé ! On verra mieux sa décrépitude, voilà tout. (*Rires et applaudissements à gauche. – Murmures à droite.*)

Je me résume et je finis :

Messieurs, cette loi est invalide, cette loi est nulle, cette loi est morte même avant d'être née. Et savez-vous ce qui la tue ? C'est qu'elle ment ! (*Profonde sensation.*) C'est qu'elle est hypocrite dans le pays de la franchise, c'est qu'elle est déloyale dans le pays de l'honnêteté ! C'est qu'elle n'est pas juste, c'est qu'elle n'est pas vraie, c'est qu'elle cherche en vain à créer une fausse justice et une fausse vérité sociales ! Il n'y a pas deux justices et deux vérités : il n'y a qu'une justice, celle qui sort de la conscience, et il n'y a qu'une vérité, celle qui vient de Dieu ! Hommes qui nous gouvernez, savez-vous ce qui tue votre loi ? C'est qu'au moment où elle vient furtivement dérober le bulletin, voler la souveraineté dans la poche du faible et du pauvre, elle rencontre le regard sévère, le regard terrible de la probité nationale ! lumière foudroyante sous laquelle votre œuvre de ténèbres s'évanouit. (*Mouvement prolongé*.)

Tenez, prenez-en votre parti. Au fond de la conscience de tout citoyen, du plus humble comme du plus grand, au fond de l'âme – j'accepte vos expressions – du dernier mendiant, du dernier vagabond, il y a un sentiment sublime, sacré, indestructible, incorruptible, éternel, le droit ! (*Sensation*) ce sentiment, qui est l'élément de la raison de l'homme ; ce sentiment qui est le granit de la conscience humaine ; le droit, voilà le rocher sur lequel viennent échouer et se briser les iniquités, les hypocrisies, les mauvais desseins, les mauvaises lois, les mauvais gouvernements ! Voilà l'obstacle caché, invisible, obscurément perdu au plus profond des esprits, mais incessamment présent et debout, auquel vous vous heurterez toujours, et que vous n'userez jamais, quoi que vous fassiez ! (*Non ! non !*) Je vous le dis, vous perdez vos peines. Vous ne le déracinerez pas ! vous ne l'ébranlerez pas ! Vous arracheriez plutôt l'écueil du fond de la mer que le droit du cœur du peuple ! (*Acclamations à gauche*.)

Je vote contre le projet de loi. (*La séance est suspendue au milieu d'une inexprimable agitation*.)

7

LES CAVES DE LILLE
Février-mars 1851

La sensibilité de Hugo à la misère populaire est ancienne, et profonde. En juillet 1849 il a prononcé à l'Assemblée législative un discours remarqué (et embarrassant) sur ce sujet[1]. *Mais la misère que Hugo connaît directement c'est surtout, plus que celle de l'atelier, celle de la rue. Celle qui s'offre aux regards du promeneur parisien, en ces temps d'avant Haussmann où les pauvres n'ont pas encore été refoulés vers la périphérie : la misère des gamins errants, des prostituées du trottoir, le scandale permanent du luxe de la capitale mis en présence du plus extrême dénuement (voir « Sur le Bal de l'Hôtel de Ville » (1833), dans* Les Chants du crépuscule*). C'est aussi la misère des prisons : outre l'attention qu'il porte aux faits divers et aux études menées sur la condition pénitentiaire, dont* Le Dernier Jour d'un condamné *(1829) et* Claude Gueux *(1834) portent la marque, il prend directement contact avec l'univers carcéral : le voyageur visite les bagnes de Brest et de Toulon, le pair de France se fait ouvrir les portes d'une prison de la capitale. Mais c'est peut-être de février 1851 qu'on peut dater le pre-*

1. Voir p. 22, note 2, et p. 122, note 1.

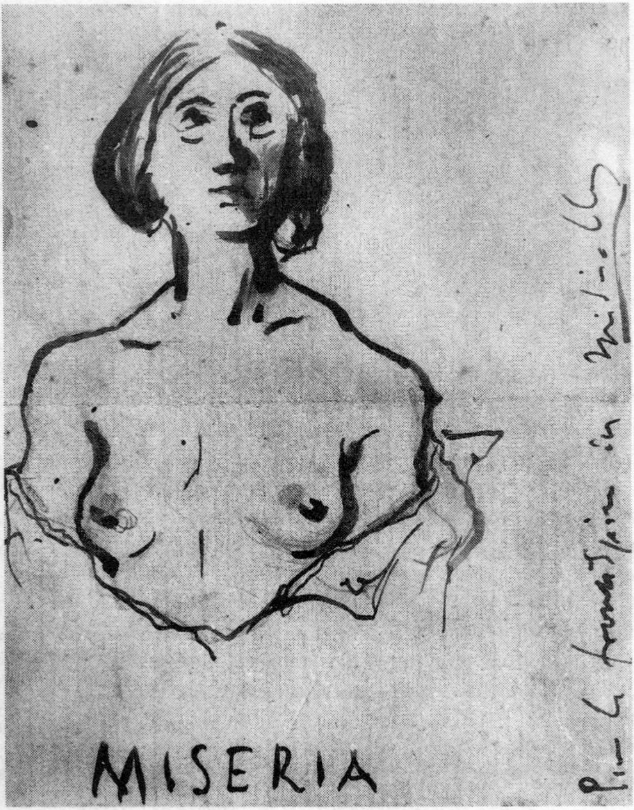

Miseria : dessin à l'encre de Chine de Victor Hugo pour le frontispice des *Misérables*.

mier reportage *de Hugo sur la misère atroce et banale, domestique et laborieuse, des familles ouvrières. Il accepte alors l'invitation d'un confrère de l'Institut, Adolphe Blanqui, qui le prie de venir* voir *les quartiers prolétaires de Lille. Au retour, il prépare un discours pour l'Assemblée, discours qu'il ne prononcera pas bien qu'il fût entièrement rédigé fin mars. Mais deux ans plus tard le discours politique est transmué en élégie violente, et devient « Joyeuse vie » (« Un jour je descendis dans les caves de Lille... »), pièce de* Châtiments *qui oppose au luxe des nouveaux puissants la misère des familles d'ouvriers, et qui reprend la plupart des « choses vues » de ce texte.*

La condition ouvrière entrevue ici par Hugo est celle de l'industrie textile domestique, où chaque famille travaille à domicile, sous la coupe d'un traitant. Industrie d'Ancien Régime en quelque sorte, qui va bientôt laisser place à l'industrie des usines. Quoi qu'on en dise souvent le Second Empire, qui accompagnera et encouragera cette concentration industrielle, ne verra pas systématiquement et partout s'améliorer la condition ouvrière. La grande industrie, surtout textile, de la métropole du Nord sera alors une de celles qui ménagent les conditions les plus inhumaines à sa main-d'œuvre. « Effroyable, écrit l'historien Alain Plessis, est le sort des ouvriers employés par la grande industrie lilloise, qui sont pour une bonne part des Belges venus des Flandres. La journée de travail dure 13 ou 15 heures, l'âpreté de la concurrence pousse même les industriels à rogner le temps consacré aux repas, considéré comme du "temps perdu", et à forcer les salariés à manger tout en travaillant. Ce, pour un salaire quotidien de 2,50 F environ[1]*, bien insuffisant pour faire subsister une famille, d'autant qu'il est souvent amputé du montant des amendes ou des frais d'éclairage de l'usine. Les femmes doivent elles aussi entrer à la manufacture, qui leur fait d'autant plus*

1. À peu près 60 de nos francs.

volontiers une place qu'on les paie moins encore (1,50 F au plus[1]*). Et même les enfants très jeunes sont happés par la fabrique, malgré la loi de 1841*[2] *et les efforts de l'inspecteur du travail, et ils sont astreints à d'aussi longues journées de travail. Pour eux, nul apprentissage (qui eût été trop onéreux pour les parents). Au mieux, ils vont à l'école de midi à 13 heures, mais, déjà exténués par six ou sept heures de labeur dans le bruit assourdissant des machines, que peuvent-ils apprendre tout en déjeunant dans ces "classes de midi" ? »*

Victor Hugo était de ce temps-là[3].

[...] Messieurs, quand nous sommes allés à Lille, mes honorables compagnons de voyage et moi, la loi des logements insalubres[4] y avait passé ; voici ce qu'elle avait laissé derrière elle, voici ce que nous avons trouvé :

La première cave où nous nous sommes présentés

---

1. Moins de 40 de nos francs. **2.** Cette loi interdisait le travail des enfants de moins de 8 ans dans les usines de plus de vingt ouvriers et limitait leur journée de travail à 8 heures ; longtemps, elle ne fut guère appliquée. En 1847, Hugo avait préparé un discours à la Chambre des pairs sur ce sujet, qu'il ne prononça pas (voir *Choses vues*, et aussi « Melancholia », dans *Les Contemplations*). **3.** Nous reproduisons de larges extraits du texte de l'édition des *Œuvres complètes de Victor Hugo*, Ollendorf puis Albin Michel, dite « de l'Imprimerie nationale » (1901-1952). **4.** Sur proposition d'Armand de Melun (homme de droite, catholique et philanthrope, qui était déjà à l'origine de la discussion sur la misère en juillet 1849 pendant laquelle Hugo avait prononcé un discours remarqué), cette loi fut adoptée le 13 avril 1850. Pour l'essentiel, elle renvoyait la question à l'échelon communal : outre quelques mesures fiscales incitatives, elle autorisait les municipalités qui en feraient la demande à constituer une commission d'inspection des logements. Pendant la discussion de la loi, les caves de Lille avaient été plusieurs fois évoquées.

est située Cour à l'eau, n° 2. Je vous dis l'endroit. Bien que la porte fût toute grande ouverte au soleil depuis le matin, car c'était une belle journée de février, il sortait de cette cave une odeur tellement infecte, l'air y était tellement vicié que, sur sept visiteurs que nous étions, nous ne fûmes que trois qui pûmes y descendre. Un quatrième qui s'y hasarda ne put dépasser le milieu de l'escalier, et de même que cela était arrivé en 1848 au préfet de Lille accompagnant M. Blanqui [1], il s'arrêta comme asphyxié au seuil de la cave et fut obligé de remonter précipitamment.

Nous trouvâmes dans cette cave au pied de l'escalier une vieille femme et un tout jeune enfant. Cette cave était si basse qu'il n'y avait qu'un seul endroit où l'on pût s'y tenir debout, le milieu de la voûte. Des cordes sur lesquelles étaient étalés de vieux linges mouillés interceptaient l'air dans tous les sens. Au fond il y avait deux lits, c'est-à-dire deux coffres en bois vermoulu contenant des paillasses dont la toile, jamais lavée, avait fini par prendre la couleur de la terre.

Pas de draps, pas de couvertures.

Je m'approchai d'un de ces lits, et j'y distinguai dans l'obscurité un être vivant. C'était une petite fille d'environ six ans qui gisait là, malade de la rougeole, toute tremblante de fièvre, presque nue, à peine cou-

---

1. Il s'agit d'Adolphe Blanqui (l'économiste libéral) frère d'Auguste (le socialiste révolutionnaire, surnommé l'Enfermé parce qu'il passa plus de la moitié de sa vie en prison). Sans être aucunement socialiste, Adolphe Blanqui s'inquiétait de la misère populaire, et avait en 1848 écrit une étude sur *La Classe ouvrière en France*. À cette occasion, il avait une première fois visité les caves de Lille. Début février 1851, il écrivait à Hugo : « Je ne saurais vous exprimer combien je suis chagrin de voir le peu d'intérêt qu'inspire à l'Assemblée la grande question du paupérisme. Est-ce parti pris ? est-ce ignorance ? est-ce la difficulté du remède ? L'essentiel serait pourtant de constater le mal. Mais on aime mieux le nier. Si vous êtes décidés, M. de Girardin, vous et quelques nobles cœurs à frapper un grand coup, politique à part, au seul nom sacré de l'humanité qui passe avant la politique, je vous propose de passer un de ces soirs par Lille, d'y passer un *seul* jour et de faire une visite aux caves. »

verte d'un vieux haillon de laine ; par les trous de la paillasse sur laquelle elle était couchée, la paille sortait. Un médecin qui nous accompagnait me fit toucher cette paille. Elle était pourrie.

La vieille femme, qui était la grand'mère, nous dit qu'elle demeurait là avec sa fille qui est veuve et deux autres enfants qui reviennent à la nuit ; qu'elle et sa fille étaient dentellières ; qu'elles payaient dix-huit sous de loyer par semaine, qu'elles recevaient de la ville tous les cinq jours un pain, et qu'à elles deux elles gagnaient dix sous par jour[1].

À côté du lit, près de l'enfant malade, il y avait un grand tas de cendre qui exhalait une odeur repoussante. C'est de la cendre de tourbe que ces malheureuses familles ramassent et vendent pour vivre. Au besoin cette cendre leur sert de lit.

Telle était cette cave.

Messieurs, six créatures humaines, deux femmes et quatre enfants, vivent là !

Plus loin... – je veux ménager les instants de l'Assemblée, je ne citerai que quelques faits. D'après ceux-là, vous jugerez du reste.

Remarquez-le d'ailleurs, messieurs, ces faits ne sont pas des faits choisis exprès, ce sont les premiers faits venus, ceux que le hasard nous a donnés dans une visite qui n'a duré que quelques heures. Ces faits ont au plus haut degré tout le caractère d'une moyenne. Ils sont horribles ; il y en a de plus horribles pourtant, et que je connais ; mais je n'en parlerai pas, car je ne veux citer que ceux que j'ai vus.

Dans une autre cave, cour Ghâ, il y avait quatre enfants seuls. Le père et la mère étaient au travail. L'aînée, une fille de sept ans qui en paraissait cinq, berçait le

1. Soit 50 centimes, environ 10 de nos francs. Mais il vaut mieux rappeler que c'est là à peu près le prix moyen du pain de quatre livres, nécessaire à l'alimentation quotidienne minimale d'un adulte. Il s'agit donc, à la lettre, d'un salaire de misère, de cette misère absolue que, Hugo ne cesse de le rappeler, la société peut et doit impérativement détruire.

plus petit qui pleurait. Les deux autres étaient accroupis à côté de la sœur aînée dans une attitude de stupeur. Messieurs, ces quatre enfants dans cette cave, seuls, vêtus de lambeaux, livides, immobiles, silencieux, accablés, une atmosphère fétide, des guenilles séchant sur des cordes, à terre des flaques d'eau produites par le suintement des eaux de la cour le long des murs de la cave, je renonce à vous donner une idée de cette misère !

Ailleurs, rue des Etaques, nº 14, une allée noire où coulait un ruisseau infect nous a conduits dans une cour étroite bordée de masures. Nous sommes entrés au hasard, j'y insiste, dans la première. Il y avait là une femme qui sanglotait. Cette femme, appelée Eugénie Watteau, a eu deux enfants. L'un est mort à trois mois et demi. L'autre est malade de la maladie de la lymphe[1] dont son frère est mort.

Quant à la mère, elle perd la vue. Les conditions spéciales de travail et l'atmosphère malsaine où vivent ces familles malheureuses engendrent des ophtalmies qui produisent des amauroses[2]. Elle est seule au monde avec son enfant. Elle nous a dit en pleurant : si je travaille, je deviendrai aveugle, si je ne travaille pas, nous mourrons de faim.

Tout à côté, dans la masure voisine, au fond d'une chambre sans meubles, un ouvrier filetier, phtisique[3], homme d'environ trente-cinq ans, était couché sur un grabat. On l'entendait râler du dehors. Vous n'ignorez pas, messieurs, que lorsqu'on ne peut pas prendre les précautions hygiéniques auxquelles l'extrême indigence est forcée de renoncer, certaines industries insalubres, notamment le peignage du lin, développent une certaine espèce de phtisie.

Au-dessus de l'ouvrier malade, au premier étage, car il n'y a pas de solution de continuité, toutes ces douleurs se touchent, pas un anneau ne manque à cette chaîne de

1. Ou lymphangite : infection des vaisseaux et des ganglions lymphatiques, pouvant provoquer furoncles et abcès. 2. Perte totale, généralement soudaine, de la vue. 3. Atteint de phtisie, ancien nom de la tuberculose pulmonaire.

misère qui pèse sur ces populations accablées, nous avons trouvé une femme veuve. Cette femme est épileptique. Elle fait de la dentelle et gagne trois sous par jour. Elle a trois petits enfants. L'aîné gagne quinze sous par semaine, le second ne travaille pas encore, l'autre, qui est une fille, est *affligée*, nous dit la mère, ce qui signifie scrofuleuse [1]. Ils couchent tous les quatre, la mère et les enfants, sur une paillasse qui est là. Ils n'ont ni draps, ni couvertures. Ils ne font jamais de feu.

J'ai demandé à cette veuve : De quoi vivez-vous ? Elle m'a répondu : – Quand nous avons du pain, nous mangeons.

Je m'arrête, messieurs, je ne veux pas multiplier, à moins que des contradictions imprudentes ne m'y forcent, ces douloureux détails. Représentez-vous pourtant des rues, des rues entières où l'on rencontre à chaque pas de ces spectacles-là, où palpite partout, sous toutes les formes, la détresse la plus lamentable. Nous ne sommes restés qu'un jour à Lille, mes compagnons de route et moi ; nous avons été devant nous au hasard, je le répète, dans ces quartiers malheureux ; nous sommes entrés dans les premières maisons venues. Eh bien ! nous n'avons pas entr'ouvert une porte sans trouver derrière cette porte une misère – quelquefois une agonie.

Figurez-vous ces caves dont rien de ce que je vous ai dit ne peut vous donner l'idée ; figurez-vous ces cours qu'ils appellent des *courettes*, resserrées entre de hautes masures, sombres, humides, glaciales, méphitiques [2], pleines de miasmes stagnants, encombrées d'immondices, les fosses d'aisance à côté des puits !

Hé mon Dieu ! ce n'est pas le moment de chercher des délicatesses de langage [3] !

---

1. Atteinte de scrofules, lésions de la peau le plus souvent d'origine tuberculeuse. **2.** Saturées d'exhalaisons toxiques. **3.** Hugo connaît son auditoire, pétri de convenances et imbu d'une certaine idée du beau langage. Il prévoit ici, comme à plusieurs reprises dans ce discours *non prononcé*, les exclamations, les interruptions et les dénégations des députés de droite.

Figurez-vous ces maisons, ces masures habitées du haut en bas, jusque sous terre, les eaux croupissantes filtrant à travers les pavés dans ces tanières où il y a des créatures humaines. Quelquefois jusqu'à dix familles dans une masure, jusqu'à dix personnes dans une chambre, jusqu'à cinq ou six dans un lit, les âges et les sexes mêlés, les greniers aussi hideux que les caves, des galetas où il entre assez de froid pour grelotter et pas assez d'air pour respirer !

Je demandais à une femme de la rue du Bois-Saint-Sauveur : pourquoi n'ouvrez-vous pas les fenêtres ? – elle m'a répondu : – parce que les châssis sont pourris et qu'ils nous resteraient dans les mains. – J'ai insisté : – vous ne les ouvrez donc jamais ? – Jamais, monsieur !

Figurez-vous la population maladive et étiolée, des spectres au seuil des portes, la virilité retardée, la décrépitude précoce, des adolescents qu'on prend pour des enfants, de jeunes mères qu'on prend pour de vieilles femmes, les scrofules, le rachis[1], l'ophtalmie, l'idiotisme[2], une indigence inouïe, des haillons partout, on m'a montré comme une curiosité une femme qui avait des boucles d'oreilles d'argent !

Et au milieu de tout cela le travail sans relâche, le travail acharné, pas assez d'heures de sommeil, le travail de l'homme, le travail de la femme, le travail de l'âge mûr, le travail de la vieillesse, le travail de l'enfance, le travail de l'infirme, et souvent pas de pain, et souvent pas de feu, et cette femme aveugle, entre ses deux enfants dont l'un est mort et l'autre va mourir, et ce filetier phtisique agonisant, et cette mère épileptique qui a trois enfants et qui gagne trois sous par jour !

---

1. Ou plus exactement le rachitisme, trouble de la croissance qui produit des déformations du squelette, et notamment de la colonne vertébrale (rachis). **2.** Absence congénitale d'intelligence, liée à un défaut de développement du cerveau (Littré). La plupart de ces maladies sont liées directement à une sous-alimentation chronique, et tendront à disparaître dans la seconde moitié du siècle.

Figurez-vous tout cela, et si vous vous récriez, et si vous doutez, et si vous niez...

Ah ! vous niez ! Eh bien, dérangez-vous quelques heures, venez avec nous, incrédules[1] et nous vous ferons voir de vos yeux, toucher de vos mains les plaies, les plaies saignantes de ce Christ qu'on appelle le peuple !

Ah ! messieurs ! je ne fais injure au cœur de personne, si ceux qui s'irritent à mes paroles en ce moment avaient vu ce que j'ai vu, s'ils avaient vu comme moi de malheureux enfants vêtus de guenilles mouillées qui ne sèchent pas de tout l'hiver, d'autres qui ont toujours envie de dormir parce que, pour gagner leurs trois ou quatre misérables sous par jour, on les arrache de trop bonne heure à leur sommeil[2], d'autres qui ont toujours faim et qui, s'ils trouvent dans la rue, dans la boue, des feuilles vertes, les essuient et les mangent, s'ils avaient vu les pères et les mères de ces pauvres petits êtres, qui souffrent bien plus encore, car ils souffrent dans eux-mêmes et dans leurs enfants, s'ils avaient vu cela comme moi, ils auraient le cœur serré comme je l'ai en ce moment, et, j'en suis sûr, et je leur fais cet honneur d'en être sûr, loin de m'interrompre, ils me soutiendraient, et ils me crieraient : courage ! parlez pour les pauvres !

Car, eh mon Dieu ! pourquoi vous méprenez-vous ? parler pour les pauvres, ce n'est pas parler contre les riches ! À quelque opinion qu'on appartienne, est-ce que ce n'est pas votre avis à tous ? on n'a plus de

---

1. « M. Victor Lefranc est modéré jusqu'à l'extrême. Selon lui, c'était manquer à la modération que d'aller voir les caves de Lille. En février 1851, je le lui proposai. Il refusa » (Victor Hugo). Ce républicain modéré était député des Landes. Opposant à L'Empire, puis député républicain en 1871, il sera rapporteur de la loi de ratification du traité franco-allemand (voir texte 16). **2.** Cf. le célèbre poème des *Contemplations* (1856), « Melancholia » : « Où vont tous ces enfants dont pas un seul ne rit ? / Ces doux êtres pensifs que la fièvre maigrit ? / Ces filles de huit ans qu'on voit cheminer seules ? / Ils s'en vont travailler quinze heures sous des meules... »

passions politiques en présence de ceux qui souffrent ! et on ne se sent plus au fond de soi qu'un cœur qui souffre avec eux et une âme qui prie pour eux !

Messieurs, allez à Rouen, allez à Lyon, à Reims, à Amiens, à Tourcoing, à Roubaix, visitez ici, à Paris, visitez à fond nos faubourgs Saint-Antoine et Saint-Marceau, vous y constaterez des faits pareils à ceux que je vous ai signalés, des faits pires ! Sortez des villes, explorez les campagnes, là encore, comme vous l'a dit notre honorable collègue M. Arago[1], d'inexprimables dénuements se dresseront devant vous, et vous ne trouverez qu'une chose à comparer aux détresses industrielles, ce sont les détresses agricoles[2]. [...]

Messieurs, on est venu plus d'une fois jeter le cri d'alarme dans cette Assemblée. On vous a dit, comme je viens de le faire, mais à un point de vue autre que le mien, au point de vue du passé, tandis que je me place, moi, au point de vue de l'avenir, on vous a dit que le mal croissait, que le flot montait, que le danger social grandissait d'instant en instant. On a signalé à vos sévérités les plus implacables de grands conspirateurs, de grands coupables, l'esprit de scepticisme, l'esprit de doute, l'esprit d'examen[3]. Eh bien ! moi

---

1. Il s'agit d'Emmanuel Arago (1812-1896), fils de François (1786-1853, le grand astronome, républicain, membre du gouvernement provisoire en 1848) et frère d'Étienne (1802-1892, député de gauche et exilé à Bruxelles après le 13 juin 1849). Commissaire de la république à Lyon au printemps 1848 (où il avait organisé des ateliers nationaux, ce qu'on lui reprocha vivement), puis député « démoc-soc » des Pyrénées-Orientales, opposant sous Napoléon III, il sera ministre de la Justice puis de l'Intérieur dans le gouvernement républicain de Défense nationale (1870-1871).
2. La pression démographique toujours forte malgré l'exode rural commençant, la persistance de la grande propriété malgré la redistribution partielle des terres sous la Révolution, la stagnation des prix agricoles et des rendements maintenaient dans les campagnes une masse de prolétaires et de propriétaires parcellaires qui vivaient dans un dénuement total. **3.** Hugo désigne donc sans doute les orateurs du parti clérical catholique, pour qui l'esprit d'examen relève autant de l'hérésie protestante que de l'esprit des Lumières.

aussi, je viens faire ma dénonciation à cette tribune. Messieurs, je vous dénonce la misère !

Je vous dénonce la misère, qui est le fléau d'une classe et le péril de toutes ! Je vous dénonce la misère qui n'est pas seulement la souffrance de l'individu, qui est la ruine de la société, la misère qui a fait les jacqueries, qui a fait Buzançais[1], qui a fait juin 1848[2] ! Je vous dénonce la misère, cette longue agonie du pauvre qui se termine par la mort du riche !

Législateurs, la misère est la plus implacable ennemie des lois ! Poursuivez-la, frappez-la, détruisez-la !

Car, je ne me lasserai jamais de le redire, on peut la détruire[3] ! la misère n'est pas éternelle !

Non ! je le répète en dépit des murmures, non, elle n'est pas éternelle ! il est dans sa loi de décroître et de disparaître. La misère, comme l'ignorance, est une nuit, et à toute nuit doit succéder le jour.

La force des choses, qui est le travail d'en haut, tend à détruire la misère. Eh bien ! à la force des choses, ajoutons l'effort des hommes, à l'action providentielle, unissons l'action sociale, et nous triompherons.

Il y a, je le sais, un mandement épiscopal où on lit ceci : La misère est nécessaire. Mais il y a Jésus qui a dit : La misère disparaîtra ! *Nec erit egenus nec mendicus inter vos*[4].

---

1. Les mauvaises récoltes de 1846 ayant provoqué une famine digne de l'Ancien Régime, des troubles avaient agité les campagnes. À Buzançais, dans l'Indre, le 28 janvier 1847, les paysans pauvres et les artisans s'étaient révoltés. Un riche fermier ayant tué un émeutier, il fut aussitôt exécuté par la foule. La troupe reprit possession de la ville trois jours plus tard, et trois émeutiers seront guillotinés sur la grand-place, vingt-trois autres condamnés aux travaux forcés. Dans un projet de discours à la Chambre des Pairs, non prononcé, Hugo avait écrit peu après ces événements : « un gouffre s'est entr'ouvert. Il s'est refermé tout de suite mais vous avez eu le temps d'y jeter un coup d'œil. Il est toujours là sous vos pieds, ne l'oubliez pas. » **2.** La grande insurrection ouvrière des 23-26 juin, consécutive à la fermeture par l'Assemblée nouvellement élue des Ateliers nationaux. **3.** Voir texte 5, p. 122, note 1. **4.** « Il n'y aura ni pauvre ni mendiant parmi vous. » Jésus n'a rien dit de tel, puisque la phrase est tirée de l'Ancien

Messieurs, entre le Dieu qui affirme et le prêtre qui nie, qui donc osera dire : je suis pour le prêtre contre le Dieu !

Messieurs, la situation presse, hâtez-vous, avisez ! nous vous adjurons au nom des périls publics.

Ah ! songez-y, quand les temps sont proches, quand l'heure est venue, quand la mesure est comble, savez-vous ce qu'il y a de plus éloquent, ce qu'il y a de plus irrésistible, ce qu'il y a de plus terrible pour commencer les révolutions, ce n'est pas M. Thiers signant la protestation des journalistes de 1830 [1], ce n'est pas M. Odilon Barrot agitant les banquets de 1847 [2], ce n'est pas Chateaubriand, ce n'est pas Lamartine, ce n'est pas même Mirabeau [3], ce n'est pas même Danton, c'est un enfant qui crie à sa mère : j'ai faim !

Testament, Deutéronome, 15, 4 (où il est enjoint aux Hébreux de faire remise de leurs créances tous les sept ans). La lecture sociale, voire socialiste, des Écritures est un aspect caractéristique de l'esprit quarante-huitard.

1. Contre l'ordonnance de Charles X qui suspendait la liberté de la presse ; cette protestation fut déterminante dans le déclenchement de la révolution de Juillet 1830. **2.** Campagne nationale pour l'élargissement du droit de vote, qui allait déboucher sur la révolution de Février. Le banquet, réunion privée, permettait de tourner la loi de 1835 interdisant les réunions publiques à caractère politique. **3.** En 1834, Hugo lui avait consacré une étude admirative, recueillie dans *Littérature et philosophie mêlées*.

8

PROCLAMATION À L'ARMÉE
3 décembre 1851

Dans la nuit du 1er au 2 décembre 1851 le président de la République Louis Bonaparte déclenche les opérations du coup d'État qui va établir son pouvoir personnel. Police, gendarmerie et forces armées procèdent à de nombreuses arrestations et prennent possession de l'Assemblée, déclarée dissoute. Si Dupin, président de la Chambre, s'incline sans barguigner, deux cent vingt députés de la droite libérale protestent hautement, et prononcent dans les formes la déchéance de Louis Bonaparte. Mais le jour même, ils sont mis hors de course et conduits en prison pour quelque temps. En revanche, un groupe d'une soixantaine de députés de gauche plonge dans la clandestinité et anime pendant plusieurs jours la résistance, diffusant des proclamations et tentant de soulever les quartiers populaires contre le président félon. Mais la répression de l'émeute de juin 1848 a décapité, désarmé et démoralisé les faubourgs parisiens, sans lesquels aucune insurrection n'est possible. Beaucoup d'ouvriers n'éprouvent aucun enthousiasme à l'idée de défendre au péril de leur vie une Assemblée qui, trois ans plus tôt, a fusillé et déporté massivement les leurs. Certains pourtant répondent à l'appel, des barricades se dressent, et en province plusieurs régions se soulèvent à l'annonce du coup d'État. Cette résistance a surpris les bonapartistes (et tous les conservateurs), en révélant un attachement à la République plus large et plus profond qu'on ne l'imaginait. Elle a aussi accru la brutalité de l'opération, dont le souvenir sanglant pèsera lourd sur le nouveau régime.

Le représentant Victor Hugo fut l'un des principaux acteurs de ce mouvement de résistance républicaine dans la capitale. De réunions en barricades, il participa à la rédaction de plusieurs proclamations, et fut semble-t-il l'unique auteur de cet appel à l'armée. Le coup d'État du 2 décembre pose en effet dans toute sa crudité une question qui taraudera longtemps les républicains, et resurgira régulièrement dans l'histoire de la France contemporaine : comment faire une armée de citoyens ? comment conjurer le risque de son dévoiement dans l'obéissance passive, masse de manœuvre coupée de la nation et soumise aux ordres de ses chefs, quels que soient ces ordres et quels que soient ces chefs[1] *?*

Soldats !

Un homme vient de briser la Constitution, il déchire le serment qu'il avait prêté au peuple, supprime la loi, étouffe le droit, ensanglante Paris, garrotte la France, trahit la République.

Soldats, cet homme vous engage dans le crime.

Il y a deux choses saintes : le drapeau qui représente l'honneur militaire et la loi qui représente le droit

1. Nous reproduisons le texte de l'édition originale d'*Actes et Paroles I, Avant l'exil*, Paris, Michel Lévy, 1875. Voir également *Napoléon-le-Petit, Histoire d'un crime*, et *Châtiments*, en particulier « À l'Obéissance passive » (« Ô soldats de l'an II ! ô guerres ! épopées ! »).

national. Soldats ! le plus grand des attentats, c'est le drapeau levé contre la loi.

Ne suivez pas plus longtemps le malheureux qui vous égare. Pour un tel crime, les soldats français sont des vengeurs, non des complices.

Livrez à la loi ce criminel. Soldats ! c'est un faux Napoléon. Un vrai Napoléon vous ferait recommencer Marengo[1] ; lui, il vous fait recommencer Transnonain[2].

Tournez vos yeux sur la vraie fonction de l'Armée française. Protéger la patrie, propager la révolution, délivrer les peuples, soutenir les nationalités, affranchir le continent, briser les chaînes partout, défendre partout le droit, voilà votre rôle parmi les armées d'Europe ; vous êtes dignes des grands champs de bataille.

Soldats ! l'armée française est l'avant-garde de l'humanité.

Rentrez en vous-mêmes, réfléchissez, reconnaissez-vous, relevez-vous. Songez à vos généraux arrêtés, pris au collet par des argousins et jetés, menottes aux mains, dans la cellule des voleurs[3]. Le scélérat qui est à l'Élysée croit que l'armée de la France est une bande du Bas-Empire, qu'on la paie et qu'on l'enivre et qu'elle obéit ! Il vous fait faire une besogne infâme ; il vous fait égorger, en plein dix-neuvième siècle et dans Paris même, la liberté, le progrès, la civilisation ; il vous fait détruire, à vous enfants de la France, ce que la France a si glorieusement et si péniblement construit

---

1. Village d'Italie du nord où Bonaparte remporta *in extremis* une victoire décisive sur les Autrichiens, le 14 juin 1800. 2. Les 13 et 14 avril 1834 des sociétés secrètes républicaines tentèrent de soulever Paris et Lyon. Les troupes de Bugeaud engagées contre les émeutiers pénétrèrent dans un immeuble de la rue Transnonain (près des Halles), et en massacrèrent tous les habitants, de paisibles petits-bourgeois. Cet épisode, qui donna lieu à un dessin célèbre du caricaturiste Daumier, marqua durablement les consciences. 3. Louis Bonaparte devant s'assurer la docilité des cadres de l'armée, le premier acte du coup d'État fut l'arrestation, dans la nuit du 1er au 2 décembre, des officiers supérieurs résidant à Paris et connus pour leurs opinions républicaines ou monarchistes.

en trois siècles de lumière et en soixante ans de révolution ! Soldats, si vous êtes la grande armée, respectez la grande nation.

Nous, citoyens, nous, représentants du peuple et vos représentants, — nous, vos amis, vos frères, nous qui sommes la loi et le droit, nous, qui nous dressons devant vous en vous tendant les bras et que vous frappez aveuglément de vos épées, savez-vous ce qui nous désespère, ce n'est pas de voir notre sang qui coule, c'est de voir votre honneur qui s'en va.

Soldats ! un pas de plus dans l'attentat, un jour de plus avec Louis Bonaparte, et vous êtes perdus devant la conscience universelle. Les hommes qui vous commandent sont hors la loi ; ce ne sont pas des généraux, ce sont des malfaiteurs ; la casaque des bagnes les attend. Vous soldats, il en est temps encore, revenez à la patrie, revenez à la République. Si vous persistiez, savez-vous ce que l'histoire dirait de vous ? Elle dirait : « Ils ont foulé aux pieds de leurs chevaux et écrasé sous les roues de leurs canons toutes les lois de leur pays ; eux, des soldats français, ils ont déshonoré l'anniversaire d'Austerlitz [1] ; et, par leur faute, par leur crime, il dégoutte aujourd'hui du nom de Napoléon sur la France autant de honte qu'il en a autrefois découlé de gloire ! »

Soldats français, cessez de prêter main forte au crime !

Pour les représentants du peuple restés libres, le représentant membre du comité de résistance,

VICTOR HUGO.

---

1. Louis Bonaparte avait volontairement choisi pour réaliser son coup d'État la date du 2 décembre, anniversaire du sacre de Napoléon Ier (1804) et de la fameuse victoire d'Austerlitz (1805). Pour les mêmes raisons, le Second Empire sera proclamé le 2 décembre 1852. Mais, comme l'annonce Hugo (et en partie grâce à lui), cette date rappelle désormais avant tout, dans la conscience historique collective, le coup de force de 1851.

9

NAPOLÉON-LE-PETIT
Livre huitième : « Le Progrès inclus dans le coup d'État »
Bruxelles — Août 1852

À Bruxelles, où il réside de décembre 1851 à août 1852, Hugo, proscrit par un décret de janvier avec 65 autres députés, poursuit par la plume son combat contre le coup d'État. Il commence d'en écrire l'histoire, puis ajourne ce qui deviendra Histoire d'un crime *(achevé et publié seulement en 1877), pour écrire d'un jet, du 14 juin au 12 juillet, ce pamphlet vengeur et énergique, noir et drôle, par moments presque allègre :* Napoléon-le-Petit. *Ce n'est pas un vaincu qui parle ici, et l'heure n'est pas (encore) à la mélancolie. Car aux yeux de beaucoup, et pas seulement des républicains, le régime de Louis Napoléon n'est pas fait pour durer. Et le succès immédiat et considérable que rencontre ce petit livre, introduit clandestinement en France et vendu sous le manteau, laisse bien augurer de la ténacité de l'opposition. Opposition qu'il a à charge de revigorer. Si l'on en croit Michelet, il y réussit : « Je le lis, écrit en septembre à son gendre cet exilé de l'intérieur ; j'en suis saisi jusqu'aux entrailles. Je lui en garde une reconnaissance éternelle. »*

Il n'empêche : Bonaparte a vaincu. Pis encore : son

crime a été absous par le suffrage, et le criminel d'État peut se targuer de la légitimité populaire. L'avenir serait-il mort ? Coup de force de l'espérance, foi indéfectible dans un Progrès d'essence providentielle, aptitude à saisir les « ruses de la raison » historique – ces qualités étaient bien nécessaires pour soutenir un tel paradoxe : le Deux-Décembre ne constitue qu'en apparence une régression sur la voie de la vraie République. L'atrocité du coup d'État, l'infamie du régime qu'il met en place, dissipent définitivement le mirage napoléonien (Hugo est assez bien placé pour évoquer la puissance idéologique de ce mirage) et laisse le champ libre à la République. Voilà ce que doivent comprendre les Républicains, les amoureux sincères de l'avenir, au lieu de se laisser aller aux charmes émollients du ressassement et de la mélancolie. Encourager à la résistance, ce n'est pas grincer des dents dans l'ombre ; c'est donner des raisons plausibles d'espérer.

Non seulement le coup d'État sert, au fond, la République, mais il démontre par l'absurde la nature d'un régime authentiquement républicain. Ce livre de Napoléon-le-Petit *contient un véritable* programme *politique, chose fort rare dans l'œuvre de Hugo. Programme qui, tirant les leçons du Deux-Décembre, préconise une refonte radicale de l'État. Décentralisation administrative au profit d'une fédération de communes largement autonomes ; substitution du jury populaire et des juges élus à la magistrature professionnelle et inamovible ; garde nationale citoyenne au lieu de l'armée permanente ; séparation totale de l'Église et de l'État. Ces principes seront repris par tous les républicains de gauche durant l'Empire. En 1869, moment où les Républicains semblent en mesure d'emporter les élections, ils constitueront l'essentiel des professions de foi électorales non seulement d'un Gambetta, mais tout autant d'un Jules Ferry. Et c'est principalement leur application que réclameront les communards.*

Victor Hugo à Jersey : « Victus, sed Victor ».
Photographie de Charles Hugo, 1854.

*Car « l'expérience, une expérience chèrement acquise » (Jules Ferry), avait appris aux républicains quarante-huitards comme aux futurs Pères fondateurs de la III*e *République, militants en butte à toutes les exactions ou, au moins, à toutes les pressions et tracasseries du régime impérial, que l'État n'était pas* en soi *l'auxiliaire indéfectible et naturel d'une libre démocratie. C'est peu de dire que l'expérience historique de ces républicains ne les avait pas prédisposés à avoir la religion de l'État. Pour eux, le centralisme administratif, notamment, constituait moins l'héritage sacré de la Révolution française qu'un monument du despotisme impérial, un « legs fait par le Bas-Empire à l'Ancien Régime, qui le transmit au Consulat*[1] *»*[2].

I. LA QUANTITÉ DE BIEN QUE CONTIENT LE MAL[3].

Parmi nous, démocrates, l'événement du 2 décembre a frappé de stupeur beaucoup d'esprits sincères. Il a déconcerté ceux-ci, découragé ceux-là, consterné plusieurs. J'en ai vu qui s'écriaient : *Finis Poloniæ*[4] *!* Quant à moi, puisque à de certains moments il faut dire *Je*, et parler devant l'histoire comme un témoin, je le proclame, j'ai vu cet événement sans trouble. Je dis plus, il y a des moments où, en présence du Deux-Décembre, je me déclare satisfait.

Quand je parviens à m'abstraire du présent, quand il m'arrive de pouvoir détourner mes yeux un instant de

---

1. J. Ferry, profession de foi aux électeurs de la 6e circonscription de Paris, reproduite dans *Le Rappel* du 10 mai 1869. **2.** Nous reproduisons le texte de l'édition des *Œuvres complètes de Victor Hugo*, Ollendorf puis Albin Michel, dite « de l'Imprimerie nationale » (1901-1952). **3.** Premier titre du chapitre sur le manuscrit : « Pourquoi je suis satisfait ». **4.** *Fin de la Pologne.* La Pologne avait disparu comme nation depuis les partages de la fin du XVIIIe siècle.

tous ces crimes, de tout ce sang versé, de toutes ces victimes, de tous ces proscrits, de ces pontons [1] où l'on râle, de ces affreux bagnes de Lambessa et de Cayenne [2] où l'on meurt vite, de cet exil où l'on meurt lentement, de ce vote, de ce serment [3], de cette immense tache de honte faite à la France et qui va s'élargissant tous les jours ; quand, oubliant pour quelques minutes ces douloureuses pensées, obsession habituelle de mon esprit, je parviens à me renfermer dans la froideur sévère de l'homme politique, et à ne plus considérer le fait, mais les conséquences du fait ; alors, parmi beaucoup de résultats désastreux sans doute, des progrès réels, considérables, énormes, m'apparaissent, et dans ce moment-là, si je suis toujours de ceux que le Deux-Décembre indigne, je ne suis plus de ceux qu'il afflige.

L'œil fixé sur de certains côtés de l'avenir, j'en viens à me dire : l'acte est infâme, mais le fait est bon.

On a essayé d'expliquer l'inexplicable victoire du coup d'État de cent façons : – l'équilibre s'est fait entre les diverses résistances possibles et elles se sont neutralisées les unes par les autres ; – le peuple a eu peur de la bourgeoisie ; la bourgeoisie a eu peur du peuple ; – les faubourgs ont hésité devant la restauration de la majorité, craignant, à tort du reste, que leur victoire ne ramenât au pouvoir cette droite si profondément impopulaire ; les boutiquiers ont reculé devant la République rouge ; – le peuple n'a pas compris ; les classes moyennes ont tergiversé ; – les uns ont dit : qui allons-

---

1. Vaisseaux désaffectés dans lesquels on entassait les prisonniers de guerre ou les prisonniers politiques. **2.** Célèbres bagnes, l'un en Algérie, l'autre en Guyane, où l'on déportait les insurgés. **3.** Non sans cynisme, Louis Napoléon Bonaparte, qui avait violé son serment de fidélité à la constitution républicaine, rétablit la prestation de serment personnel pour tous les emplois publics (la Seconde République n'avait maintenu cette obligation que pour le seul président de la République). Peu nombreux furent les refus de serment ; on connaît celui de Michelet, qui perdit ainsi son poste de directeur aux Archives nationales.

nous faire entrer dans le palais législatif ? les autres ont dit : qui allons-nous voir à l'hôtel de ville ? – enfin la rude répression de juin 1848, l'insurrection écrasée à coups de canon, les carrières, les casemates, les transportations, souvenir vivant et terrible ; – et puis : – Si l'on avait pu battre le rappel ! – Si une seule légion était sortie[1] ! – Si M. Sibour avait été M. Affre et s'était jeté au-devant des balles des prétoriens[2] ! – Si la Haute Cour ne s'était pas laissé chasser par un caporal[3] ! – Si les juges avaient fait comme les représentants, et si l'on avait vu les robes rouges dans les barricades comme on y a vu les écharpes ! – Si une seule arrestation avait manqué ! – Si un régiment avait

1. Née pendant la Révolution française, la garde nationale (divisée en légions) était une milice civique armée, composée de simples citoyens chargés de maintenir l'ordre public dans leur ville ou leur quartier, mais elle pouvait devenir un outil révolutionnaire déterminant lorsqu'elle prenait partie, comme en Juillet 1830 ou en Février 1848, pour les insurgés. Son recrutement avait été démocratisé dans la première période de la Seconde République. Sous le Second Empire, elle fut confinée dans des tâches purement décoratives, mais le gouvernement républicain de Défense nationale, durant la guerre franco-prussienne, lui redonnera toute son importance ; elle constituera l'élément essentiel de la Commune de Paris. Conséquence de ce dernier événement, elle sera définitivement supprimée en 1871. Lors du coup d'État du 2 décembre 1851, les hommes du président avaient fait crever tous les tambours de la garde nationale afin qu'on ne pût battre le rappel (pour appeler les citoyens à leurs postes). **2.** Sur Mgr Affre, voir p. 127, note 1 ; Mgr Sibour, qui lui succéda à l'archevêché de Paris, approuva le coup d'État et célébra un *Te Deum* en l'honneur du nouveau maître le 1er janvier 1852. Louis Napoléon le récompensa en le nommant sénateur et membre du Conseil supérieur de l'Instruction publique. Il incarne l'indigne soumission de l'Église catholique aux puissances temporelles, si souvent dénoncée par Hugo, notamment dans *Châtiments*. Les prétoriens sont des soldats qui soutiennent un tyran. **3.** La haute cour était une assemblée de sept magistrats chargés de juger les crimes politiques. Le 2 décembre 1851 elle aurait dû, au titre de l'article 68 de la constitution de 1848, prononcer la déchéance du président pour crime de forfaiture. Elle ne s'y décida pas, et fut dispersée par la police dans la journée. Cf. le récit qu'en fait Hugo dans *Histoire d'un crime*, I, 11.

hésité ! – Si le massacre du boulevard[1] n'avait pas eu lieu ou avait mal tourné pour Louis Bonaparte ! etc., etc. – Tout cela est vrai, et pourtant c'est ce qui a été qui devait être. Redisons-le, sous cette victoire monstrueuse et à son ombre, un immense et définitif progrès s'accomplit. Le 2 décembre a réussi, parce qu'à plus d'un point de vue, je le répète, il était bon, peut-être, qu'il réussît. Toutes les explications sont justes, et toutes les explications sont vaines. La main invisible est mêlée à tout cela. Louis Bonaparte a commis le crime ; la providence a fait l'événement.

Il était nécessaire en effet que l'*ordre* arrivât au bout de sa logique. Il était nécessaire qu'on sût bien, et qu'on sût à jamais, que, dans la bouche des hommes du passé, ce mot, Ordre, signifie : faux serment, parjure, pillage des deniers publics, guerre civile, conseils de guerre, confiscation, séquestration, déportation, transportation, proscription, fusillades, police, censure, déshonneur de l'armée, négation du peuple, abaissement de la France, sénat muet, tribune à terre[2], presse supprimée, guillotine politique, égorgement de la liberté, étranglement du droit, viol des lois, souveraineté du sabre, massacre, trahison, guet-apens. Le spectacle qu'on a sous les yeux est un spectacle utile. Ce qu'on voit en France depuis le 2 décembre, c'est l'orgie de l'ordre.

Oui, la Providence est dans cet événement. Songez

---

1. Dans la journée du 4 décembre 1851, la foule des boulevards élégants, hostile mais désarmée, crie « Vive la constitution ! » Sans raison apparente, la troupe ouvre le feu et, sous une fusillade nourrie, massacre passants et badauds penchés aux fenêtres. Cette « fusillade des boulevards » terrorisa la bourgeoisie parisienne libérale, mais resta comme une tache sanglante sur les origines du régime. Cf. « Souvenir de la nuit du 4 », dans *Châtiments* (« L'enfant avait reçu deux balles dans la tête... »). **2.** Selon la constitution de 1851, les débats des diverses assemblées étaient secrets, et leurs membres ne pouvaient avoir de contact direct avec les ministres, encore moins les interpeller. Mesure hautement symbolique, on supprima la tribune dans la salle du Palais-Bourbon, appelé à accueillir le Corps législatif. Solennité et publicité étaient ainsi refusées à la parole politique.

encore à ceci : depuis cinquante ans la République et l'empire emplissaient les imaginations, l'une de son reflet de terreur, l'autre de son reflet de gloire. De la République on ne voyait que 1793, c'est-à-dire les formidables nécessités révolutionnaires, la fournaise ; de l'empire on ne voyait qu'Austerlitz. De là un préjugé contre la République et un prestige pour l'empire. Or, quel est l'avenir de la France ? est-ce l'empire ? Non, c'est la République.

Il fallait renverser cette situation, supprimer le prestige pour ce qui ne peut revivre et supprimer le préjugé contre ce qui doit être ; la Providence l'a fait. Elle a détruit ces deux mirages. Février est venu et a ôté à la République la terreur ; Louis Bonaparte est venu et a ôté à l'empire le prestige. Désormais 1848, la fraternité, se superpose à 1793, la terreur ; Napoléon-le-Petit se superpose à Napoléon-le-Grand. Les deux grandes choses, dont l'une effrayait et dont l'autre éblouissait, reculent d'un plan. On n'aperçoit plus 93 qu'à travers sa justification, et Napoléon qu'à travers sa caricature ; la folle peur de guillotine se dissipe, la vaine popularité impériale s'évanouit. Grâce à 1848, la République n'épouvante plus ; grâce à Louis Bonaparte, l'empire ne fascine plus. L'avenir est devenu possible. Ce sont là les secrets de Dieu.

Et puis, le mot république ne suffit pas ; c'est la chose république qu'il faut. Eh bien ! nous aurons la chose avec le mot. Développons ceci.

II. LES QUATRE INSTITUTIONS QUI S'OPPOSAIENT À L'AVENIR.

En attendant les simplifications merveilleuses, mais ultérieures, qu'amènera un jour l'union de l'Europe et de la fédération démocratique du continent, quelle sera en France la forme de l'édifice social dont le penseur entrevoit dès à présent, à travers les ténèbres des dictatures, les vagues et lumineux linéaments ?

Cette forme, la voici :

La commune souveraine, régie par un maire élu [1] ; le suffrage universel partout, subordonné, seulement en ce qui touche les actes généraux, à l'unité nationale ; voilà pour l'administration. Les syndicats et les prud'hommes réglant les différends privés des associations et des industries ; le juré, magistrat du fait, éclairant le juge, magistrat du droit ; le juge élu ; voilà pour la justice. Le prêtre hors de tout, excepté de l'église, vivant l'œil fixé sur son livre et sur le ciel, étranger au budget, ignoré de l'État, connu seulement de ses croyants, n'ayant plus l'autorité, mais ayant la liberté ; voilà pour la religion. La guerre bornée à la défense du territoire ; la nation garde nationale, divisée en trois bans, et pouvant se lever comme un seul homme, voilà pour la puissance. La loi toujours, le droit toujours, le vote toujours ; le sabre nulle part.

Or, à cet avenir, à cette magnifique réalisation de l'idéal démocratique, quels étaient les obstacles ?

Il y avait quatre obstacles matériels, les voici :

L'armée permanente,

L'administration centralisée,

Le clergé fonctionnaire,

La magistrature inamovible.

III. LENTEUR DU PROGRÈS NORMAL.

Ce que sont, ce qu'étaient ces quatre obstacles, même sous la République de Février, même sous la Constitution de 1848, le mal qu'ils produisaient, le bien qu'ils empêchaient, quel passé ils éternisaient, quel excellent ordre social ils ajournaient, le publiciste l'entrevoyait, le philosophe le savait, la nation l'ignorait.

Ces quatre institutions énormes, antiques, solides,

---

1. Durant presque tout le XIXe siècle, les communes furent administrées par un maire nommé par le préfet et révocable par lui, parfois secondé par un conseil municipal élu. Le principe de l'élection des maires ne sera assuré qu'avec la Troisième République.

arc-boutées les unes sur les autres, mêlées à leur base et à leur sommet, croisant comme une futaie de grands vieux arbres leurs racines sous nos pieds et leurs branches sur nos têtes, étouffaient et écrasaient partout les germes épars de la France nouvelle. Là où il y aurait eu la vie, le mouvement, l'association, la liberté locale, la spontanéité communale, il y avait le despotisme administratif ; là où il y aurait eu la vigilance intelligente, au besoin armée, du patriote et du citoyen, il y avait l'obéissance passive du soldat ; là où la vive foi chrétienne eût voulu jaillir, il y avait le prêtre catholique ; là où il y aurait eu la justice, il y avait le juge. Et l'avenir était là, sous les pieds des générations souffrantes, qui ne pouvait sortir de terre et qui attendait.

Savait-on cela dans le peuple ? S'en doutait-on ? Le devinait-on ?

Non.

Loin de là. Aux yeux du plus grand nombre, et des classes moyennes en particulier, ces quatre obstacles étaient quatre supports. Magistrature, armée, administration, clergé, c'étaient les quatre vertus de l'ordre, les quatre forces sociales, les quatre colonnes saintes de l'antique formation française.

Attaquez cela, si vous l'osez !

Je n'hésite pas à le dire : dans l'état d'aveuglement des meilleurs esprits, avec la marche méthodique du progrès normal, avec nos assemblées, dont on ne me soupçonnera pas d'être le détracteur, mais qui, lorsqu'elles sont à la fois honnêtes et timides, ce qui arrive souvent, ne se laissent volontiers gouverner que par leur moyenne, c'est-à-dire par la médiocrité ; avec les commissions d'initiative, les lenteurs et les scrutins, si le 2 décembre n'était pas venu apporter sa démonstration foudroyante, si la Providence ne s'en était pas mêlée, la France restait condamnée indéfiniment à la magistrature inamovible, à la centralisation administrative, à l'armée permanente et au clergé fonctionnaire.

Certes, la puissance de la tribune et la puissance de la presse combinées, ces deux grandes forces de la civilisation, ce n'est pas moi qui cherche à les contester et à les amoindrir ; mais voyez pourtant : combien eût-il fallu d'efforts de tout genre, en tout sens et sous toutes les formes, par la tribune et par le journal, par le livre et par la parole, pour en venir à ébranler seulement l'universel préjugé favorable à ces quatre institutions fatales ? Combien pour arriver à les renverser ? pour faire luire l'évidence à tous les yeux, pour vaincre les résistances intéressées, passionnées ou inintelligentes, pour éclairer à fond l'opinion publique, les consciences, les pouvoirs officiels, pour faire pénétrer cette quadruple réforme d'abord dans les idées, puis dans les lois ? Comptez les discours, les écrits, les articles de journaux, les projets de loi, les contre-projets, les amendements, les sous-amendements, les rapports, les contre-rapports, les faits, les incidents, les polémiques, les discussions, les affirmations, les démentis, les orages, les pas en avant, les pas en arrière, les jours, les semaines, les mois, les années, le quart de siècle, le demi-siècle !

IV. CE QU'EÛT FAIT UNE ASSEMBLÉE.

Je suppose sur les bancs d'une assemblée le plus intrépide des penseurs, un éclatant esprit, un de ces hommes qui, lorsqu'ils se dressent debout sur la tribune, la sentent sous eux trépied, y grandissent brusquement, y deviennent colosses, dépassent de toute la tête les apparences massives qui masquent les réalités, et voient distinctement l'avenir par-dessus la haute et sombre muraille du présent. Cet homme, cet orateur, ce voyant veut avertir son pays ; ce prophète veut éclairer les hommes d'État ; il sait où sont les écueils ; il sait que la société croulera précisément par ces quatre faux points d'appui, la centralisation administrative, l'armée permanente, le juge inamovible, le prêtre salarié ; il le sait, il veut que tous le sachent, il monte à la tribune, il dit :

— Je vous dénonce quatre grands périls publics.

Votre ordre politique porte en lui-même ce qui le tuera. Il faut transformer de fond en comble l'administration, l'armée, le clergé et la magistrature ; supprimer ici, retrancher là, refaire tout, ou périr par ces quatre institutions que vous prenez pour des éléments de durée et qui sont des éléments de dissolution.

On murmure. Il s'écrie :

— Votre administration centralisée, savez-vous ce qu'elle peut devenir aux mains d'un pouvoir exécutif parjure ? Une immense trahison exécutée à la fois sur toute la surface de la France par tous les fonctionnaires sans exception.

Les murmures éclatent de nouveau et avec plus de violence ; on crie : à l'ordre ! L'orateur continue : – Savez-vous ce que peut devenir à un jour donné votre armée permanente ? Un instrument de crime. L'obéissance passive, c'est la baïonnette éternellement posée sur le cœur de la loi. Oui, ici même, dans cette France qui est l'initiatrice du monde, dans cette terre de la tribune et de la presse, dans cette patrie de la pensée humaine, oui, telle heure peut sonner où le sabre régnera, où vous, législateurs inviolables, vous serez saisis au collet par des caporaux, où nos glorieux régiments se transformeront, pour le profit d'un homme et la honte d'un peuple, en hordes dorées et en bandes prétoriennes, où l'épée de la France sera quelque chose qui frappe par derrière comme le poignard d'un sbire, où le sang de la première ville du monde assassinée éclaboussera l'épaulette d'or de vos généraux !

La rumeur devient tumulte ; on crie : à l'ordre ! de toutes parts. – On interpelle l'orateur : – Vous venez d'insulter l'administration, maintenant vous outragez l'armée ! – Le président rappelle l'orateur à l'ordre.

L'orateur reprend :

— Et s'il arrivait un jour qu'un homme ayant dans sa main les cinq cent mille fonctionnaires qui constituent l'administration et les quatre cent mille soldats qui composent l'armée, s'il arrivait que cet homme déchirât la Constitution, violât toutes les lois, enfreignît tous les serments, brisât tous les droits, commît tous les crimes, savez-vous ce que ferait votre magistrature inamovible, tutrice du droit, gardienne des lois ? savez-vous ce qu'elle ferait ? Elle se tairait !

Les clameurs empêchent l'orateur d'achever sa phrase. Le tumulte devient tempête. – Cet homme ne respecte rien ! Après l'administration et l'armée, il traîne dans la boue la magistrature ! La censure ! la censure ! – L'orateur est censuré avec inscription au procès-verbal. Le président lui déclare que, s'il continue, l'Assemblée sera consultée et la parole lui sera retirée.

L'orateur poursuit :

— Et votre clergé salarié ! et vos évêques fonctionnaires ! Le jour où un prétendant quelconque aura employé à tous ces attentats l'administration, la magistrature et l'armée, le jour où toutes ces institutions dégoutteront du sang versé par le traître et pour le traître, placés entre l'homme qui aura commis les crimes et le Dieu qui ordonne de jeter l'anathème au criminel, savez-vous ce qu'ils feront, vos évêques ? Ils se prosterneront, non devant le Dieu, mais devant l'homme !

Se figure-t-on la furie des huées, la mêlée d'imprécations qui accueilleraient de telles paroles ? Se figure-t-on les cris, les apostrophes, les menaces, l'Assemblée entière se levant en masse, la tribune escaladée et à peine protégée par les huissiers ? – L'orateur a successivement profané toutes les arches saintes, et il a fini par toucher au saint des saints, au clergé ! Et puis que suppose-t-il là ? Quel amas d'hypothèses impossibles et infâmes ! Entend-on d'ici gronder le Baroche[1] et

---

1. 1802-1870. Avocat, député de la gauche dynastique sous Louis-Philippe, membre influent du parti de l'Ordre sous la Seconde République, ministre de l'Intérieur en 1850 et à ce titre principal artisan de la loi du 31 mai restreignant le suffrage universel (voir texte 6), rallié à Louis Napoléon qui le fit président du Conseil d'État après le Deux-Décembre. Une des principales cibles de Hugo dans *Châtiments*.

tonner le Dupin[1] ? L'orateur serait rappelé à l'ordre, censuré, mis à l'amende, exclu de la chambre pour trois jours comme Pierre Leroux[2] et Émile de Girardin[3] ; qui sait même peut-être ? expulsé comme Manuel[4].

Et le lendemain le bourgeois indigné dirait : c'est bien fait ! – Et de toutes parts les journaux de l'ordre montreraient le poing au CALOMNIATEUR. Et dans son propre parti, sur son propre banc à l'Assemblée, ses meilleurs amis l'abandonneraient et diraient : c'est sa faute ; il a été trop loin ; il a supposé des chimères et des absurdités !

Et après ce généreux et héroïque effort, il se trouverait que les quatre institutions attaquées seraient choses plus vénérables et plus impeccables que jamais, et que la question, au lieu d'avancer, aurait reculé.

---

1. 1783-1865. Magistrat, député libéral sous la Restauration, Président de la Chambre des députés sous Louis-Philippe (à droite), membre du parti de l'Ordre sous la Seconde République et Président de l'Assemblée législative au moment du coup d'État. S'il ne fit pas grand-chose pour défendre ladite Assemblée, du moins se retira-t-il de la vie politique après le Deux-Décembre. Se ralliera néanmoins à l'Empire en 1857. Autre « tête de turc » de *Châtiments* ; voir également « La Colère du bronze », dans *La Légende des siècles – Nouvelle Série*. **2.** 1797-1871. Journaliste saint-simonien, philosophe socialiste (auteur de *De l'Humanité*, 1840, et de *De l'Égalité*, 1848), député sous la Seconde République, proscrit après le coup d'État. Hugo, qui le fréquenta à Jersey, ne l'aimait guère – et réciproquement. **3.** 1806-1881. Brillant journaliste et grand patron de presse, fondateur du premier journal à grand tirage (*La Presse*) en 1836. Intime de longue date de Hugo, dont il aida les entreprises journalistiques (*L'Événement, Le Rappel*). Républicain à tendances sociales, député sous la Seconde République, opposant madré à l'Empire. **4.** 1775-1827. Officier sous la Première République, brillant avocat, député libéral et fougueux chef de file de l'opposition sous la Restauration. Expulsé *manu militari* de la Chambre des députés en 1823, symbole du tribun enthousiaste et valeureux, héros de la parole parlementaire.

V. CE QU'A FAIT LA PROVIDENCE.

Mais la Providence, elle, s'y prend autrement. Elle met splendidement la chose sous vos yeux et vous dit : voyez.

Un homme vient un beau matin, – et quel homme ! le premier venu, le dernier venu, sans passé, sans avenir, sans génie, sans gloire, sans prestige ; est-ce un aventurier ? est-ce un prince ? cet homme a tout bonnement les mains pleines d'argent, de billets de banque, d'actions de chemins de fer, de places, de décorations, de sinécures ; cet homme se baisse vers les fonctionnaires et leur dit : Fonctionnaires, trahissez.

Les fonctionnaires trahissent.

Tous ? Sans exception ?

Oui, tous.

Il s'adresse aux généraux et leur dit : Généraux, massacrez.

Les généraux massacrent.

Il se tourne vers les juges inamovibles, et leur dit : – Magistrature, je brise la Constitution, je me parjure, je dissous l'Assemblée souveraine, j'arrête les représentants inviolables, je pille les caisses publiques, je séquestre, je confisque, je vole, j'escroque, je spolie, je bannis qui me déplaît, je déporte à ma fantaisie, je mitraille sans sommation, je fusille sans jugement, je commets tout ce qu'on est convenu d'appeler crime, je viole tout ce qu'on est convenu d'appeler droit ; regardez les lois, elles sont sous mes pieds.

— Nous ferons semblant de ne pas voir, disent les magistrats.

— Vous êtes des insolents, réplique l'homme providentiel. Détourner les yeux, c'est m'outrager. J'entends que vous m'aidiez. Juges, vous allez venir aujourd'hui me féliciter, moi qui suis la force et le crime, et demain, ceux qui m'ont résisté, ceux qui sont l'honneur, le droit, la loi, vous les jugerez – et vous les condamnerez.

Les juges inamovibles baisent sa botte et se mettent à instruire l'*affaire des troubles*[1].

Par-dessus le marché, ils lui prêtent serment[2].

Alors il aperçoit dans un coin le clergé doté, doré, crossé, chapé, mitré, et il lui dit : – Ah ! tu es là, toi, archevêque ! Viens ici. Tu vas me bénir tout cela.

Et l'archevêque entonne son Magnificat[3].

VI. CE QU'ONT FAIT LES MINISTRES, L'ARMÉE, LA MAGISTRATURE ET LE CLERGÉ.

Ah ! quelle chose frappante et quel enseignement ! *Erudimini*[4], dirait Bossuet.

Les ministres se sont figuré qu'ils dissolvaient l'Assemblée ; ils ont dissous l'administration.

Les soldats ont tiré sur l'armée et l'ont tuée.

Les juges ont cru juger et condamner des innocents ; ils ont jugé et condamné à mort la magistrature inamovible.

Les prêtres ont cru chanter un hosanna[5] sur Louis Bonaparte ; ils ont chanté un De profundis[6] sur le clergé.

---

1. Pour juger les suspects de résistance au coup d'État, et plus généralement tous ceux que l'on soupçonnait de militantisme républicain ou socialiste, on mit en place à partir de février 1852, dans chaque département, des commissions mixtes constituées d'un général, du préfet et d'un magistrat. L'indépendance de la justice et la séparation des pouvoirs étaient ainsi suspendues (cf. « Les Commissions mixtes », dans *Châtiments*). Près de 27 000 personnes furent jugées pour faits politiques à l'occasion de l'insurrection de décembre. Environ 12 000 prévenus furent remis en liberté, 7500 placés sous surveillance administrative, 2000 emprisonnés, plus de 3000 déportés à Cayenne ou en Algérie, plus de 500 expulsés du territoire ou éloignés de leur résidence. **2.** Voir p. 181, note 3. **3.** Mot extrait d'un cantique de la liturgie catholique qui dit notamment « Mon âme magnifie le Seigneur ». Sur Mgr Sibour, archevêque de Paris, voir p. 182, note 2. **4.** Apprenons ! **5.** Hymne catholique, acclamation de triomphe ou de joie. **6.** Prière des morts.

VII. FORMES DU GOUVERNEMENT DE DIEU.

Quand Dieu veut détruire une chose, il en charge la chose elle-même.

Toutes les institutions mauvaises de ce monde finissent par le suicide.

Lorsqu'elles ont assez longtemps pesé sur les hommes, la Providence, comme le sultan à ses vizirs, leur envoie le cordon par un muet [1] ; elles s'exécutent.

Louis Bonaparte est le muet de la Providence.

---

1. Selon la tradition, lorsqu'un sultan turc n'était pas satisfait des services d'un de ses ministres ou gouverneurs (vizirs), il lui adressait un esclave muet porteur d'un cordon noir, comme signe de sa condamnation à mort ; le condamné était censé s'exécuter lui-même.

10

SUR LA TOMBE DE LOUISE JULIEN
Jersey – Cimetière de Saint-Jean – 26 juillet 1853

Sur la petite île de Jersey, où il débarque en août 1852, Hugo n'est pas le seul proscrit. Jusqu'à l'amnistie de 1859 il y aura là toute une petite colonie de républicains, venue d'horizons très différents, mais qui pour la plupart représentent la gauche et l'extrême gauche du mouvement : des socialistes au drapeau rouge, dont beaucoup ont été exilés par la république conservatrice. À l'exception de Hugo et de Pierre Leroux, ce sont souvent des militants assez obscurs, pauvres, voire misérables, la plupart des grands noms étant à Londres ou à Bruxelles. Les privations, les maladies, le découragement aussi, creusent les rangs, multiplient les morts prématurées. Alors les proscrits, souvent divisés, se retrouvent dans la douleur, célèbrent le compagnon disparu, évoquent les servitudes et les grandeurs du combat, proclament leur foi collective en un avenir meilleur. L'oraison funèbre fait partie intégrante de l'énonciation politique.

À Jersey, comme dans les prisons de France ou les bagnes d'Afrique, il y a des femmes. Des militantes, des républicaines. Depuis la Révolution française, chaque grand mouvement populaire voit ainsi s'engager dans la lutte politique des représentantes de ce sexe qu'on dit alors faible. Outre les revendications communes, elles y apportent leur propre désir de reconnaissance et d'émancipation – et cette lutte pour l'égalité des sexes n'est pas toujours du goût des militants masculins, loin s'en faut. L'histoire du mouvement démocratique et ouvrier (et au XX*e siècle celle des guerres d'indépendance coloniale) est pleine de cette difficile articulation des luttes. Hugo, qui vient de rendre hommage à ces républicaines dans* Châtiments *(voir* « Pauline Roland », « Les Martyres », « Aux femmes »*), défend sur la tombe de l'une d'entre elles la nécessité de l'émancipation civile et politique des femmes, comprise comme inséparable de l'idéal républicain. Cette conviction est alors peu partagée, même parmi les amoureux de Marianne. Si la représentation de la féminité, dans l'œuvre littéraire de Hugo, peut paraître assez conventionnelle à un lecteur pressé, à partir de l'exil ses déclarations publiques sur ce sujet sont beaucoup moins ambiguës. Il y va du « rapport complexe entretenu chez Hugo entre le discours masculin sur la femme, mère et amante, et le discours social sur les femmes, travailleuses et privées de droits » (Rébérioux)*[1].

Citoyens,

Trois cercueils en quatre mois[2].

La mort se hâte, et Dieu nous délivre un à un.

Nous ne t'accusons pas, nous te remercions, Dieu

---

1. Nous reproduisons le texte de l'édition originale d'*Actes et Paroles II, Pendant l'exil*, Paris, Michel Lévy, 1875. **2.** Le 10 avril, obsèques de Louis Hutin-Destaillis (Hugo refusa d'y parler, trouvant les premières allocutions trop sectaires) ; le 20 avril, obsèques de Jean Bousquet (Hugo y prononça un discours ; voir *Actes et Paroles, II*).

puissant qui nous rouvres, à nous exilés, les portes de la patrie éternelle !

Cette fois, l'être inanimé et cher que nous apportons à la tombe, c'est une femme.

Le 21 janvier dernier, une femme fut arrêtée chez elle par le sieur Boudrot, commissaire de police à Paris. Cette femme, jeune encore, elle avait trente-cinq ans, mais estropiée et infirme, fut envoyée à la préfecture et enfermée dans la cellule n° 1, dite *cellule d'essai*. Cette cellule, sorte de cage de sept à huit pieds carrés [1] à peu près, sans air et sans jour, la malheureuse prisonnière l'a peinte d'un mot ; elle l'appelle : *cellule-tombeau* ; elle dit, je cite ses propres paroles : « C'est dans cette cellule-tombeau, qu'estropiée, malade, j'ai passé vingt et un jours, collant mes lèvres d'heure en heure contre le treillage pour aspirer un peu d'air vital et ne pas mourir [2]. » – Au bout de ces vingt et un jours, le 14 février, le gouvernement de Décembre mit cette femme dehors et l'expulsa. Il la jeta à la fois hors de la prison et hors de la patrie. La proscrite sortait du cachot d'essai avec les germes de la phthisie [3]. Elle quitta la France et gagna la Belgique. Le dénuement la força de voyager, toussant, crachant le sang, les poumons malades, en plein hiver, dans le nord, sous la pluie et la neige, dans ces affreux wagons découverts qui déshonorent les riches entreprises des chemins de fer. Elle arriva à Ostende ; elle était chassée de France, la Belgique la chassa. Elle passa en Angleterre. À peine débarquée à Londres, elle se mit au lit. La maladie contractée dans le cachot, aggravée par le voyage forcé de l'exil, était devenue menaçante. La proscrite, je devrais dire la condamnée à mort, resta gisante deux

1. 2,5 mètres carrés environ. **2.** Voir *Les Bagnes d'Afrique et la Transportation de décembre*, par Ch. Ribeyrolles, p. 199 (note de Victor Hugo). Charles Ribeyrolles (1812-1861), journaliste républicain, avait pris part à l'insurrection de juin 1848 du côté des ouvriers. Condamné à mort par contumace, il s'enfuit d'abord à Londres puis, après le coup d'État, à Jersey, où il dirige le journal des proscrits : *L'Homme*. L'ouvrage auquel renvoie Hugo venait de paraître, à Londres. **3.** Tuberculose pulmonaire.

mois et demi. Puis, espérant un peu de printemps et de soleil, elle vint à Jersey. On se souvient encore de l'y avoir vue arriver par une froide matinée pluvieuse, à travers les brumes de la mer, râlant et grelottant sous sa pauvre robe de toile, toute mouillée. Peu de jours après son arrivée, elle se coucha ; elle ne s'est plus relevée.

Il y a trois jours elle est morte.

Vous me demanderez ce qu'était cette femme et ce qu'elle avait fait pour être traitée ainsi ; je vais vous le dire :

Cette femme, par des chansons patriotiques, par de sympathiques et cordiales paroles, par de bonnes et civiques actions, avait rendu célèbre, dans les faubourgs de Paris, le nom de Louise Julien sous lequel le peuple la connaissait et la saluait. Ouvrière, elle avait nourri sa mère malade ; elle l'a soignée et soutenue dix ans. Dans les jours de lutte civile, elle faisait de la charpie[1] ; et, boiteuse et se traînant, elle allait dans les ambulances, et secourait les blessés de tous les partis. Cette femme du peuple était un poète, cette femme du peuple était un esprit ; elle chantait la République, elle aimait la liberté, elle appelait ardemment l'avenir fraternel de toutes les nations et de tous les hommes ; elle croyait à Dieu, au peuple, au progrès, à la France ; elle versait autour d'elle, comme un vase, dans les esprits des prolétaires, son grand cœur plein d'amour et de foi. Voilà ce que faisait cette femme. M. Bonaparte l'a tuée.

Ah ! une telle tombe n'est pas muette ; elle est pleine de sanglots, de gémissements et de clameurs.

Citoyens, les peuples, dans le légitime orgueil de leur toute-puissance et de leur droit, construisent avec le granit et le marbre des édifices sonores, des enceintes majestueuses, des estrades sublimes, du haut desquelles parle leur génie, du haut desquelles se

---

1. Amas de fils tirés de vieilles toiles et servant à faire des pansements.

répandent à flots dans les âmes les éloquences saintes du patriotisme, du progrès et de la liberté ; les peuples, s'imaginant qu'il suffit d'être souverains pour être invincibles, croient inaccessibles et imprenables ces citadelles de la parole, ces forteresses sacrées de l'intelligence humaine et de la civilisation, et ils disent : la tribune est indestructible. Ils se trompent ; ces tribunes-là peuvent être renversées. Un traître vient, des soldats arrivent, une bande de brigands se concerte, se démasque, fait feu, et le sanctuaire est envahi, et la pierre et le marbre sont dispersés, et le palais, et le temple, où la grande nation parlait au monde, s'écroule, et l'immonde tyran vainqueur s'applaudit, bat des mains et dit : c'est fini. Personne ne parlera plus. Pas une voix ne s'élèvera désormais. Le silence est fait[1]. – Citoyens ! à son tour le tyran se trompe. Dieu ne veut pas que le silence se fasse ; Dieu ne veut pas que la liberté, qui est son verbe, se taise ; citoyens ! au moment où les despotes triomphants croient la leur avoir ôtée à jamais, Dieu redonne la parole aux idées. Cette tribune détruite il la reconstruit. Non au milieu de la place publique, non avec le granit et le marbre, il n'en a pas besoin. Il la reconstruit dans la solitude ; il la reconstruit avec l'herbe du cimetière, avec l'ombre des cyprès, avec le monticule sinistre que font les cercueils cachés sous terre ; et de cette solitude, de cette herbe, de ces cyprès, de ces cercueils disparus, savez-vous ce qui sort, citoyens ? Il en sort le cri déchirant de l'humanité, il en sort la dénonciation et le témoignage, il en sort l'accusation inexorable qui fait pâlir l'accusé couronné, il en sort la formidable protestation des morts ! Il en sort la voix vengeresse, la voix inextinguible, la voix qu'on n'étouffe pas, la voix qu'on ne bâillonne pas ! – Ah ! M. Bonaparte a fait taire la tribune ; c'est bien ; maintenant qu'il fasse donc taire le tombeau !

---

1. Voir texte 9, p. 183, note 1, et *Napoléon-le-Petit*, V « Le parlementarisme ».

Lui et ses pareils n'auront rien fait tant qu'on entendra sortir un soupir d'une tombe, et tant qu'on verra rouler une larme dans les yeux augustes de la pitié.

Pitié !... ce mot que je viens de prononcer, il a jailli du plus profond de mes entrailles devant ce cercueil, cercueil d'une femme, cercueil d'une sœur, cercueil d'une martyre ! Pauline Roland en Afrique, Louise Julien à Jersey, Francesca Maderspach à Temeswar[1], Blanca Téléki à Pesth[2], tant d'autres, Rosalie Gobert, Eugénie Guillemot, Augustine Péan, Blanche Clouart, Joséphine Prabeil, Élisabeth Parlès, Marie Reviel, Claudine Hibruit, Anne Sangla, veuve Combescure, Armantine Huet, et tant d'autres encore, sœurs, mères, filles, épouses, proscrites, exilées, transportées, torturées, suppliciées, crucifiées, ô pauvres femmes[3] ! Oh ! quel sujet de larmes profondes et d'inexprimables attendrissements ! Faibles, souffrantes, malades, arrachées à leur familles, à leurs maris, à leurs parents, à leurs soutiens, vieilles quelquefois et brisées par l'âge, toutes ont été des héroïnes, plusieurs ont été des héros ! Oh ! ma pensée en ce moment se précipite dans ce sépulcre et baise les pieds froids de cette morte dans son cercueil ! Ce n'est pas une femme que je vénère dans Louise Julien, c'est la femme ; la femme de nos jours, la femme digne de devenir citoyenne ; la femme telle que nous la voyons autour de nous, dans tout son dévouement, dans toute sa douceur, dans tout son

1. Nom hongrois de Timisoara, ville située dans l'ouest de l'actuelle Roumanie. 2. La comtesse Blanca Teleki (1810-1876) est considérée comme une pionnière de l'éducation féminine en Hongrie ; elle appartenait à l'ancienne et illustre famille des Teleki dont le représentant le plus célèbre était alors Laszlo (1811-1861), député, engagé dans le mouvement révolutionnaire libéral et national de 1848-1849, représentant en France du gouvernement de Kossuth, condamné à mort par contumace après l'écrasement de la Révolution hongroise, et qui devait se suicider. Pesth (ou Pest), capitale de la Hongrie, a été depuis réunie à Buda, situé sur l'autre rive du Danube. 3. Cette liste de déportées en Algérie est recopiée dans Ribeyrolles (*Les Bagnes d'Afrique*, ch. VIII, p. 95), où elle fait suite à l'histoire (et aux lettres) de Pauline Roland.

sacrifice, dans toute sa majesté ! Amis, dans les temps futurs, dans cette belle, et paisible, et tendre, et fraternelle République sociale de l'avenir, le rôle de la femme sera grand ; mais quel magnifique prélude à ce rôle que de tels martyres si vaillamment endurés ! Hommes et citoyens, nous avons dit plus d'une fois dans notre orgueil : – Le XVIIIe siècle a proclamé le droit de l'homme : le XIXe proclamera le droit de la femme ; – mais il faut l'avouer, citoyens, nous ne nous sommes point hâtés ; beaucoup de considérations, qui étaient graves, j'en conviens, et qui voulaient être mûrement examinées, nous ont arrêtés, et à l'instant où je parle, au point même où le progrès est parvenu, parmi les meilleurs républicains, parmi les démocrates les plus vrais et les plus purs, bien des esprits excellents hésitent encore à admettre dans l'homme et dans la femme l'égalité de l'âme humaine, et, par conséquent, l'assimilation, sinon l'identité complète, des droits civiques [1]. Disons-le bien haut, citoyens, tant que la prospérité a duré, tant que la République a été debout, les femmes, oubliées par nous, se sont oubliées elles-mêmes ; elles se sont bornées à rayonner comme la lumière, à échauffer les esprits, à attendrir les cœurs, à éveiller les enthousiasmes, à montrer du doigt à tous le bon, le juste, le grand et le vrai. Elles n'ont rien ambitionné au delà. Elles qui, par moment, sont l'image de la patrie vivante, elles qui pouvaient être l'âme de la cité, elles ont été simplement l'âme de la

---

1. C'est avant tout du droit de suffrage, voire d'éligibilité, qu'il est ici question. Hugo prend ses distances avec les arguments politiques qui le refusent aux femmes par peur de voir cet électorat nouveau soutenir massivement la droite cléricale. Ainsi en 1849 Michelet, pourtant déjà célèbre pour son féminisme, professait que « si vous faites voter les femmes aujourd'hui, ignorantes et passionnées comme elles le sont, vous donnez au parti-prêtre un ou deux millions de voix ». Cet argument sera longtemps de mise parmi les républicains français, et les femmes n'obtiendront l'égalité des droits politiques qu'en 1944, notamment grâce à leur participation active à la Résistance (comme sont ici revendiqués leurs droits au nom de leur engagement dans la cause républicaine).

famille. À l'heure de l'adversité, leur attitude a changé ; elles ont cessé d'être modestes ; à l'heure de l'adversité, elles nous ont dit : – Nous ne savons pas si nous avons droit à votre puissance, à votre liberté, à votre grandeur : mais ce que nous savons, c'est que nous avons droit à votre misère. Partager vos souffrances, vos accablements, vos dénuements, vos détresses, vos renoncements, vos exils, votre abandon si vous êtes sans asile, votre faim si vous êtes sans pain, c'est là le droit de la femme, et nous le réclamons. – Ô mes frères ! et les voilà qui nous suivent dans le combat, qui nous accompagnent dans la proscription, et qui nous devancent dans le tombeau !

Citoyens, puisque cette fois encore vous avez voulu que je parlasse en votre nom, puisque votre mandat donne à ma voix l'autorité qui manquerait à une parole isolée ; sur la tombe de Louise Julien, comme il y a trois mois, sur la tombe de Jean Bousquet, le dernier cri que je veux jeter, c'est le cri de courage, d'insurrection et d'espérance !

Oui, des cercueils comme celui de cette noble femme qui est là signifient et prédisent la chute prochaine des bourreaux, l'inévitable écroulement des despotismes et des despotes. Les proscrits meurent l'un après l'autre ; le tyran creuse leur fosse ; mais à un jour venu, citoyens, la fosse tout à coup attire et engloutit le fossoyeur !

Ô morts qui m'entourez et qui m'écoutez, malédiction à Louis Bonaparte ! Ô morts, exécration à cet homme ! Pas d'échafauds quand viendra la victoire, mais une longue et infamante expiation à ce misérable ! Malédiction sous tous les cieux, sous tous les climats, en France, en Autriche, en Lombardie, en Sicile, à Rome, en Pologne, en Hongrie [1], malédiction aux vio-

---

1. Tour d'Europe des révolutions nationales, libérales et républicaines, toutes violemment réprimées en 1849-1850. La situation politique de l'Europe, comme la réalité concrète de l'internationale des proscrits, rappelle que la lutte pour la justice et la liberté ne saurait se cantonner à la France seule.

lateurs du droit humain et de la loi divine ! Malédiction aux pourvoyeurs des pontons [1], aux dresseurs des gibets, aux destructeurs des familles, aux tourmenteurs des peuples ! Malédiction aux proscripteurs des pères, des mères et des enfants ! Malédiction aux fouetteurs de femmes ! Proscrits ! soyons implacables dans ces solennelles et religieuses revendications du droit et de l'humanité. Le genre humain a besoin de ces cris terribles ; la conscience universelle a besoin de ces saintes indignations de la pitié. Exécrer les bourreaux, c'est consoler les victimes. Maudire les tyrans, c'est bénir les nations.

---

1. Voir texte 9, p. 181, note 1.

11

À L'ITALIE[1]
Guernesey – 26 mai 1856

Les mouvements révolutionnaires de 1830-1831 et de 1848-1849 ayant échoué, l'Italie restait politiquement morcelée et soumise à des monarchies absolues et réactionnaires. Au sud le royaume de Naples et de Sicile était tenu par le roi « Bomba », ainsi surnommé depuis qu'il avait fait bombarder ses villes insurgées en 1848. Au centre, le pape Pie IX, chassé en 1848, avait repris avec l'aide de la France un pouvoir temporel impopulaire et archaïque. Au nord, l'Autriche administrait directement la Vénétie et la Lombardie, et maintenait dans son orbite quelques minuscules États (grand-duché de Florence, etc.). Restait au nord-ouest le royaume de Piémont-Sardaigne, relativement libéral et animé par une bourgeoisie acquise à la modernité. Pour faire l'unité de la péninsule, les patriotes italiens avaient oscillé entre plusieurs scénarios : la solution républicaine, qui avait pour plus célèbre défenseur Giuseppe Mazzini ; la solu-

---

1. Note de Hugo sur le manuscrit : « Cette adresse *aux Italiens* fut publiée partout, excepté en France. » Le 17 juin, il écrit à Paul Meurice : « Mazzini a traduit en italien mon appel *à l'Italie*. Cela a paru dans l'*Italia e popolo* à Gênes, la chose se réimprime sous le manteau, [...] des journaux anglais en ont publié une traduction, la presse bonapartiste a poussé les hauts cris. »

tion « néo-guelfe », envisagée par certains autour de 1840, et qui aurait fait du Pape le souverain temporel de toute l'Italie ; enfin la solution piémontaise, qui confiait à la plus dynamique des monarchies « nationales » le soin de réunir autour d'elle l'ensemble du pays. Après l'échec de 1849, les patriotes républicains, qui avaient constitué l'ossature des mouvements insurrectionnels, semblaient vouloir se rallier à la solution piémontaise : la Nation passait avant la République.

Mazzini, alors réfugié à Londres, luttait contre cette tendance. Ayant parcouru toute l'Europe dans ses années d'exil, lui-même partisan depuis les années 1830 d'une Europe républicaine et fédérative, il s'efforçait d'internationaliser son combat pour la république italienne (son livre République et Royauté en Italie *venait d'être traduit par George Sand). Il opposait ainsi l'internationale des républicains à celle des rois et des ambassadeurs. Le 25 mai 1856, il avait écrit à Hugo : « Je vous demande un mot pour l'Italie. Elle penche en ce moment du côté des rois. Avertissez-la et redressez-la. »*

Hugo n'appréciait guère Mazzini. Mais il partageait avec lui la crainte de voir le principe des nationalités s'autonomiser, prendre le pas sur l'idéal républicain, et interdire ainsi durablement la constitution d'une Europe unie et démocratique. L'unité nationale monarchiste préconisée par les partisans de Victor-Emmanuel II et de Cavour, analogue à celle qui se profilait en Allemagne autour de Guillaume Ier et de Bismarck, n'avait guère de chance de faire avancer la cause de la République universelle. Elle éviterait peut-être les révolutions, mais préparerait sans doute les futures guerres européennes[1].

---

1. Nous reproduisons le texte de l'édition originale d'*Actes et Paroles II, Pendant l'exil*, Paris, Michel Lévy, 1875.

Italiens, c'est un frère obscur, mais dévoué qui vous parle. Défiez-vous de ce que les congrès, les cabinets et les diplomaties semblent préparer pour vous en ce moment[1]. L'Italie s'agite : elle donne des signes de réveil ; elle trouble et préoccupe les rois ; il leur paraît urgent de la rendormir. Prenez garde ; ce n'est pas votre apaisement qu'on veut ; l'apaisement n'est que dans la satisfaction du droit ; ce qu'on veut, c'est votre léthargie, c'est votre mort. De là un piège. Défiez-vous. Quelle que soit l'apparence, ne perdez pas de vue la réalité. Diplomatie, c'est nuit. Ce qui se fait pour vous, se trame contre vous.

Quoi ! des réformes, des améliorations administratives, des amnisties, le pardon à votre héroïsme, un peu de sécularisation, un peu de libéralisme, le code Napoléon, la démocratie bonapartiste, la vieille lettre à Edgard Ney, récrite en rouge avec le sang de Paris par la main qui a tué Rome[2] ! Voilà ce que vous offrent

---

1. En 1855, le Piémont s'était allié à l'Angleterre et à la France dans la guerre qui les opposait depuis l'année précédente à la Russie, espérant obtenir en retour le soutien des deux puissances à la cause de l'unité italienne. Mais au congrès de Paris (2 février-30 mars 1856), qui mettait fin à la guerre d'Orient, les tenants du *statu quo* l'avaient emporté, et Cavour n'avait obtenu qu'une déclaration d'intention très platonique de Napoléon III. **2.** Louis Bonaparte s'était toujours intéressé de près à l'Italie. En 1831, sous les ordres de Mazzini, il avait participé avec son frère (qui y trouva la mort) à une insurrection libérale dans les États du pape. Mais en 1849, devenu président de la République avec le soutien du parti de l'Ordre dominé par les catholiques, il ordonna au corps expéditionnaire français de mettre fin à la République romaine dirigée par Mazzini et de rendre au pape son pouvoir. Tout au plus écrivit-il à Edgar Ney, en poste à Rome, une lettre où il parlait d'inciter le pape à promulguer des réformes libérales, lettre rendue publique mais qui n'aura aucun effet sur la politique strictement réactionnaire de Pie IX. Après le coup d'État, Louis Napoléon restait plus que jamais lié aux catholiques, ce qui constitua l'une des principales causes de l'ambiguïté et des revirements de sa politique italienne. Si en 1859 il apportera une aide militaire déterminante au Piémont contre l'Autriche, il mettra fin inopinément à cette aide : le Piémont ne gagnera que la Lombardie, et donnera à la France la Savoie et Nice. L'annexion l'année suivante du sud et du centre de la Péninsule se fera sans l'aide active de la France. Et l'Empire

les princes ! et vous prêteriez l'oreille ! et vous diriez : contentons-nous de cela ! et vous accepteriez, et vous désarmeriez ! Et cette sombre et splendide Révolution latente qui couve dans vos cœurs, qui flamboie dans vos yeux, vous l'ajourneriez ! Est-ce que c'est possible ?

Mais vous n'auriez donc nulle foi dans l'avenir ! vous ne sentiriez donc pas que l'empire va tomber demain, que l'empire tombé, c'est la France debout, que la France debout, c'est l'Europe libre ! Vous, Italiens, élite humaine, nation mère, l'un des plus rayonnants groupes d'hommes que la terre ait portés, vous au-dessus desquels il n'y a rien, vous ne sentiriez pas que nous sommes vos frères, vos frères par l'idée, vos frères par l'épreuve ; que l'éclipse actuelle finira subitement pour tous à la fois ; que si demain est à nous, il est à vous ; et que le jour où il y aura dans le monde la France, il y aura l'Italie !

Oui, le premier des deux peuples qui se lèvera fera lever l'autre. Disons mieux : nous sommes le même peuple, nous sommes la même humanité. Vous la République romaine ; nous la République française, nous sommes pénétrés du même souffle de vie ; nous ne pouvons pas plus nous dérober, nous Français, au rayonnement de l'Italie que vous ne pouvez vous soustraire, vous Italiens, au rayonnement de la France. Il y a entre vous et nous cette profonde solidarité humaine d'où naîtra l'ensemble pendant la lutte et l'harmonie après la victoire. Italiens, la fédération des nations continentales sœurs et reines, et chacune couronnée de la liberté de toutes, la fraternité des patries dans la

---

protégera toujours le pouvoir du pape sur Rome, dont le jeune royaume d'Italie veut absolument faire sa capitale. Les ambiguïtés de Louis Napoléon lui auront finalement aliéné les sympathies de cet État qu'il avait contribué à faire naître. Quand en 1870 l'Empire français s'effondrera, l'Italie, loin de se porter à son secours, profitera de l'occasion pour, enfin, annexer Rome et ce qui restait des États du Pape.

suprême unité républicaine, les Peuples-Unis d'Europe, voilà l'avenir.

Ne détournez pas un seul instant vos yeux de cet avenir magnifique. La grande solution est proche ; ne souffrez pas qu'on vous fasse une solution à part. Dédaignez ces offres de marche en avant petit à petit, tenus aux lisières par les princes. Nous sommes dans le temps de ces enjambées formidables qu'on appelle Révolutions. Les peuples perdent des siècles et les regagnent en une heure. Pour la liberté comme pour le Nil, la fécondation, c'est la submersion.

Ayons foi. Pas de moyens termes, pas de compromis, pas de demi-mesures, pas de demi-conquêtes. Quoi ! accepter des concessions, quand on a le droit, et l'appui des princes, quand on a l'appui des peuples ! Il y a de l'abdication dans cette espèce de progrès-là. Non. Visons haut, pensons vrai, marchons droit. Les à-peu-près ne suffisent plus. Tout se fera ; et tout se fera en un pas, en un jour, en un seul éclair, en un seul coup de tonnerre. Ayons foi.

Quand l'heure de la chute sonnera, la Révolution, brusquement, à pic, de son droit divin, sans préparation, sans transition, sans crépuscule, jettera sur l'Europe son prodigieux éblouissement de liberté, d'enthousiasme et de lumière, et ne laissera au vieux monde que le temps de tomber.

N'acceptez donc rien de lui. C'est un mort. La main des cadavres est froide, et n'a rien à donner.

Frères, quand on est la vieille race d'Italie, quand on a dans les veines tous les beaux siècles de l'histoire et le sang même de la civilisation, quand on n'est ni abâtardi ni dégénéré, quand on a su retrouver, le jour où on l'a voulu, tous les grands niveaux du passé, quand on a fait le mémorable effort de la Constituante et du Triumvirat[1], quand, pas plus tard qu'hier, car 1849

1. Après la fuite du pape (le 24 novembre 1848), qui se réfugie à Gaète en territoire napolitain, Rome et les États de l'Église se proclament république, convoquent une Assemblée constituante, et sont gouvernés d'abord par Mazzini seul, qui s'adjoint bientôt

c'est hier, on a prouvé qu'on était Rome, quand on est ce que vous êtes, en un mot, on sent qu'on a tout en soi ; on se dit qu'on porte sa délivrance dans sa main et sa destinée dans sa volonté ; on méprise les avances et les offres des princes, et l'on ne se laisse rien donner par ceux à qui l'on a tout à reprendre.

Rappelez-vous d'ailleurs ce qu'il y a de taches de boue et de gouttes de sang sur les mains pontificales et royales.

Rappelez-vous les supplices, les meurtres, les crimes, toutes les formes du martyrologe, la bastonnade publique, la bastonnade en prison, les tribunaux de caporaux, les tribunaux d'évêques, la sacrée consulte de Rome, les grandes cours de Naples, les échafauds de Milan, d'Ancône, de Lugo, de Sinigaglia, d'Imola, de Faenza, de Ferrare, la guillotine, le garrot, le gibet ; cent soixante-dix-huit fusillades en trois ans, au nom du pape, dans une seule ville, à Bologne ; le fort Urbain, le château Saint-Ange, Ischia[1] ; Poerio[2] n'ayant d'autre soulagement que de changer sur ses membres la place de ses chaînes ; les proscripteurs ne sachant plus le nombre des proscrits ; les bagnes, les cachots, les oubliettes, les in-pace, les tombes !

Et puis, rappelez-vous votre fier et grand programme romain. Soyez-lui fidèles. Là est l'affranchissement ; là est le salut.

Ayez toujours présent à l'esprit ce mot hideux de la

Armellini et Saffi. « Mazzini et le triumvirat savent administrer l'État et organiser sa défense. Une administration laïque est recrutée par concours, l'université est laïcisée, les grands domaines ecclésiastiques sont divisés en lots loués aux paysans à perpétuité ; les tentatives du cardinal Antonelli pour organiser, à partir de Gaète, des bandes et des soulèvements, n'obtiennent pas grand résultat, commerçants et bourgeois étant satisfaits d'être libérés du despotisme clérical » (Guiral).

1. Énumération qui évoque les différents aspects de la répression particulièrement violente qui s'abattit sur l'Italie après les différents mouvements révolutionnaires de 1848-1849. **2.** Ministre libéral durant la révolution napolitaine de 1848, il fut après son écrasement en 1849 condamné aux travaux forcés.

diplomatie : l'*Italie n'est pas une nation, c'est un terme de géographie*[1].

N'ayez qu'une pensée : vivre chez vous de votre vie à vous. Être l'Italie. – Et répétez-vous sans cesse au fond de l'âme cette chose terrible : Tant que l'Italie ne sera pas un peuple, l'Italien ne sera pas un homme.

Italiens, l'heure vient ; et, je le dis à votre gloire, elle vient par vous. Vous êtes aujourd'hui la grande inquiétude des trônes continentaux. Le point de la Solfatare[2] européenne d'où il se dégage en ce moment le plus de fumée, c'est l'Italie.

Oui, le règne des monstres et des despotes, grands et petits, n'a plus que quelques instants, nous sommes à la fin. Souvenez-vous-en, vous êtes les fils de cette terre prédestinée pour le bien, fatale pour le mal, sur laquelle jettent leur ombre ces deux géants de la pensée humaine, Michel-Ange et Dante ; Michel-Ange, le jugement[3] ; Dante, le châtiment[4].

Gardez entière et vierge votre mission sublime.

Ne vous laissez ni amortir, ni amoindrir.

Pas de sommeil, pas d'engourdissement, pas de torpeur, pas d'opium, pas de trêve. Agitez-vous, agitez-vous, agitez-vous ! Le devoir pour tous, pour vous comme pour nous, c'est l'agitation aujourd'hui, l'insurrection demain.

Votre mission est à la fois destructive et civilisatrice. Elle ne peut pas ne point s'accomplir. N'en doutez pas, la Providence fera sortir de toute cette ombre une Italie grande, forte, heureuse et libre. Vous portez en vous la révolution qui dévorera le passé, et la régénération qui

---

1. Phrase du chancelier autrichien Metternich, censée justifier la division politique de l'Italie et son occupation partielle par l'Autriche. **2.** Terrain volcanique qui dégage des émanations de vapeur. L'image de la révolution-éruption est ancienne et fréquente chez Hugo ; le plus souvent, néanmoins, c'est la France et surtout Paris qui pour lui jouent le rôle du cratère central du grand volcan européen. **3.** *Le Jugement dernier*, fresque gigantesque de la chapelle Sixtine à Rome (1536), inspirée de Dante. **4.** *L'Enfer* de la *Divine Comédie* (1307), dans lequel Dante a placé de nombreux puissants, rois et papes notamment.

fondera l'avenir. Il y a en même temps, sur le front auguste de cette Italie que nous entrevoyons dans les ténèbres, les premières rougeurs de l'incendie et les premières lueurs de l'aube.

Dédaignez donc ce qu'on semble prêt à vous offrir. Prenez garde et croyez. Défiez-vous des rois ; fiez-vous à Dieu [1].

VICTOR HUGO. Guernesey, 26 mai 1856.

---

1. Dieu, loin de cautionner les rois, défend les peuples en lutte pour leur liberté ; le « droit divin » n'est pas celui de la souveraineté monarchique, mais celui de « la Révolution » (cf. *supra*).

12

JOHN BROWN
Guernesey — 2 décembre 1859

John Brown fut un homme étrange, produit de cette Amérique des pionniers, violente et puritaine, travaillée de contradictions multiples. Après une vie errante et de nombreux déboires, cet homme religieux, voire mystique, se voua à la cause de la libération des esclaves noirs. Sur cette question le différend entre le Nord et le Sud s'aigrissait, alors même que l'expansion vers l'Ouest rendait le statu quo *de plus en plus intenable, obligeant à décider si les nouveaux États seraient ou non esclavagistes. C'est dans deux de ces États, le Kansas puis le Missouri, que John Brown et les siens s'étaient d'abord illustrés, en luttant contre les partisans de l'esclavage et en organisant l'évasion vers le Canada de Noirs enlevés aux planteurs. En 1859 il tentait une opération de plus vaste envergure, en Virginie, au cœur du Vieux Sud. À la tête d'une vingtaine d'hommes, il prenait possession à Harper's Ferry d'un important dépôt d'armes, qui devait servir de base à la libération armée des esclaves de la région. Mais ceux-ci ne bougèrent pas et, après une résistance désespérée, les survivants du petit commando tombèrent aux mains des troupes fédérales. Leur procès fut rapidement mené, et John Brown fut pendu le 2 décembre 1859.*

Hugo eut connaissance de ces événements par la presse. Son intervention en faveur de Brown fut donc spontanée et non pas sollicitée. C'est à son instigation et avec l'aide de Meurice et Vacquerie, ses fidèles « relais médiatiques », que ce texte fut publié dans divers journaux anglais et français, puis américains. Six mois après avoir refusé publiquement et insolemment l'amnistie offerte aux proscrits par Napoléon III[1]*, alors que la petite colonie des exilés devient squelettique et que l'activité proprement politique de Hugo se réduit notablement, l'homme-sur-le-rocher donne de la voix pour situer sur le plan de la « conscience universelle » la lutte anti-esclavagiste, et pour élargir au Nouveau Monde les horizons du combat républicain. Car la République est par nature aussi universelle que la conscience, n'étant autre chose, aux yeux de Hugo, que son expression adéquate dans le registre politique. Et elle est aussi exigeante : la république des États-Unis ne peut survivre longtemps encore en tolérant l'esclavage. Une telle contradiction à son principe finirait par lui ôter toute crédibilité, et toute vitalité. Elle finirait même par disqualifier tout espoir républicain, y compris en Europe. Quelques jours après l'exécution de Brown, Hugo écrit à Vacquerie : « Il faut que les organes républicains de Paris continuent le cri que j'ai poussé. L'honneur de notre république à nous est à ce prix. Il faut que l'Europe pose la question à l'Amérique, sujet immense. Mettons les fers au feu sous l'esclavage, fût-ce, chose terrible pourtant, au prix de la fracture de l'Union américaine. Avant tout le droit et*

---

1. « Personne n'attendra de moi que j'accorde, en ce qui me concerne, un moment d'attention à la chose appelée amnistie. / Dans la situation où est la France, protestation absolue, inflexible, éternelle, voilà pour moi le devoir. / Fidèle à l'engagement que j'ai pris vis-à-vis de ma conscience, je partagerai jusqu'au bout l'exil de la liberté. Quand la liberté rentrera, je rentrerai. – Hauteville-House, 18 août 1859 » (*Actes et Paroles, II*).

le principe. C'est par cette logique-là que nous vivons. » On peut préférer à cette logique « romantique » une politique plus « réaliste ». Encore convient-il ne pas oublier que les principaux combats politiques et sociaux des deux derniers siècles trouvèrent leur meilleure dynamique dans cette dénonciation de l'écart entre les principes proclamés (notamment par les Déclarations des droits) et les pratiques réelles des États et sociétés qui pourtant s'en réclamaient.

Après l'exécution de John Brown, Hugo reprit les dessins que lui avait inspirés la pendaison de Tapner à Guernesey cinq ans plus tôt[1]*. L'un de ces « pendus » figura dans l'album gravé par son beau-frère Chenay en 1860 (seule publication du vivant de Hugo de son œuvre graphique) avec la légende* « Pro Christo sicut Christus[2] – *John Brown, 2 décembre 1859, Charleston ». La police impériale, trouvant la date provocante, fit interdire la légende*[3]*.*

AUX ÉTATS-UNIS D'AMÉRIQUE

Quand on pense aux États-Unis d'Amérique, une figure majestueuse se lève dans l'esprit, Washington[4].

---

1. Voir « Aux habitants de Guernesey » (10 janvier 1854) et « À lord Palmerston » (11 février 1854), dans *Actes et Paroles, II*. **2.** « Pour le Christ, comme le Christ » ; sur cette comparaison du condamné à mort et du Christ, cf. texte 1, p. 52, note 1. **3.** John Brown a été exécuté (et ce texte a été écrit) le jour anniversaire du coup d'État de Louis Bonaparte. Toujours très sensible aux coïncidences de date, Hugo ne manqua pas de remarquer celle-ci. L'édition de 1875 d'*Actes et Paroles* fait allusion à « cet anniversaire qui rappelait [à Victor Hugo] toutes les formes et toutes les nécessités du devoir ». Nous reproduisons le texte de l'édition originale d'*Actes et Paroles, II – Pendant l'exil*, Paris, Michel Lévy, 1875. **4.** Héros de l'indépendance américaine, il commanda l'armée des Insurgents de 1775 à 1781. Premier président des États-Unis d'Amérique en 1789, il est considéré comme

Or, dans cette patrie de Washington, voici ce qui a lieu en ce moment :

Il y a des esclaves dans les états du Sud, ce qui indigne, comme le plus monstrueux des contre-sens, la conscience logique et pure des états du Nord. Ces esclaves, ces nègres, un homme blanc, un homme libre, John Brown, a voulu les délivrer. John Brown a voulu commencer l'œuvre de salut par la délivrance des esclaves de la Virginie. Puritain, religieux, austère, plein de l'Évangile, *Christus nos liberavit*[1], il a jeté à ces hommes, à ces frères, le cri d'affranchissement. Les esclaves, énervés par la servitude, n'ont pas répondu à l'appel. L'esclavage produit la surdité de l'âme. John Brown, abandonné, a combattu ; avec une poignée d'hommes héroïques, il a lutté ; il a été criblé de balles, ses deux jeunes fils, saints martyrs, sont tombés morts à ses côtés, il a été pris. C'est ce qu'on nomme l'affaire de Harper's Ferry.

John Brown, pris, vient d'être jugé, avec quatre des siens, Stephens, Copp, Green et Coplands.

Quel a été ce procès ? disons-le en deux mots :

John Brown, sur un lit de sangle, avec six blessures mal fermées, un coup de feu au bras, un aux reins, deux à la poitrine, deux à la tête, entendant à peine, saignant à travers son matelas, les ombres de ses deux fils morts près de lui ; ses quatre co-accusés, blessés, se traînant à ses côtés, Stephens avec quatre coups de sabre ; la « justice » pressée et passant outre ; un attor-

---

l'un des principaux fondateurs de cette république fédérale. Il sera longtemps une référence primordiale (mais discutée) pour les républicains français.

1. « C'est pour que nous soyons vraiment libres que *Christ nous a libérés*. Tenez donc ferme et ne vous laissez pas remettre sous le joug de l'esclavage » (Saint Paul, Épître aux Galates, V, I). Cette citation fournira le titre d'un chapitre des *Misérables* (I, V, 11). À l'autre extrémité de ce roman publié pendant la guerre de Sécession, on trouve cet hommage : « Pour nous, qui préférons le martyre au succès, John Brown est plus grand que Washington [...]. Il faut bien que quelqu'un soit pour les vaincus. On est injuste pour ces grands essayeurs de l'avenir quand ils avortent » (V, I, 20).

Victor Hugo : *Le pendu* (1854).
Plume et lavis d'encre brune.

ney[1] Hunter qui veut aller vite, un juge Parker qui y consent, les débats tronqués, presque tous délais refusés, production de pièces fausses ou mutilées, les témoins à décharge écartés, la défense entravée, deux canons chargés à mitraille dans la cour du tribunal[2], ordre aux geôliers de fusiller les accusés si l'on tente de les enlever, quarante minutes de délibération, trois condamnations à mort. J'affirme sur l'honneur que cela ne s'est point passé en Turquie, mais en Amérique.

On ne fait point de ces choses-là impunément en face du monde civilisé. La conscience universelle est un œil ouvert. Que les juges de Charlestown, que Hunter et Parker, que les jurés possesseurs d'esclaves, et toute la population Virginienne y songent, on les voit. Il y a quelqu'un.

Le regard de l'Europe est fixé en ce moment sur l'Amérique.

John Brown, condamné, devait être pendu le 2 Décembre (aujourd'hui même).

Une nouvelle arrive à l'instant. Un sursis lui est accordé. Il mourra le 16[3].

L'intervalle est court. D'ici là, un cri de miséricorde a-t-il le temps de se faire entendre ?

N'importe ! le devoir est d'élever la voix.

Un second sursis suivra peut-être le premier. L'Amérique est une noble terre. Le sentiment humain se réveille vite dans un pays libre. Nous espérons que Brown sera sauvé.

S'il en était autrement, si John Brown mourait le 16 décembre sur l'échafaud, quelle chose terrible !

Le bourreau de Brown, déclarons-le hautement (car les rois s'en vont et les peuples arrivent, on doit la vérité aux peuples), le bourreau de Brown, ce ne serait ni l'attorney Hunter, ni le juge Parker, ni le gouverneur

---

1. Procureur, chargé de l'accusation. **2.** Précaution dirigée moins contre les prisonniers que contre la population esclavagiste de Charlestown, qui aurait volontiers lynché les prévenus sans autre forme de procès. **3.** Cette « nouvelle » était une fausse information : John Brown fut pendu le 2 décembre.

Wyse, ni le petit état de Virginie ; ce serait, on frissonne de le penser et de le dire, la grande République Américaine tout entière.

Devant une telle catastrophe, plus on aime cette république, plus on la vénère, plus on l'admire, plus on se sent le cœur serré. Un seul état ne saurait avoir la faculté de déshonorer tous les autres, et ici l'intervention fédérale est évidemment de droit[1]. Sinon, en présence d'un forfait à commettre et qu'on peut empêcher, l'Union devient Complicité. Quelle que soit l'indignation des généreux états du Nord, les états du Sud les associent à l'opprobre d'un tel meurtre ; nous tous, qui que nous soyons, qui avons pour patrie commune le symbole démocratique, nous nous sentons atteints et en quelque sorte compromis ; si l'échafaud se dressait le 16 décembre, désormais, devant l'histoire incorruptible, l'auguste fédération du nouveau monde ajouterait à toutes ses solidarités saintes une solidarité sanglante ; et le faisceau radieux de cette république splendide aurait pour lien le nœud coulant du gibet de John Brown.

Ce lien-là tue.

Lorsqu'on réfléchit à ce que Brown, ce libérateur, ce combattant du Christ, a tenté, et quand on pense qu'il va mourir, et qu'il va mourir égorgé par la République Américaine, l'attentat prend les proportions de la nation qui le commet ; et quand on se dit que cette nation est une gloire du genre humain, que, comme la France, comme l'Angleterre, comme l'Allemagne, elle est un des organes de la civilisation, que souvent même elle dépasse l'Europe dans de certaines audaces

1. Mais l'État fédéral intervenait à charge : John Brown avait été arrêté par un détachement de l'armée fédérale (commandé par le colonel Lee, futur général en chef des armées sudistes) ; il était poursuivi notamment pour trahison, conspiration avec les esclaves et violation des lois de l'Union ; même Abraham Lincoln, fervent abolitionniste et futur président des États-Unis, condamna violemment son action. Pourtant l'exécution de Brown produisit une vive émotion dans les milieux abolitionnistes, religieux et intellectuels du Nord.

sublimes du progrès, qu'elle est le sommet de tout un monde, qu'elle porte sur son front l'immense lumière libre, on affirme que John Brown ne mourra pas, car on recule épouvanté devant l'idée d'un si grand crime commis par un si grand peuple !

Au point de vue politique, le meurtre de Brown serait une faute irréparable. Il ferait à l'Union une fissure latente qui finirait par la disloquer. Il serait possible que le supplice de Brown consolidât l'esclavage en Virginie, mais il est certain qu'il ébranlerait toute la démocratie Américaine[1]. Vous sauvez votre honte, mais vous tuez votre gloire.

Au point de vue moral, il semble qu'une partie de la lumière humaine s'éclipserait, que la notion même du juste et de l'injuste s'obscurcirait, le jour où l'on verrait se consommer l'assassinat de la Délivrance par la Liberté[2].

Quant à moi, qui ne suis qu'un atome, mais qui, comme tous les hommes, ai en moi toute la conscience humaine, je m'agenouille avec larmes devant le grand drapeau étoilé du nouveau monde, et je supplie à mains jointes, avec un respect profond et filial, cette illustre République Américaine d'aviser au salut de la loi morale universelle, de sauver John Brown, de jeter bas

---

1. La guerre de Sécession, opposant le Nord industriel et abolitionniste au Sud agricole et esclavagiste, commença deux ans plus tard. Si l'affaire John Brown n'eut guère d'influence directe sur le déclenchement des hostilités, il n'en reste pas moins qu'entre-temps cet étrange aventurier était devenu un symbole. On composa une chanson sur son histoire, et ce « Brown's Song » devint un chant de marche des armées nordistes. **2.** Les plus grands poètes et écrivains d'Outre-Atlantique firent retentir après l'exécution de Brown des accents comparables à ceux du poète français : Longfellow vit dans son action l'aube d'une « nouvelle révolution, aussi urgente que la première [la révolution d'Indépendance] » ; Emerson déclara en public : « Je souhaite que nous puissions avoir assez de santé pour reconnaître la vertu quand nous la voyons, et ne pas crier au fou quand passe un héros » ; et Thoreau écrivit : « Il y a 1800 ans, Christ était crucifié. Ce matin le Capitaine Brown a été pendu. Ce n'est plus le vieux Brown, c'est un ange de lumière. »

le menaçant échafaud du 16 Décembre, et de ne pas permettre que, sous ses yeux, et, j'ajoute en frémissant, presque par sa faute, le premier fratricide soit dépassé.

Oui, que l'Amérique le sache et y songe, il y a quelque chose de plus effrayant que Caïn tuant Abel, c'est Washington tuant Spartacus[1].

VICTOR HUGO.
Hauteville-House, 2 Décembre 1859

---

1. Chef de la plus grande révolte d'esclaves de l'Antiquité, qui tint Rome en échec pendant deux ans (72-71 av. J.-C.).

13

LA GUERRE DU MEXIQUE
Guernesey – 1863

La guerre du Mexique fut pour Napoléon III ce que la guerre d'Espagne avait été pour Napoléon Ier : une expédition politico-militaire qui tourna vite au désastre sans gloire, qui usa inutilement les forces du régime et qui, profondément impopulaire, marqua le commencement de la fin. Engagée officiellement, en 1861, pour d'assez sordides raisons financières, l'expédition fut d'abord menée conjointement avec l'Angleterre et l'Espagne et limitée à l'envoi d'une flotte, destinée à faire pression sur la République mexicaine. Mais Napoléon III voyait plus loin, et rêvait de faire du Mexique un espace soumis à l'influence politique et économique de la France, au nom d'une politique de grandeur qui associait colonialisme militaire du grand outre-mer (conquête de l'Indochine, expédition chinoise) et idéal d'une civilisation capitaliste moderne d'inspiration saint-simonienne. L'Espagne et l'Angleterre s'étant retirés dès 1862, les États-Unis, grande puissance de la région, étant provisoirement neutralisés par leur guerre de Sécession (1861-1865), l'empereur français crut avoir les mains libres pour réaliser ses ambitions mexicaines. En 1863 il procédait à la conquête militaire du pays et, estimant peu poli-

tique l'exercice direct du pouvoir, offrait la couronne (d'Empereur, évidemment) au catholique Maximilien de Habsbourg, frère de l'empereur d'Autriche, que la France dirigerait à son gré.

Ce faisant, il sous-estimait dramatiquement les capacités de résistance des Mexicains. Tandis que Maximilien s'appuyait sur le parti conservateur, représentant profondément impopulaire de l'Église catholique et des grands propriétaires terriens, les républicains de Juarez organisaient la guérilla contre une armée française qui constituait le principal soutien du nouveau régime, et qui multiplia les actes de barbarie. Le Mexique devint très vite pour la France un gouffre d'argent et d'hommes. Quand prit fin la guerre de Sécession (1865) et que les États-Unis menacèrent d'intervenir, quand il fut décidément manifeste que la « pacification » s'enlisait, quand la situation européenne se tendit assez pour nécessiter le rapatriement du corps expéditionnaire, on renonça. En février 1867, après cinq ans de « sale guerre », l'armée française quittait le Mexique. Le 19 juin, Maximilien était exécuté par les partisans de Juarez.

Militairement, l'affaire avait d'ailleurs mal commencé. Les premiers effectifs débarqués s'étaient heurtés à une résistance acharnée, et la ville de Puebla, investie en mai 1862, tint plusieurs mois face à l'armée française. Hugo apprit que les assiégés publiaient un journal dont chaque numéro commençait par une citation de Napoléon-le-Petit. *L'un d'eux contenait ces mots, adressés aux envahisseurs : « Qu'êtes-vous ? les soldats d'un tyran ; la meilleure France est avec nous. Vous avez Napoléon, nous avons Victor Hugo. »*

Cette idée des « deux France » est au cœur de la réponse de Hugo aux hommes de Puebla. On y lira l'expression d'un patriotisme toujours conditionné à une « certaine idée de la France », qui n'est pas celle des apôtres de la grandeur à tout prix. Ce patriotisme-là est souvent taxé de trahison, et l'on ne s'en priva pas. Mais si, comme Hugo l'écrira quatre ans plus tard[1], la France est « trop grande pour n'être qu'une patrie », c'est qu'à ses yeux elle représente un idéal commun qui ne saurait se reconnaître dans un État qui le bafoue – quand bien même cet État, son armée et son chef se diraient Français, et arboreraient, pour les déshonorer, les trois couleurs de 1789.

On fit apprendre par cœur aux écoliers mexicains cette lettre de Victor Hugo[2]. Mais la lettre ouverte qu'il écrivit le 20 juin 1867 à Juarez pour obtenir la grâce de Maximilien fut d'autant moins efficace que l'Empereur du Mexique avait été exécuté la veille[3].

Hommes de Puebla,

Vous avez raison de me croire avec vous.

Ce n'est pas la France qui vous fait la guerre, c'est l'empire. Certes, je suis avec vous. Nous sommes debout contre l'empire, vous de votre côté, moi du mien, vous dans la patrie, moi dans l'exil.

Combattez, luttez, soyez terribles. Et si vous croyez mon nom bon à quelque chose, servez-vous-en. Visez cet homme à la tête, que la liberté soit le projectile.

Il y a deux drapeaux tricolores, le drapeau tricolore de la république, et le drapeau tricolore de l'empire ; ce n'est pas le premier qui se dresse contre vous, c'est le second.

---

1. Voir texte 14. **2.** Sa protestation contre le sac du palais d'été de Pékin par les troupes anglo-françaises eut en Chine une audience comparable (voir « Au capitaine Butler », 25 novembre 1861, dans *Actes et Paroles, II*). **3.** Voir « L'empereur Maximilien », dans *Actes et Paroles, II.* Rappelons que les communications avec l'Amérique ou l'Asie étaient encore très lentes : il fallait alors plusieurs mois pour être informé en Europe des événements survenus à l'autre bout du monde. Nous reproduisons le texte de l'édition originale d'*Actes et Paroles, II – Pendant l'exil*, Paris, Michel Lévy, 1875.

Sur le premier on lit : *Liberté, Égalité, Fraternité.* Sur le second on lit : *Toulon. 18 brumaire. – 2 décembre, Toulon*[1].

J'entends le cri que vous poussez vers moi, je voudrais me mettre entre nos soldats et vous, mais que suis-je ? une ombre. Hélas ! nos soldats ne sont pas coupables de cette guerre ; ils la subissent comme vous la subissez, et ils sont condamnés à l'horreur de la faire en la détestant. La loi de l'histoire, c'est de flétrir les généraux et d'absoudre les armées[2]. Les armées sont des gloires aveuglées ; ce sont des forces auxquelles on ôte la conscience ; l'oppression des peuples qu'une armée accomplit, commence par son propre asservissement ; ces envahisseurs sont des enchaînés ; et le premier esclave que fait le soldat, c'est lui-même. Après un 18 brumaire ou un 2 décembre, une armée n'est plus que le spectre d'une nation.

Vaillants hommes du Mexique, résistez.

La République est avec vous, et dresse au-dessus de vos têtes aussi bien son drapeau de France où est l'arc-en-ciel, que son drapeau d'Amérique où sont les étoiles.

---

1. On peut comprendre : le siège de Toulon occupé par les Anglais, en 1793, premier fait d'armes de Napoléon Bonaparte – mais qui le mena au coup d'État du 18 brumaire an VIII contre la Première République ; le coup d'État du 2 décembre 1851, qui mit fin à la Seconde République, mais qui mènera Napoléon III à Toulon, c'est-à-dire au bagne (même propos dans la pièce « Toulon » des *Châtiments*, I, 2). Le parallèle des deux Bonaparte vise toujours à mettre en évidence la dégradation parodique du premier par le second. **2.** Cette désolidarisation des soldats et de leurs chefs, déjà affirmée dans la proclamation à l'armée rédigée par Hugo le 3 décembre 1851 (voir texte 8), venait d'être réaffirmée dans l'appel du 11 février 1863 à l'armée russe (voir *Actes et Paroles, II*) engagée dans la répression d'une nouvelle insurrection polonaise contre le tsar. Il s'agit toujours de s'élever contre l'obéissance passive, chère aux faiseurs de coups d'État militaires et de répressions sanguinaires. Au-delà, il s'agit de s'interroger sur les conditions d'une armée véritablement nationale, c'est-à-dire populaire, citoyenne, respectueuse du droit.

Espérez. Votre héroïque résistance s'appuie sur le droit, et a pour elle cette grande certitude, la justice.

L'attentat contre la république mexicaine continue l'attentat contre la république française. Un guet-apens complète l'autre. L'empire échouera, je l'espère, dans sa tentative infâme, et vous vaincrez. Mais, dans tous les cas, que vous soyez vainqueurs ou que vous soyez vaincus, notre France reste votre sœur, sœur de votre gloire comme de votre malheur, et quant à moi, puisque vous faites appel à mon nom, je vous le redis, je suis avec vous, et je vous apporte, vainqueurs, ma fraternité de citoyen, vaincus, ma fraternité de proscrit.

VICTOR HUGO.

14

PARIS
Guernesey – Mai 1867

La seconde moitié du XIXe *siècle vit fleurir les expositions universelles, gigantesques bazars de la science, de la technique et de l'art, éventaires monumentaux et chaotiques d'une certaine idée du Progrès et de la Civilisation. Et, tout autant, terrain d'affrontement (encore pacifique) des rivalités et des orgueils nationaux. L'exposition tenue à Paris d'avril à novembre 1867 intervint dans un contexte très particulier. Côté rose, elle fut l'occasion de recevoir dans une atmosphère de fête permanente des visiteurs du monde entier, qui s'esbaudirent dans la capitale impériale nouvellement haussmannisée. De ce point de vue, la fête fut réussie*[1]*. Mais, côté noir, l'exposition se tint à l'ombre d'une situation internationale menaçante. L'année précédente, la Prusse avait écrasé l'Autriche (à Sadowa), et s'était enfin portée à la tête d'une Allemagne unie qui se limitait encore aux provinces du Nord. Chacun savait qu'elle ne limitait pas là ses ambitions. Or la France se trouvait dans une situation délicate : non seulement la géographie et l'histoire l'incitaient à se sentir directement menacée par l'ex-*

1. L'exposition reçut plus de dix millions de visiteurs.

pansionnisme prussien, mais la diplomatie de Napoléon III avait considérablement fragilisé sa position. L'aide apportée au Piémont n'avait pas fait du jeune royaume d'Italie un allié de la France : il jugeait suffisamment payé par la cession de Nice et de la Savoie un Empire français qui, en 1859, avait rompu unilatéralement l'alliance et s'obstinait depuis à garantir l'indépendance des États du Pape, privant ainsi les Italiens de leur « capitale naturelle » (voir texte 11). L'équipée mexicaine avait suscité la défiance et l'hostilité des puissances anglo-saxonnes (voir texte 13). Et le marchandage de Napoléon III qui, après la victoire prussienne sur l'Autriche, avait réclamé maladroitement pour prix de sa neutralité la rive gauche du Rhin, puis la Belgique, puis le Luxembourg, n'avait fait qu'exciter le nationalisme allemand sans recueillir des chancelleries européennes autre chose qu'un agacement un peu ironique. Bref, la France était totalement isolée, alors que son armée, qui n'avait pas fait preuve d'une grande solidité lors des batailles italiennes de 1859 contre les Autrichiens, venait de s'user au soleil du Mexique dans une de ces contre-guérillas qui préparent toujours mieux aux Waterloo qu'aux Austerlitz. Pendant qu'on riait du général Boum d'Offenbach (dans La Grande-Duchesse de Gerolstein*), les généraux fronçaient les sourcils en examinant sous tous les angles les merveilles exposées par le fabricant de canons Krupp, l'armée française recevait le nouveau fusil Chassepot (qui venait de s'illustrer, l'année précédente, contre les volontaires de Garibaldi à Mentana, près de Rome), et le ministre de la Guerre tentait d'obtenir les crédits pour un réarmement massif. « L'Empire, c'est la paix ! », avait proclamé le Prince-Président en 1852. Depuis la Crimée, l'Italie et le Mexique, on savait qu'il n'en était rien ; mais on commençait à craindre un démenti qui serait d'une tout autre ampleur.*

L'éditeur Lacroix (celui des Misérables*) fit de l'exposition universelle un événement littéraire : il* *demanda à tous les écrivains les plus en vue*[1] *de « couvrir l'événement », et offrit à Victor Hugo l'introduction de l'ouvrage, intitulé* Paris-Guide. *L'exilé accepta – à charge pour lui d'ignorer superbement la capitale d'Haussmann, de* La Vie parisienne, *et de la fête impériale, pour mieux célébrer la vraie Ville-Lumière, qui n'est pas celle, facticement moderne, de l'éclairage au gaz, mais celle, plus électrique, de ses penseurs, de ses artistes, et de ses faubourgs révolutionnaires. Chacune a son magnétisme propre : si la première attire les riches badauds, la seconde attire les peuples – et peut-être assez puissamment pour convertir en peuple la foule des badauds. Comme il y a « deux France », il y a « deux Paris ».*

Ce fut surtout pour Hugo l'occasion de répondre aux menaces qui pesaient sur la paix, et ce texte constitue l'un des plus complets développements de sa prophétie des États-Unis d'Europe, un de ses plus éclatants plaidoyers pour le nécessaire dépassement de l'Europe des Nations et des nationalismes – au moment précis où celle-ci prenait forme, dangereusement. Trois ans plus tard, le désastre de la guerre franco-prussienne allait trancher en faveur de ces États-Nations modernes dont les rivalités permanentes et l'équilibre impossible constitueraient, pendant trois quarts de siècle, l'histoire tragique et suicidaire du continent. Mais en 1867 l'avenir était encore ouvert, et si Paris *parlait pour le XX*e *siècle, il parlait aussi et avant tout pour cette opposition républicaine et socialiste qui relevait alors la tête, et qui trois ans durant allait faire de la paix européenne un de ses principaux mots d'ordre*[2].

---

1. Y compris d'illustres opposants au régime impérial, comme Jules Michelet, Edgar Quinet ou Louis Blanc. **2.** Nous reproduisons le début et la fin de la brochure publiée séparément en mai 1867 par Lacroix, sous le titre *Paris*, enrichie par rapport à la version de *Paris-Guide*.

I

L'AVENIR

Au vingtième siècle, il y aura une nation extraordinaire. Cette nation sera grande, ce qui ne l'empêchera pas d'être libre. Elle sera illustre, riche, pensante, pacifique, cordiale au reste de l'humanité. Elle aura la gravité douce d'une aînée. Elle s'étonnera de la gloire des projectiles coniques[1], et elle aura quelque peine à faire la différence entre un général d'armée et un boucher ; la pourpre de l'un ne lui semblera pas très distincte du rouge de l'autre. Une bataille entre Italiens et Allemands, entre Anglais et Russes, entre Prussiens et Français, lui apparaîtra comme nous apparaît une bataille entre Picards et Bourguignons. Elle considérera le gaspillage du sang humain comme inutile. Elle n'éprouvera que médiocrement l'admiration d'un gros chiffre d'hommes tués. Le haussement d'épaules que nous avons devant l'inquisition, elle l'aura devant la guerre. Elle regardera le champ de bataille de Sadowa de l'air dont nous regarderions le quemadero de Séville[2]. Elle trouvera bête cette oscillation de la victoire aboutissant invariablement à de funèbres remises en équilibre, et Austerlitz toujours soldé par Waterloo. Elle aura pour « l'autorité » à peu près le respect que nous avons pour l'orthodoxie ; un procès de presse lui semblera ce que nous semblerait un procès d'hérésie ; elle admettra la vindicte contre les écrivains juste comme nous admettons la vindicte contre les astronomes, et, sans rapprocher autrement Béranger de

1. Cette forme d'obus ou de balle était alors très moderne.
2. La victoire particulièrement sanglante de la Prusse sur l'Autriche, le 3 juillet 1866 à Sadowa, avait consacré sa prééminence en Allemagne et démontré à l'Europe l'écrasante supériorité de son armée. Le « quemadero de Séville » était un énorme bûcher permanent sur lequel périrent des centaines, sinon des milliers de victimes de l'Inquisition ; Hugo le mettra bientôt en scène dans son drame consacré au grand inquisiteur Torquemada (1869).

Galilée, elle ne comprendra pas plus Béranger en cellule que Galilée en prison [1]. *E pur si muove*, loin d'être sa peur, sera sa joie. Elle aura la suprême justice de la bonté. Elle sera pudique et indignée devant les barbaries. La vision d'un échafaud dressé lui fera affront. Chez cette nation, la pénalité fondra et décroîtra dans l'instruction grandissante comme la glace au soleil levant. La circulation sera préférée à la stagnation. On ne s'empêchera plus de passer. Aux fleuves frontières succéderont les fleuves artères [2]. Couper un pont sera aussi impossible que couper une tête. La poudre à canon sera poudre à forage ; le salpêtre, qui a pour utilité actuelle de percer les poitrines, aura pour fonction de percer les montagnes. Les avantages de la balle cylindrique sur la balle ronde, du silex sur la mèche, de la capsule sur le silex, et de la bascule sur la capsule, seront méconnus. On sera froid pour les merveilleuses couleuvrines de treize pieds de long, en fonte frettée, pouvant tirer, au choix des personnes, le boulet creux et le boulet plein. On sera ingrat pour Chassepot dépassant Dreyse et pour Bonnin dépassant Chassepot [3]. Qu'au dix-neuvième siècle, le continent, pour l'avantage de détruire une bourgade, Sébastopol, ait sacrifié la population d'une capitale, sept cent quatre-vingt cinq mille hommes [4], cela semblera glorieux,

---

1. Voir texte 6, p. 154, note 2 et texte 5, p. 128, note 1. *E pur si muove* (Et pourtant elle [la terre] tourne) est la phrase que Galilée aurait murmurée après sa rétractation. **2.** C'était déjà le propos du *Rhin* en 1842 (voir texte 3). **3.** Fusils français et prussiens, portant le nom de leurs inventeurs et alors ultra-modernes.

4.

	Années	Tués	Morts à la suite de bless. ou de mal.	Total
Armée française	1854-1856	10,240	85,375	95,615
— anglaise	1854-1856	2,755	19,427	22,182
— piémontaise	1855-1856	12	2,182	2,194
— turque	1853-1856	10,000	25,000	35,000
— russe	1853-1856	30,000	600,000	630,000
		53,007	731,984	784,991

(Note de Victor Hugo). Officiellement engagée au nom de l'équilibre européen contre les visées expansionnistes de la Russie, la guerre d'Orient fut menée par les Français et les Anglais venus à la rescousse de l'Empire turc, bientôt suivis par les Piémontais. La

mais singulier. Cette nation estimera un tunnel sous les Alpes plus que la gargousse[1] Armstrong. Elle poussera l'ignorance au point de ne pas savoir qu'on fabriquait en 1866 un canon pesant vingt-trois tonnes appelé *Bigwill*. D'autres beautés et magnificences du temps présent seront perdues ; par exemple, chez ces gens-là, on ne verra plus de ces budgets, tels que celui de la France actuelle, lequel fait tous les ans une pyramide d'or de dix pieds carrés de base et de trente pieds de haut. Une pauvre petite île comme Jersey y regardera à deux fois avant de se passer, comme elle l'a fait le 6 août 1866, la fantaisie d'un pendu[2] dont le gibet coûte deux mille huit cents francs. On n'aura pas de ces dépenses de luxe. Cette nation aura pour législation un fac simile, le plus ressemblant possible, du droit naturel. Sous l'influence de cette nation motrice, les incommensurables friches d'Amérique, d'Asie, d'Afrique et d'Australie seront offertes aux émigrations civilisantes ; les huit cent mille bœufs, annuellement brûlés pour les peaux dans l'Amérique du Sud, seront mangés ; elle fera ce raisonnement que s'il y a des bœufs d'un côté de l'Atlantique, il y a des bouches qui ont faim de l'autre côté. Sous son impulsion, la longue traînée des misérables envahira magnifiquement les grasses et riches solitudes inconnues ; on ira aux Californies ou aux Tasmanies, non pour l'or, trompe-l'œil et grossier appât d'aujourd'hui, mais pour la terre ; les meurt-de-faim et les va-nu-pieds, ces frères douloureux et vénérables de nos splendeurs

---

guerre, qui se déroula surtout autour du port de Sébastopol, fut longue et meurtrière, surtout du fait de conditions sanitaires déplorables et des ravages causés par les épidémies. Mais la manière dont furent menées les opérations, surtout du côté français, ne ménagea pas les hommes. Les chiffres avancés ici par Hugo, s'ils sont sans doute gonflés pour les pertes russes, sont exacts pour les pertes françaises. **1.** Charge de poudre à canon. **2.** Bradley. On croit en ce moment s'apercevoir qu'il était innocent. *(Note de Victor Hugo)*. Condamné à mort pour assassinat en 1866 ; Hugo s'était alors élevé publiquement, une fois de plus, contre la peine de mort (voir *Actes et Paroles, II*).

myopes et de nos prospérités égoïstes, auront, en dépit de Malthus[1], leur table servie sous le même soleil ; l'humanité essaimera hors de la cité-mère, devenue étroite, et couvrira de ses ruches les continents ; les solutions probables des problèmes qui mûrissent, la locomotion aérienne pondérée et dirigée, le ciel peuplé d'air-navires, aideront à ces dispersions fécondes et verseront de toutes parts la vie sur ce vaste fourmillement des travailleurs ; le globe sera la maison de l'homme, et rien n'en sera perdu ; le Corrientes[2], par exemple, ce gigantesque appareil hydraulique naturel, ce réseau veineux de rivières et de fleuves, cette prodigieuse canalisation toute faite, traversée aujourd'hui par la nage des bisons et charriant des arbres morts, portera et nourrira cent villes ; quiconque voudra aura sur un sol vierge un toit, un champ, un bien-être, une richesse, à la seule condition d'élargir à toute la terre l'idée patrie, et de se considérer comme citoyen et laboureur du monde ; de sorte que la propriété, ce grand droit humain, cette suprême liberté, cette maîtrise de l'esprit sur la matière, cette souveraineté de l'homme interdite à la bête, loin d'être supprimée, sera démocratisée et universalisée. Il n'y aura plus de ligatures ; ni péages aux ponts, ni octrois[3] aux villes, ni douanes aux états, ni isthmes aux océans, ni préjugés aux âmes. Les initiatives en éveil et en quête feront le même bruit d'ailes que les abeilles. La nation centrale d'où ce mouvement rayonnera sur tous les continents sera parmi les autres sociétés ce qu'est la ferme modèle parmi les métairies. Elle sera plus que nation, elle sera civilisation ; elle sera mieux que civilisation, elle sera famille. Unité de langue, unité de monnaie, unité de

---

1. Économiste anglais (1766-1834), qui voyait dans la croissance des populations la cause principale de la misère, et militait pour une restriction de la production afin de soutenir les prix. Hugo sera toujours violemment opposé à cette théorie, qui connut un certain succès en France. **2.** Province du nord-ouest de l'Argentine, parcourue par de nombreuses rivières. **3.** Barrière aux limites des villes où l'on percevait un impôt sur chaque marchandise qui entrait.

mètre, unité de méridien, unité de code ; la circulation fiduciaire à son haut degré ; le papier-monnaie à coupon faisant un rentier de quiconque a vingt francs dans son gousset ; une incalculable plus-value résultant de l'abolition des parasitismes ; plus d'oisiveté l'arme au bras ; la gigantesque dépense des guérites supprimée ; les quatre milliards que coûtent annuellement les armées permanentes laissés dans la poche des citoyens ; les quatre millions de jeunes travailleurs qu'annule honorablement l'uniforme restitués au commerce, à l'agriculture et à l'industrie ; partout le fer disparu sous la forme glaive et chaîne et reforgé sous la forme charrue ; la paix, déesse à huit mamelles, majestueusement assise au milieu des hommes ; aucune exploitation, ni des petits par les gros, ni des gros par les petits, et partout la dignité de l'utilité de chacun sentie par tous ; l'idée de domesticité purgée de l'idée de servitude ; l'égalité sortant toute construite de l'instruction gratuite et obligatoire ; l'égout remplacé par le drainage ; le châtiment remplacé par l'enseignement ; la prison transfigurée en école ; l'ignorance, qui est la suprême indigence, abolie ; l'homme qui ne sait pas lire aussi rare que l'aveugle-né ; le *jus contra legem* [1] compris ; la politique résorbée par la science ; la simplification des antagonismes produisant la simplification des événements eux-mêmes ; le côté factice des faits s'éliminant ; pour loi l'incontestable, pour unique sénat, l'institut [2]. Le gouvernement restreint à cette vigilance considérable, la voirie, laquelle a deux nécessités, circulation et sécurité. L'État n'intervenant jamais que pour offrir gratuitement le patron et l'épure. Concurrence absolue des à-

1. Le droit (absolu, d'essence quasi divine) contre la loi (œuvre politique, positive et relative, toujours imparfaite au regard du droit, et parfois injuste). Cf. la préface d'*Actes et Paroles, I – Avant l'exil* : « Le Droit et la Loi » (1875). **2.** C'est-à-dire une assemblée de savants substituée aux assemblées politiques : idéal très proche de celui de Saint-Simon, et plus encore d'Auguste Comte, exprimé à plusieurs reprises par Hugo notamment dans « Le Droit et la Loi ».

peu-près en présence du type, marquant l'étiage du progrès. Nulle part l'entrave, partout la norme [1]. Le collège normal, l'atelier normal, l'entrepôt normal, la boutique normale, la ferme normale, le théâtre normal, la publicité normale, et à côté la liberté. La liberté du cœur humain respectée au même titre que la liberté de l'esprit humain, aimer étant aussi sacré que penser. Une vaste marche en avant de la foule Idée conduite par l'esprit Légion. La circulation décuplée ayant pour résultat la production et la consommation centuplées ; la multiplication des pains, de miracle, devenue réalité ; les cours d'eau endigués, ce qui empêchera les inondations, et empoissonnés, ce qui produira la vie à bas prix ; l'industrie engendrant l'industrie, les bras appelant les bras, l'œuvre faite se ramifiant en innombrables œuvres à faire, un perpétuel recommencement sorti d'un perpétuel achèvement, et, en tout lieu, à toute heure, sous la hache féconde du progrès, l'admirable renaissance des têtes de l'hydre sainte du travail. Pour guerre l'émulation. L'émeute des intelligences vers l'aurore. L'impatience du bien gourmandant les lenteurs et les timidités. Toute autre colère disparue. Un peuple fouillant les flancs de la nuit et opérant, au profit du genre humain, une immense extraction de clarté. Voilà quelle sera cette nation.

Cette nation aura pour capitale Paris, et ne s'appellera point la France ; elle s'appellera l'Europe.

Elle s'appellera l'Europe au vingtième siècle, et, aux siècles suivants, plus transfigurée encore, elle s'appellera l'Humanité.

L'Humanité, nation définitive, est dès à présent entrevue par les penseurs, ces contemplateurs des pénombres ; mais ce à quoi assiste le dix-neuvième siècle, c'est à la formation de l'Europe.

---

1. L'État n'interdit ni n'oblige, mais montre l'exemple en proposant et/ou réalisant la formule abstraite (« le patron et l'épure ») ou le type concret de ce qui doit être, parce que rationnel et équitable.

Vision majestueuse. Il y a dans l'embryogénie[1] des peuples, comme dans celle des êtres, une heure sublime de transparence. Le mystère consent à se laisser regarder. Au moment où nous sommes, une gestation auguste est visible dans les flancs de la civilisation. L'Europe, une, y germe. Un peuple, qui sera la France sublimée, est en train d'éclore. L'ovaire profond du progrès fécondé porte, sous cette forme dès à présent distincte, l'avenir. Cette nation qui sera palpite dans l'Europe actuelle comme l'être ailé dans la larve reptile. Au prochain siècle, elle déploiera ses deux ailes, faites, l'une de liberté, l'autre de volonté.

Le continent fraternel, tel est l'avenir. Qu'on en prenne son parti, cet immense bonheur est inévitable.

Avant d'avoir son peuple, l'Europe a sa ville. De ce peuple qui n'existe pas encore, la capitale existe déjà. Cela semble un prodige, c'est une loi. Le fœtus des nations se comporte comme le fœtus de l'homme, et la mystérieuse construction de l'embryon, à la fois végétation et vie, commence toujours par la tête.

[...]

V

DÉCLARATION DE PAIX

[...]

4

Donc, ce qui vient, c'est tous les peuples[2].

Non, il n'est plus temps de s'en dédire. L'exposition

---

1. Formation et développement de l'embryon. **2.** Tous les peuples ont envoyé des délégations à l'Exposition universelle (42 117 exposants), ou viennent la visiter.

internationale ne se rétracte pas. Les rois ont beau s'organiser militairement, donnons-leur la joie de le leur répéter à satiété, ce qui est l'avenir, ce n'est pas la haine, c'est l'entente ; ce n'est pas le roulement des bombardes, c'est la course des locomotives. L'apaisement de l'univers est fatal. Rien n'y peut. Pour tout ce qui est plumet, dragonne, cymbale, quincaillerie meurtrière, gloriole sanglante, il y a refroidissement.

Le rapetissement de la terre par le chemin de fer et le fil électrique[1] la met de plus en plus dans la main de la paix. Qu'on résiste tant qu'on voudra ; les temps sont arrivés. L'ancien régime lutte en pure perte. Le passé est très ingénieux pour un mort ; il se donne beaucoup de peine, il fait des trouvailles, il invente chaque jour un nouvel engin très curieux et très homicide. On lui donnera la croix d'honneur, mais il n'aura pas d'autre réussite. Les hommes commencent à voir moins trouble ; l'envie de s'entre-tuer leur passe. Rien ne prévaut contre un tel courant d'idées. Les déclivités de la civilisation versent le genre humain dans tel ou tel sens, et cette fois, et pour jamais, l'univers penche du bon côté. Il y aura peut-être encore une ou deux péripéties, mais finales. L'immense vent de l'avenir souffle à la paix. Que faire contre l'ouragan de fraternité et de joie ? Alliance ! alliance ! crie l'infini. Et, sous cette haleine de l'invisible, l'amour pousse hors de terre comme l'herbe. Insurgez-vous donc contre ce verdissement du printemps universel. Défaites donc la révolution. Défaites donc, non seulement le vingtième siècle devant vous, mais le dix-huitième derrière vous. Rêves ! rêves ! rêves ! Les énormes boulets d'acier, du prix de mille francs chaque, que lancent les canons titans fabriqués en Prusse par le gigantesque marteau

---

1. Le développement du télégraphe électrique depuis les années 1850 avait été au moins aussi prodigieux que celui des chemins de fer. L'année précédente on avait réalisé la pose d'un câble sous-marin reliant l'Europe à l'Amérique.

de Krupp[1], lequel pèse cent mille livres et coûte trois millions, sont juste aussi efficaces contre le progrès que les bulles de savon soufflées au bout d'un chalumeau de paille par la bouche d'un petit enfant.

5

Pourquoi voulez-vous nous faire croire aux revenants ? Vous imaginez-vous que nous ne savons pas que la guerre est morte ? Elle est morte le jour où Jésus a dit : *Aimez-vous les uns les autres !* et elle n'a plus vécu sur la terre que d'une vie de spectre. Pourtant, après le départ de Jésus, la nuit a encore duré près de deux mille ans, la nuit est respirable aux fantômes, et la guerre a pu rôder dans ces ténèbres. Mais le dix-huitième siècle est venu avec Voltaire[2], qui est l'étoile du matin, et la Révolution, qui est l'aube, et maintenant il fait grand jour. La guerre habite un sépulcre. Les larves ne sortent pas des sépulcres à midi. Qu'elle reste dans son tombeau et qu'elle nous laisse dans notre lumière.

Cache tes drapeaux, guerre. Sinon, toi misère, montre tes haillons. Et confrontons les déchirures. Celles-ci s'appellent Gloire ; celles-là s'appellent famine, prostitution, ruine, peste. Ceci produit cela. Assez.

Est-ce vous qui attaquez, Allemands ? Est-ce nous ? À qui en veut-on ? Allemands, *All men*, vous êtes

---

1. Les canons ultra-modernes (et, pour certains, énormes) envoyés à Paris par le célèbre industriel comptaient parmi les clous de l'exposition et ne manquaient pas d'inquiéter les responsables militaires français. **2.** Depuis l'exil, Hugo a considérablement réévalué son appréciation du philosophe. Il voit désormais en lui, non plus l'homme de l'ironie desséchante, mais le héros joyeux de la liberté de conscience, de la justice et du progrès.

Tous-les-Hommes. Nous vous aimons. Nous sommes vos concitoyens dans la cité Philosophie, et vous êtes nos compatriotes dans la patrie Liberté. Nous sommes, nous Européens de Paris, la même famille que vous, Européens de Berlin et de Vienne. France veut dire Affranchissement. Germanie veut dire Fraternité. Se représente-t-on le premier mot de la formule démocratique faisant la guerre au dernier ?

Les masses sont les forces ; depuis 89, elles sont aussi les volontés. De là le suffrage universel. Qu'est-ce que la guerre ? C'est le suicide des masses. Mettez donc ce suicide aux voix ! Le peuple complice de son propre assassinat, c'est le spectacle qu'offre la guerre. Rien de plus lamentable. On voit là à nu tout ce hideux mécanisme des forces détournées de leur but et employées contre elles-mêmes. On voit les deux bouts de la guerre ; nous en avons montré un tout à l'heure, qui est le résultat : la misère. Maintenant montrons l'autre, qui est la cause : l'ignorance. Oh ! ce sont là, en effet, les deux tragiques maladies. Qui les guérira augmentera la lumière du soleil.

Le propre de l'ignorance, c'est de subir. Les forces s'ignorent. Avez-vous remarqué le grand œil doux du bœuf ? Cet œil est aveugle. Il faut qu'il reste doux, mais qu'il devienne intelligent. La force doit se connaître. Sans quoi elle est terrible. Elle aboutit à commettre des crimes, elle qui doit les empêcher. Que tout soit actif, que rien ne soit passif, le secret de la civilisation est là. Forces passives, quel mot inepte ! De là des meurtres. Un cadavre étendu qui regarde le ciel accuse évidemment. Qui ? Vous, moi, nous tous, non seulement ceux qui ont fait, mais ceux qui ont laissé faire.

Que les spectres s'en aillent ! Que les méduses se dissipent ! Non, même pendant le canon d'une bataille, nous ne croyons pas à la guerre[1]. Cette fumée est de

---

1. Comparer à la fin de *Napoléon-le-Petit* : « Et vous vous figurez que cela est ! et vous vous imaginez que ce plébiscite existe, que cette constitution de je ne sais plus quel jour de janvier existe,

la fumée. Nous ne croyons qu'à la concorde humaine, seul point d'intersection possible des directions diverses de l'esprit humain, seul centre de ce réseau de voies qu'on appelle la civilisation. Nous ne croyons qu'à la vie, à la justice, à la délivrance, au lait des mamelles, aux berceaux des enfants, au sourire du père, au ciel étoilé. De ceux mêmes qui gisent froids et saignants sur le champ de bataille se dégage, à l'état de remords pour les rois, à l'état de reproche pour les peuples, le principe fraternité ; le viol d'une idée la consacre ; et savez-vous ce que recommandent aux vivants les morts, ces paisibles sombres ? La paix.

6

Bas les armes ! Alliance. Amalgame. Unité !

Tous ces peuples que nous énumérions tout à l'heure, que viennent-ils faire à Paris ? Ils viennent être France. La transfusion du sang est possible dans les veines de l'homme, et la transfusion de la lumière dans les veines des nations. Ils viennent s'incorporer à la civilisation. Ils viennent comprendre. Les sauvages ont la même soif, les barbares ont le même amour. Ces

---

que ce sénat existe, que ce conseil d'état et ce corps législatif existent ! Vous vous imaginez qu'il y a [...] un sultan, un pacha, un maître qui se nomme Louis Bonaparte ! Vous ne voyez donc pas que c'est tout cela qui est chimère ! vous ne voyez donc pas que le Deux-Décembre n'est qu'une immense illusion, une pause, un temps d'arrêt, une sorte de toile de manœuvre derrière laquelle Dieu, ce machiniste merveilleux, prépare et construit le dernier acte, l'acte suprême et triomphal de la révolution française. Vous regardez stupidement la toile, les choses peintes sur ce canevas grossier, [...] ce mélange de caricatures et de spectres, et vous prenez cela pour des réalités ! Et vous n'entendez pas au-delà, dans l'ombre, ce bruit profond ! vous n'entendez pas quelqu'un qui vient ! vous ne voyez pas trembler cette toile au souffle de ce qui est derrière ! »

yeux saturés de nuit viennent regarder la vérité. Le lever lointain du Droit Humain a blanchi leur sombre horizon. La Révolution française a jeté une traînée de flamme jusqu'à eux. Les plus reculés, les plus obscurs, les plus mal situés sur le ténébreux plan incliné de la barbarie ont aperçu le reflet et entendu l'écho. Ils savent qu'il y a une ville soleil ; ils savent qu'il existe un peuple de réconciliation, une maison de démocratie, une nation ouverte, qui appelle chez elle quiconque est frère ou veut l'être, et qui donne pour conclusion à toutes les guerres le désarmement. De leur côté, invasion ; du côté de la France, expansion. Ces peuples ont eu le vague ébranlement des profonds tremblements de la terre de France. Ils ont, de proche en proche, reçu le contre-coup de nos luttes, de nos secousses, de nos livres. Ils sont en communion mystérieuse avec la conscience française. Lisent-ils Montaigne, Pascal, Molière, Diderot ? Non. Mais ils les respirent. Phénomène magnifique, cordial et formidable, que cette volatilisation d'un peuple qui s'évapore en fraternité ! Ô France, adieu ! tu es trop grande pour n'être qu'une patrie. On se sépare de sa mère qui devient déesse. Encore un peu de temps, et tu t'évanouiras dans la transfiguration. Tu es si grande que voilà que tu ne vas plus être. Tu ne seras plus France, tu seras Humanité ; tu ne seras plus nation, tu seras ubiquité. Tu es destinée à te dissoudre tout entière en rayonnement, et rien n'est auguste à cette heure comme l'effacement visible de ta frontière. Résigne-toi à ton immensité. Adieu, Peuple ! salut, Homme ! Subis ton élargissement fatal et sublime, ô ma patrie, et, de même qu'Athènes est devenue la Grèce, de même que Rome est devenue la chrétienté, toi, France, deviens le monde.

Hauteville-House, mai 1867.

Arsène Garnier : Victor Hugo dans son jardin de Hauteville House (1868).

15

CONGRÈS DE LA PAIX – DISCOURS DE CLÔTURE
Lausanne – 17 septembre 1869

Fondée en 1847 à l'initiative de Cobden, l'apôtre anglais du libre-échange, la Société des Amis de la Paix, *devenue plus tard* Ligue de la Paix et de la Liberté, *acquit rapidement une renommée importante par ses congrès internationaux. Des délégués venus d'Europe et d'Amérique, souvent illustres, parfois membres de parlements nationaux, y délibéraient sur le rapprochement des peuples et les moyens d'établir la paix perpétuelle. Sorte d'ONG avant la lettre, elle ne disposait évidemment d'aucun pouvoir positif et ses résolutions restaient généralement platoniques. Mais ses travaux étaient amplement médiatisés, ils contribuaient à la formation d'une opinion publique internationale, et ses congrès habituaient des personnalités venues d'horizons politiques, culturels et géographiques très divers à nouer des relations concrètes au-delà des frontières.*

En 1849 Victor Hugo, alors député de l'Assemblée législative, avait présidé le congrès qui s'était tenu à Paris[1]*. À la demande insistante des organisateurs, il*

---

1. Voir son « Discours d'ouverture » (21 août 1849) et son « Discours de clôture » (24 août 1849), dans *Actes et Paroles, I.*

reprit cette fonction vingt ans plus tard. La situation était bien plus sombre : l'esprit républicain et pacifiste du « Printemps des peuples » était loin, guerres et menaces de guerre agitaient le continent. Or, pour Hugo comme pour tous les militants de la République universelle, la paix en Europe resterait illusoire tant que n'y serait pas établie partout la démocratie. Dans sa lettre adressée aux organisateurs quelques jours avant l'ouverture du congrès de Lausanne, il écrivait : « Qu'une dernière guerre soit nécessaire, hélas ! je ne suis, certes, pas de ceux qui le nient. Que sera cette guerre ? Une guerre de conquête. Quelle est la conquête à faire ? La liberté[1]*. » Tant que l'Europe politique resterait constituée par une juxtaposition de monarchies plus ou moins autoritaires, le retour régulier des hostilités serait inévitable, ces monarchies ayant toutes besoin de la guerre pour affermir leur pouvoir et détourner leurs peuples de la lutte pour la liberté : « Les rois s'entendent sur un seul point : éterniser la guerre. On croit qu'ils se querellent ; pas du tout, ils s'entr'aident. [...] Les rois épuisent leur malade, le peuple, par le sang versé. Il y a une farouche fraternité des glaives d'où résulte l'asservissement des hommes*[2]*. »*

Mais à Lausanne Hugo consacre son discours de clôture à une question qui, en apparence, n'est pas celle de la Paix européenne : la réconciliation « de la République et du Socialisme ». La question, certes, était brûlante, surtout en France. Car si la décennie 1860 avait vu la renaissance de l'opposition républicaine, elle avait vu également la première tentative d'organisation du mouvement ouvrier au plan interna-

---

1. Lettre aux « Concitoyens des États-Unis d'Europe » (4 septembre 1869), dans *Actes et Paroles, II.* **2.** *Ibid.* L'année suivante donna hélas quelque poids à cette assertion : Napoléon III déclara la guerre à la Prusse pour soutenir son régime menacé – et répondre ainsi aux vœux les plus chers de Bismarck qui avait besoin d'une victoire sur l'« ennemi héréditaire » pour faire de son roi de Prusse un Empereur d'Allemagne.

*tional. En 1864 avait été fondée à Londres l'*Association Internationale des Travailleurs *(Ire Internationale Socialiste), qui elle aussi tenait ses congrès dans diverses villes d'Europe. Or depuis l'insurrection parisienne de juin 1848 et sa répression par le pouvoir républicain, la possibilité même d'une alliance entre républicains et socialistes semblait profondément obérée. Bien des républicains restaient résolument conservateurs en matière sociale. Symétriquement, les militants socialistes furent tentés d'adopter une stratégie qui déliait leurs revendications sociales de toute revendication politique, refusant ainsi de se poser en adversaire* a priori *du régime de Napoléon III (et de 1862 à 1867 celui-ci joua la carte ouvrière contre l'opposition républicaine). Bref, quand les socialistes « ouvriers » rappelaient aux républicains « bourgeois » les massacres de juin 1848, ceux-ci leur reprochaient leur complicité au moins passive avec l'Empire liberticide. Cependant les ouvriers des grandes villes ne votaient guère pour les candidats bonapartistes, et les socialistes se rallièrent bientôt à la nécessité du combat pour la République, prodrome de toute évolution ou révolution sociale. La pratique des congrès internationaux avait en 1867 fourni l'occasion d'un spectaculaire rapprochement. Le deuxième congrès de l'Internationale Socialiste, qui s'était tenu à Lausanne du 2 au 7 septembre, avait envoyé une délégation au congrès de la Paix, qui s'ouvrait le 8 à Genève sous la présidence de Garibaldi. Au cours d'une séance houleuse et enthousiaste, l'alliance était proclamée. Mais ce congrès « révolutionnaire » effaroucha l'opinion bourgeoise. Deux mois plus tard, à une délégation de militants socialistes qui lui demandait si, au cas où le prolétariat prendrait les armes pour la République, il pourrait compter sur l'appui de la bourgeoisie libérale, le républicain conservateur Jules Favre répondait : « Messieurs les ouvriers, vous seuls avez fait l'Empire, à vous seuls de le défaire. » Victor Hugo n'était pas Jules Favre, et, alors que le quatrième* *congrès de l'Internationale venait de s'achever à Bâle (le 12 septembre), il proclamait à nouveau du haut de la tribune du congrès de la Paix l'alliance (voire la synonymie) de la République et du Socialisme. En cela, il illustrait la stratégie d'un Gambetta dont le « programme de Belleville », fruit d'une négociation serrée avec les militants ouvriers, avait été vigoureusement défendu dans* Le Rappel[1].

Quelques mois plus tard, l'enchaînement de la guerre franco-prussienne et de la Commune de Paris allait prouver dramatiquement la solidarité de ces deux questions posées à la République : la paix et le socialisme[2].

Citoyens,

Mon devoir est de clore ce Congrès par une parole finale. Je tâcherai qu'elle soit cordiale. Aidez-moi.

Vous êtes le Congrès de la paix, c'est-à-dire de la conciliation. À ce sujet, permettez-moi un souvenir.

Il y a vingt ans, en 1849, il y avait à Paris ce qu'il y a aujourd'hui à Lausanne, un Congrès de la paix. C'était le 24 août, date sanglante, anniversaire de la Saint-Barthélemy. Deux prêtres, représentant les deux formes du christianisme, étaient là : le pasteur Coquerel et l'abbé Deguerry. Le président du Congrès, celui qui a l'honneur de vous parler en ce moment, évoqua

---

1. Journal fondé en mai 1869 à l'occasion des élections législatives par les fils Hugo (Charles et François-Victor), Paul Meurice et Auguste Vacquerie, et Rochefort, qui les quittera bientôt pour fonder *La Marseillaise*. Prônant l'union des républicains mais de tendance radicale, considéré comme « rouge », il sera avec ses 30 000 exemplaires l'un des organes les plus importants de l'opposition républicaine. **2.** Nous reproduisons le texte de l'édition originale d'*Actes et Paroles, II – Pendant l'exil*, Paris, Michel Lévy, 1875.

le souvenir néfaste de 1572, et, s'adressant aux deux prêtres, leur dit : « Embrassez-vous [1] ! »

En présence de cette date sinistre, aux acclamations de l'assemblée, le catholicisme et le protestantisme s'embrassèrent. (*Applaudissements.*)

Aujourd'hui, quelques jours à peine nous séparent d'une autre date, aussi illustre que la première est infâme : nous touchons au 21 septembre [2]. Ce jour-là, la République française a été fondée, et, de même que le 24 août 1572 le despotisme et le fanatisme avaient dit leur dernier mot : *Extermination*, – le 21 septembre 1792 la démocratie a jeté son premier cri : *Liberté, égalité, fraternité ! (Bravo ! bravo !)*

Eh bien ! en présence de cette date sublime, je me rappelle ces deux religions représentées par deux prêtres, qui se sont embrassées, et je demande un autre embrassement. Celui-là est facile et n'a rien à faire oublier. Je demande l'embrassement de la République et du Socialisme [3]. (*Longs applaudissements.*)

Nos ennemis disent : le Socialisme, au besoin, accepterait l'empire. Cela n'est pas. Nos ennemis disent : la République ignore le Socialisme. Cela n'est pas.

La haute formule définitive que je rappelais tout à l'heure, en même temps qu'elle exprime toute la République, exprime aussi tout le Socialisme.

À côté de la liberté, qui implique la propriété, il y a l'égalité, qui implique le droit au travail, formule superbe de 1848 ! (*Applaudissements*) et il y a la fraternité, qui implique la solidarité.

---

1. Voir *Actes et Paroles, I.* En 1849, mais bien plus encore vingt ans plus tard, la tonalité dominante de l'Église catholique, donnée à Rome par Pie IX et en France par Louis Veuillot et son journal *L'Univers*, n'était guère à la réconciliation œcuménique. **2.** Le 21 septembre 1792, date de la proclamation de la Première République. **3.** Hugo sait fort bien que cet « embrassement » a au moins quelque chose à « faire oublier » : la répression sanguinaire par les armées de la Seconde République de l'insurrection ouvrière de juin 1848.

Donc, République et Socialisme, c'est un. (*Bravos répétés.*)

Moi qui vous parle, citoyens, je ne suis pas ce qu'on appelait autrefois un républicain de la veille [1], mais je suis un socialiste de l'avant-veille. Mon socialisme date de 1828 [2]. J'ai donc le droit d'en parler.

Le socialisme est vaste et non étroit. Il s'adresse à tout le problème humain. Il embrasse la conception sociale tout entière. En même temps qu'il pose l'importante question du travail et du salaire, il proclame l'inviolabilité de la vie humaine, l'abolition du meurtre sous toutes ses formes, la résorption de la pénalité par l'éducation, merveilleux problème résolu. (*Très bien !*) Il proclame l'enseignement gratuit et obligatoire. Il proclame le droit de la femme, cette égale de l'homme. (*Bravos.*) Il proclame le droit de l'enfant, cette responsabilité de l'homme. (*Très bien ! – Applaudissements.*) Il proclame enfin la souveraineté de l'individu, qui est identique à la liberté.

Qu'est-ce que tout cela ? C'est le socialisme. Oui. C'est aussi la république ! (*Longs applaudissements.*)

Citoyens, le socialisme affirme la vie, la république affirme le droit. L'un élève l'individu à la dignité d'homme, l'autre élève l'homme à la dignité de citoyen. Est-il un plus profond accord ?

---

1. Après la révolution de Février 1848, on distinguait les (rares) républicains déclarés *avant* ladite révolution, et les (fort nombreux durant quelques mois) ralliés à la République après sa proclamation, ralliement qui se révéla souvent peu sincère et peu durable. Hugo n'a jamais caché qu'en 1848 il tenait la république pour, au moins, prématurée. Mais il peut légitimement faire valoir que son adhésion à la république fut sincère et durable, et eut lieu à un moment (1849-1850) où la plupart des républicains du lendemain (et quelques républicains de la veille) l'abandonnaient. **2.** Hugo date à plusieurs reprises son « socialisme » de 1828, année où il écrivit *Le Dernier Jour d'un condamné*. À ses yeux l'abolition de la peine de mort et l'adoucissement de la pénalité ne relèvent pas seulement de principes humanitaires généraux, mais bien aussi de la « question sociale », dans la mesure où les condamnés sont, très majoritairement, issus des classes les plus pauvres (voir texte 1).

Oui, nous sommes tous d'accord, nous ne voulons pas de césar, et je défends le socialisme calomnié !

Le jour où la question se poserait entre l'esclavage avec le bien-être, *panem et circenses*[1], d'un côté, et, de l'autre, la liberté avec la pauvreté, – pas un, ni dans les rangs républicains, ni dans les rangs socialistes, pas un n'hésiterait ! et tous, je le déclare, je l'affirme, j'en réponds, tous préféreraient au pain blanc de la servitude le pain noir de la liberté[2]. (*Bravos prolongés.*)

Donc, ne laissons pas poindre et germer l'antagonisme. Serrons-nous donc, mes frères socialistes, mes frères républicains, serrons-nous étroitement autour de la justice et de la vérité, et faisons front à l'ennemi. (*Oui ! oui ! bravo !*)

Qu'est l'ennemi ?

L'ennemi, c'est plus et moins qu'un homme. (*Mouvement.*) C'est un ensemble de faits hideux qui pèse sur le monde et qui le dévore. C'est un monstre aux mille griffes, quoique cela n'ait qu'une tête. L'ennemi, c'est cette incarnation sinistre du vieux crime militaire et monarchique, qui nous bâillonne et nous spolie, qui met la main sur nos bouches et dans nos poches, qui a les millions, qui a les budgets, les juges, les prêtres, les valets, les palais, les listes civiles, toutes les armées, – et pas un seul peuple[3]. L'ennemi, c'est ce qui règne, gouverne, et agonise en ce moment. (*Sensation profonde.*)

Citoyens, soyons les ennemis de l'ennemi, et soyons nos amis ! Soyons une seule âme pour le combattre et un seul cœur pour nous aimer. Ah ! citoyens : Fraternité ! (*Acclamation.*)

---

1. « Du pain et les jeux du cirque », célèbre formule de Juvénal, extraite de sa dixième *Satire*, par laquelle le poète reproche au peuple romain de l'Empire d'oublier ses droits pour sa nourriture et ses divertissements. **2.** Cf. la première des chansons de *Châtiments* (I, 10), dont les refrains sont : « Mangez, moi je préfère, / Vérité, ton pain dur. [...] Probité, ton pain sec. [...] Ô gloire, ton pain bis. [...] Ton pain noir, liberté ! » **3.** Cf. texte 13 : « Après un 18 brumaire ou un 2 décembre, une armée n'est plus que le spectre d'une nation. »

Encore un mot et j'ai fini.

Tournons-nous vers l'avenir. Songeons au jour certain, au jour inévitable, au jour prochain peut-être, où toute l'Europe sera constituée comme ce noble peuple suisse qui nous accueille à cette heure[1]. Il a ses grandeurs, ce petit peuple ; il a une patrie qui s'appelle la République, et il a une montagne qui s'appelle la Vierge.

Ayons comme lui la République pour citadelle, et que notre liberté, immaculée et inviolée, soit, comme la Jungfrau[2], une cime vierge en pleine lumière. (*Acclamation prolongée.*)

Je salue la révolution future.

---

1. La Suisse est une république fédérale, qui évoluait alors, non sans convulsions, vers la démocratie. **2.** En allemand la jeune fille, la vierge ; sommet des Alpes suisses, près de Berne.

16

POUR LA GUERRE DANS LE PRÉSENT ET POUR LA PAIX DANS L'AVENIR

Bordeaux – Assemblée nationale – 1er mars 1871
Présidence de M. Grévy

Le 4 septembre 1870, à l'annonce du désastre de Sedan, Paris (précédé de quelques heures par Lyon et Marseille) proclamait la République. Un gouvernement de Défense nationale, formé de députés républicains et libéraux, se donnait pour mission de gagner une guerre qu'il n'avait pas voulue. Mais la situation apparaissait plus que compromise, et Gambetta le « belliciste » était bien seul face à ses collègues du gouvernement et à l'État-major, intimement persuadés qu'il fallait faire la paix au plus vite et « reprendre en mains » un pays au bord du chaos, ou de la révolution. Les efforts militaires de Gambetta, la résistance de Paris assiégé dès septembre, n'empêchèrent pas la capitulation, le 28 janvier. Guillaume Ier de Prusse, qui venait de se proclamer Empereur d'Allemagne au palais de Versailles, temple de la monarchie française, octroyait une paix très dure : indemnité financière énorme, et, surtout, cession au nouvel Empire de l'Alsace et d'une partie de la Lorraine.

Cette paix devant être signée par un pouvoir régulier, une Assemblée nationale fut élue au suffrage uni-

versel et se réunit à Bordeaux le 12 février. Le pays y avait envoyé une forte majorité de monarchistes (400 sièges), les républicains de toutes tendances étaient battus (200 sièges), les bonapartistes laminés (30 sièges). Les élections partielles qui se succéderaient dès l'été 1871, et qui verraient la progression régulière des républicains, montreraient bientôt que la France n'était pas royaliste mais que, à l'exception des provinces de l'Est et de quelques grandes villes (Paris surtout), elle voulait impérativement la paix et l'ordre. Le 1er mars, l'Assemblée ratifiait les préliminaires de paix à l'écrasante majorité de 546 voix contre 107. La voix de Victor Hugo faisait partie des 107.

Après dix-neuf ans et neuf mois d'exil, Hugo était rentré à Paris le 5 septembre 1870, le lendemain de la proclamation de la République. Accueilli triomphalement par les Parisiens, il s'aperçut vite que le gouvernement provisoire n'entendait pas lui laisser trop d'influence sur les affaires publiques, pas plus qu'aux autres grands exilés qui, comme Louis Blanc, rentraient alors. Mais sa popularité fut immense durant tout le siège ; on se pressait dans son antichambre, et les Châtiments, *réédités pour l'occasion, devinrent alors le signe de ralliement de tous les républicains de gauche. Des lectures publiques financèrent deux canons, une séance gratuite fut organisée à l'Opéra de Paris, qui vit pour l'occasion affluer un public des quartiers populaires dont il n'avait guère l'habitude. Rendant visite aux bataillons de la garde nationale, demeurant obstinément dans la capitale quand tant de « francs-fileurs » l'avaient quittée, Hugo défendit obstinément durant tout le siège l'union des forces républicaines, des socialistes aux modérés, et aux ralliés. Ses carnets montrent cependant que ses relations étaient surtout situées à l'aile gauche du parti, et que de nombreux militants socialistes, qui seraient bientôt communards, lui rendirent au moins une fois visite. Ils montrent aussi que les visiteurs politiques sont plus*

« *Imbécile ! pas à lui, Victor Hugo est immortel !* »
Caricature de Cham, parue dans *Le Charivari* du 24 janvier 1871.

nombreux que les collègues en littérature. Quand, après la capitulation, Paris désigna ses députés, la ville élut à une très forte majorité des républicains de gauche (vieux quarante-huitards ou jeunes radicaux de la nouvelle vague), qui refusaient une paix honteuse. Avec 213 000 voix, Hugo arriva en seconde position, après Louis Blanc et devant Gambetta.

À Bordeaux, il siège parmi les radicaux, à l'extrême gauche de cette Assemblée très conservatrice, et il participe activement aux réunions du groupe. Comme les autres élus de Paris, il se heurte à l'hostilité farouche de la majorité monarchiste, rurale et cléricale. Son discours du 1er mars est son premier en séance, et marque ainsi son retour à la tribune d'une Assemblée. Ce retour-là n'a rien de triomphal ni même de consensuel, et l'orateur retrouve vingt ans plus tard de la part d'une droite majoritaire qui de ce point de vue au moins n'a guère changé depuis 1851, le même accueil furibond et pudibond, la même propension à l'interruption et à l'invective.

L'éloge du Paris héroïque est perçu comme une provocation par ceux dont l'obsession est de désarmer le peuple de la capitale, fauteur de guerre et de révolution. La condamnation de l'Allemagne prussienne est véhémente, d'autant plus peut-être qu'elle exprime la déception d'un ancien « germanophile[1] *», mais elle prend soin de compenser l'allusion aux barbares du Nord par la déploration du régime impérial, rétrograde et antidémocratique, imposé aux Allemands à la faveur de leur victoire. Cependant les jeux sont faits, Hugo sait pertinemment quand il prend la parole que les préliminaires de paix seront approuvés, que l'Alsace-Lorraine sera abandonnée. Dès lors, c'est l'avenir qui importe. Il faudra préparer la revanche, et Hugo égrène plusieurs des thèmes qui vont dominer, avec des éclipses plus ou moins longues, la vie politique française jusqu'à la Grande Guerre, et permet-*

---

1. Cf. notamment *Le Rhin* (1842-1845) et le texte 3.

tront l'émergence d'une droite nationaliste extrême en France. Mais, outre que la référence à la République et à 1792 reste chez lui évidemment centrale, Hugo résiste à cette tentation nationaliste en maintenant malgré les tragédies présentes l'objectif des États-Unis d'Europe. La guerre qu'il faut préparer est au fond moins comprise comme la revanche de la nation française sur la nation allemande, que comme le moyen d'abattre le régime impérial passé de France en Allemagne, de généraliser la démocratie sur le continent, d'abolir les rivalités frontalières en proclamant l'union des peuples au sein d'une même République. Il n'empêche, le désastre de 1870-1871 va obscurcir durablement et compliquer profondément le pacifisme et l'européisme hugoliens. Signe parmi d'autres, Hugo désormais refusera poliment de participer aux Congrès de la paix, malgré des invitations pressantes et réitérées[1].

M. LE PRÉSIDENT[2]. – La parole est à M. Victor Hugo. (*Mouvement d'attention.*)

M. VICTOR HUGO. – L'empire a commis deux parricides : le meurtre de la République, en 1851, le meurtre de la France, en 1871. Pendant dix-neuf ans, nous avons subi – pas en silence – l'éloge officiel et public de l'affreux régime tombé ; mais, au milieu des douleurs de cette discussion poignante, une stupeur nous était réservée, c'était d'entendre ici, dans cette assemblée, bégayer la défense de l'empire, devant le corps agonisant de la France assassinée. (*Mouvement.*)

---

1. En 1872, en 1874 et en 1876 ; voir *Actes et Paroles, III*. Cf. également les textes 15 et 22. Nous reproduisons le texte de l'édition originale d'*Actes et Paroles, III — Depuis l'exil — 1870-1876*, Paris, Calmann-Lévy, 1876. **2.** Jules Grévy, républicain modéré, président de l'Assemblée.

Je ne prolongerai pas cet incident, qui est clos, et je me borne à constater l'unanimité de l'Assemblée...

Quelques voix : moins cinq[1] !

M. VICTOR HUGO. – Messieurs, Paris, en ce moment, est sous le canon prussien ; rien n'est terminé et Paris attend ; et nous, ses représentants, qui avons pendant cinq mois vécu de la même vie que lui, nous avons le devoir de vous apporter sa pensée.

Depuis cinq mois, Paris combattant fait l'étonnement du monde ; Paris, en cinq mois de République, a conquis plus d'honneur qu'il n'en avait perdu en dix-neuf ans d'empire. (*Bravo ! bravo !*)

Ces cinq mois de République ont été cinq mois d'héroïsme. Paris a fait face à toute l'Allemagne ; une ville a tenu en échec une invasion ; dix peuples coalisés, ce flot des hommes du Nord qui, plusieurs fois déjà, a submergé la civilisation, Paris a combattu cela. Trois cent mille pères de familles se sont improvisés soldats. Ce grand peuple parisien a créé des bataillons, fondu des canons, élevé des barricades, creusé des mines, multiplié ses forteresses, gardé son rempart ; et il a eu faim, et il a eu froid ; en même temps que tous les

---

1. Après le discours de Victor Lefranc, rapporteur du projet de loi ratifiant les préliminaires de paix, après le discours d'Edgar Quinet, qui parla contre le projet de loi, M. Bamberger était intervenu en ces termes : « Messieurs, député de la Moselle et Strasbourgeois de naissance, je viens vous adjurer de repousser le traité de paix, ou de honte, qui est apporté devant vous. [...] Ce traité constitue, selon moi, une des plus grandes iniquités que l'histoire des peuples et les annales diplomatiques auront à enregistrer. Un seul homme, je le déclare tout haut, un seul homme devrait le signer. Cet homme, c'est Napoléon III. Un seul homme dont le nom restera éternellement cloué à l'infamant pilori de l'histoire. » Le bonapartiste Conti prit alors la défense de l'Empire, provoquant un incident et une suspension de séance. À la reprise, la motion suivante fut soumise au vote : « L'Assemblée nationale clôt l'incident, et dans les circonstances douloureuses que traverse la patrie et en face de protestations inattendues, confirme la déchéance de Napoléon III et de sa dynastie, déjà prononcée par le suffrage universel, et le déclare responsable de la ruine, de l'invasion et du démembrement de la France. » La motion fut adoptée à l'unanimité moins cinq voix et quelques abstentions.

courages, il a eu toutes les souffrances. Les énumérer n'est pas inutile, l'histoire écoute.

Plus de bois, plus de charbon, plus de gaz, plus de feu, plus de pain ! Un hiver horrible, la Seine charriant, quinze degrés de glace, la famine, le typhus, les épidémies, la dévastation, la mitraille, le bombardement. Paris, à l'heure qu'il est, est cloué sur sa croix et saigne aux quatre membres. Eh bien, cette ville, qu'aucune n'égalera dans l'histoire, cette ville majestueuse comme Rome et stoïque comme Sparte, cette ville que les Prussiens peuvent souiller, mais qu'ils n'ont pas prise (*Très bien ! très bien !*), – cette cité auguste, Paris, nous a donné un mandat qui accroît son péril et qui ajoute à sa gloire, c'est de voter contre le démembrement de la patrie (*Bravos sur les bancs de la gauche*) ; Paris a accepté pour lui les mutilations, mais il n'en veut pas pour la France.

Paris se résigne à sa mort, mais non à notre déshonneur ; (*Très bien ! très bien !*) et, chose digne de remarque, c'est pour l'Europe en même temps que pour la France que Paris nous a donné le mandat d'élever la voix. Paris fait sa fonction de capitale du continent.

Nous avons une double mission à remplir, qui est aussi la vôtre :

Relever la France, avertir l'Europe. Oui, la cause de l'Europe, à l'heure qu'il est, est identique à la cause de la France. Il s'agit pour l'Europe de savoir si elle va redevenir féodale ; il s'agit de savoir si nous allons être rejetés d'un écueil à l'autre, du régime théocratique au régime militaire.

Car, dans cette fatale année de concile et de carnage... (*Oh ! oh !*)

Voix à gauche : Oui ! oui ! très bien !

M. Victor Hugo. – Je ne croyais pas qu'on pût nier l'effort du pontificat pour se déclarer infaillible[1], et je ne crois pas qu'on puisse contester ce fait, qu'à côté

1. Le concile du Vatican avait adopté le 18 juillet 1870 le dogme de l'infaillibilité pontificale, rompant ainsi avec toute tentative de libéralisation de l'Église catholique.

du pape gothique, qui essaye de revivre, l'empereur gothique reparaît[1]. (*Bruit à droite. – Approbation sur les bancs de la gauche.*)

Un membre à droite. – Ce n'est pas la question !

Un autre membre à droite. – Au nom des douleurs de la patrie, laissons tout cela de côté. (*Interruption.*)

M. LE PRÉSIDENT. – Vous n'avez pas la parole. Continuez, monsieur Victor Hugo.

M. VICTOR HUGO. – Si l'œuvre violente à laquelle on donne en ce moment le nom de traité s'accomplit, si cette paix inexorable se conclut, c'en est fait du repos de l'Europe ; l'immense insomnie du monde va commencer. (*Assentiment à gauche.*)

Il y aura désormais en Europe deux nations qui seront redoutables ; l'une parce qu'elle sera victorieuse, l'autre parce qu'elle sera vaincue. (*Sensation.*)

M. LE CHEF DU POUVOIR EXÉCUTIF[2]. – C'est vrai !

M. DUFAURE, *ministre de la Justice.* – C'est très vrai !

M. VICTOR HUGO : De ces deux nations, l'une, la victorieuse, l'Allemagne, aura l'empire, la servitude, le joug soldatesque, l'abrutissement de la caserne, la discipline jusque dans les esprits, un parlement tempéré par l'incarcération des orateurs... (*Mouvement.*)

Cette nation, la nation victorieuse, aura un empereur de fabrique militaire en même temps que de droit

---

1. Le roi de Prusse Guillaume Ier venait d'être proclamé empereur d'Allemagne à Versailles, le 18 janvier. La victoire sur la France marquait ainsi la dernière étape d'une marche à l'unification (sans l'Autriche) sous direction prussienne, menée par le chancelier Bismarck. Quoique soutenue par l'opinion allemande cette unification impériale était le fruit de tractations entre souverains, et le nouvel État (nommé Second Empire en souvenir du Saint Empire médiéval), dominé par l'aristocratie et l'armée, n'était guère démocratique et surtout guère libéral. L'Europe va connaître dès lors plusieurs décennies d'hégémonie diplomatique allemande, au moins jusqu'au début du XXe siècle, marqué notamment par la renaissance de l'alliance franco-anglaise. **2.** Adolphe Thiers, qui dirigera le gouvernement de 1871 à 1873.

divin[1], le césar byzantin doublé du césar germain ; elle aura la consigne à l'état de dogme, le sabre fait sceptre, la parole muselée, la pensée garrottée, la conscience agenouillée ; pas de tribune ! pas de presse ! Les ténèbres.

L'autre, la vaincue, aura la lumière. Elle aura la liberté, elle aura la République ; elle aura, non le droit divin, mais le droit humain ; elle aura la tribune libre, la presse libre, la parole libre, la conscience libre, l'âme haute ! Elle aura et elle gardera l'initiative du progrès, la mise en marche des idées nouvelles et la clientèle des races opprimées ! (*Très bien ! très bien !*) Et pendant que la nation victorieuse, l'Allemagne, baissera le front sous son lourd casque de horde esclave, elle la vaincue sublime, la France, elle aura sur la tête sa couronne de peuple souverain. (*Mouvement.*)

Et la civilisation, remise face à face avec la barbarie, cherchera sa voie entre ces deux nations, dont l'une a été la lumière de l'Europe et dont l'autre en sera la nuit.

De ces deux nations, l'une triomphante et sujette, l'autre vaincue et souveraine, laquelle faut-il plaindre ? Toutes les deux. (*Nouveau mouvement.*)

Permis à l'Allemagne de se trouver heureuse et d'être fière avec deux provinces de plus et la liberté de moins. Mais nous, nous la plaignons ; nous la plaignons de cet agrandissement, qui contient tant d'abaissement, nous la plaignons d'avoir été un peuple et de n'être plus qu'un empire. (*Bravo ! bravo !*)

Je viens de dire : l'Allemagne aura deux provinces de plus. – Mais ce n'est pas fait encore, et j'ajoute : – cela ne sera jamais fait. Jamais, jamais ! Prendre n'est pas posséder. Possession suppose consentement. Est-ce que la Turquie possédait Athènes ? Est-ce que l'Autriche possédait Venise ? Est-ce que la Russie possède Varsovie ? (*Mouvement.*) Est-ce que l'Espagne

---

1. La guerre a fait l'empereur, mais celui-ci est également roi de Prusse par la grâce de Dieu.

possède Cuba ? Est-ce que l'Angleterre possède Gibraltar ? (*Rumeurs diverses.*) De fait, oui ; de droit, non ! (*Bruit*).

Voix à droite. – Ce n'est pas la question !

M. VICTOR HUGO. – Comment, ce n'est pas la question !

À gauche. – Parlez ! parlez !

M. LE PRÉSIDENT. – Veuillez continuer, monsieur Victor Hugo.

M. VICTOR HUGO. – La conquête est la rapine, rien de plus. Elle est un fait, soit ; le droit ne sort pas du fait. L'Alsace et la Lorraine – suis-je dans la question ? – veulent rester France ; elles resteront France malgré tout, parce que la France s'appelle république et civilisation ; et la France, de son côté, n'abandonnera rien de son devoir envers l'Alsace et la Lorraine, envers elle-même, envers le monde.

Messieurs, à Strasbourg, dans cette glorieuse Strasbourg écrasée sous les bombes prussiennes, il y a deux statues : Gutenberg et Kléber[1]. Eh bien, nous sentons en nous une voix qui s'élève, et qui jure à Gutenberg de ne pas laisser étouffer la civilisation, et qui jure à Kléber de ne pas laisser étouffer la République. (*Bravo ! bravo ! – Applaudissements.*)

Je sais bien qu'on nous dit : Subissez les conséquences de la situation faite par vous. On nous dit encore : Résignez-vous, la Prusse vous prend l'Alsace et une partie de la Lorraine, mais c'est votre faute et c'est son droit ; pourquoi l'avez-vous attaquée[2] ? elle ne vous faisait rien ; la France est coupable de cette guerre et la Prusse en est innocente.

La Prusse innocente !... Voilà plus d'un siècle que nous assistons aux actes de la Prusse, de cette Prusse

---

1. Né à Strasbourg, général de la Première République, compagnon d'armes de Bonaparte en Égypte, où il meurt assassiné en 1800. **2.** S'empressant de tomber dans le piège tendu par Bismarck (l'affaire de la dépêche d'Ems), le gouvernement impérial avait pris l'initiative de la guerre contre la Prusse, malgré l'opposition des républicains et des libéraux.

qui n'est pas coupable, dit-on, aujourd'hui. Elle a pris... (*Bruit dans quelques parties de la salle.*)

M. LE PRÉSIDENT. – Messieurs, veuillez faire silence. Le bruit interrompt l'orateur et prolonge la discussion.

M. VICTOR HUGO. – Il est extrêmement difficile de parler à l'Assemblée, si elle ne veut pas laisser l'orateur achever sa pensée.

De tous côtés. – Parlez ! parlez ! continuez !

M. LE PRÉSIDENT. – Monsieur Victor Hugo, les interruptions n'ont pas la signification que vous leur attribuez.

M. VICTOR HUGO. – J'ai dit que la Prusse est sans droit. Les Prussiens sont vainqueurs, soit : maîtriseront-ils la France ? non ! Dans le présent, peut-être ; dans l'avenir, jamais ! (*Très bien ! – Bravo !*)

Les Anglais ont conquis la France, ils ne l'ont pas gardée ; les Prussiens investissent la France, ils ne la tiennent pas. Toute main d'étranger qui saisira ce fer rouge, la France, le lâchera. Cela tient à ce que la France est quelque chose de plus qu'un peuple. La Prusse perd sa peine ; son effort sauvage sera un effort inutile.

Se figure-t-on quelque chose de pareil à ceci : la suppression de l'avenir par le passé ? Eh bien, la suppression de la France par la Prusse, c'est le même rêve. Non ! la France ne périra pas ! Non ! quelle que soit la lâcheté de l'Europe[1], non ! sous tant d'accablement, sous tant de rapines, sous tant de blessures, sous tant d'abandons, sous cette guerre scélérate, sous cette paix épouvantable, mon pays ne succombera pas ! Non !

M. THIERS, *chef du pouvoir exécutif*. – Non !

De toutes parts. – Non ! non !

---

1. Les maladresses diplomatiques de Napoléon III durant les années 1860 avaient totalement isolé la France en Europe. Après le renversement de l'Empire (4 septembre 1870), le gouvernement républicain lança de nombreux appels au secours en direction des pays neutres, notamment de l'Angleterre, qui restèrent lettre morte. Cet isolement diplomatique de la France durera jusque dans les années 1890.

M. Victor Hugo. – Je ne voterai point cette paix, parce que, avant tout, il faut sauver l'honneur de son pays ; je ne la voterai point, parce qu'une paix infâme est une paix terrible. Et pourtant, peut-être aurait-elle un mérite à mes yeux : c'est qu'une telle paix, ce n'est plus la guerre, soit, mais c'est la haine. (*Mouvement.*) La haine contre qui ? Contre les peuples ? non ! contre les rois ! Que les rois recueillent ce qu'ils ont semé. Faites, princes ; mutilez, coupez, tranchez, volez, annexez, démembrez ! Vous créez la haine profonde ; vous indignez la conscience universelle. La vengeance couve, l'explosion sera en raison de l'oppression. Tout ce que la France perdra, la Révolution le gagnera. (*Approbation sur les bancs de la gauche.*)

Oh ! une heure sonnera – nous la sentons venir – cette revanche prodigieuse. Nous entendons dès à présent notre triomphant avenir marcher à grands pas dans l'histoire. Oui, dès demain, cela va commencer ; dès demain, la France n'aura plus qu'une pensée : se recueillir, se reposer dans la rêverie redoutable du désespoir, reprendre des forces ; élever ses enfants, nourrir de saintes colères ces petits qui deviendront grands ; forger des canons et former des citoyens, créer une armée qui soit un peuple ; appeler la science au secours de la guerre ; étudier le procédé prussien, comme Rome a étudié le procédé punique[1] ; se fortifier, s'affermir, se régénérer, redevenir la grande France, la France de 92, la France de l'idée et la France de l'épée. (*Très bien ! très bien !*)

Puis, tout à coup, un jour, elle se dressera ! Oh ! elle sera formidable ; on la verra, d'un bond, ressaisir la Lorraine, ressaisir l'Alsace !

Est-ce tout ? non ! non ! saisir, – écoutez-moi, – saisir Trèves, Mayence, Cologne, Coblentz...

Sur divers bancs. – Non ! non !

M. Victor Hugo. – Écoutez-moi, messieurs. De quel

1. Carthaginois. Allusion aux guerres qui opposèrent Rome et Carthage aux IIIe et IIe s. av. J.-C., et dont Rome sortit finalement victorieuse.

droit une assemblée française interrompt-elle l'explosion du patriotisme ?

Plusieurs membres. – Parlez, achevez l'expression de votre pensée.

M. VICTOR HUGO. – On verra la France se redresser, on la verra ressaisir la Lorraine, ressaisir l'Alsace. (*Oui ! oui ! – Très bien !*) Et puis, est-ce tout ? Non... saisir Trèves, Mayence, Cologne, Coblentz, toute la rive gauche du Rhin [1]... Et on entendra la France crier : C'est mon tour ! Allemagne, me voilà ! Suis-je ton ennemie ? Non ! je suis ta sœur. (*Très bien ! très bien !*) Je t'ai tout repris, et je te rends tout, à une condition : c'est que nous ne ferons plus qu'un seul peuple, qu'une seule famille, qu'une seule république. (*Mouvements divers*.) Je vais démolir mes forteresses, tu vas démolir les tiennes. Ma vengeance, c'est la fraternité ! (*À gauche :* Bravo ! bravo !) Plus de frontières ! Le Rhin à tous ! Soyons la même République, soyons les États-Unis d'Europe, soyons la fédération continentale, soyons la liberté européenne, soyons la paix universelle ! Et maintenant serrons-nous la main, car nous nous sommes rendu service l'une à l'autre : tu m'as délivrée de mon empereur, et je te délivre du tien. (*Bravo ! bravo ! Applaudissements*.)

M. TACHARD [2]. – Messieurs, au nom des représentants de ces provinces malheureuses dont on discute le sort, je viens expliquer à l'Assemblée l'interruption que nous nous sommes permise au moment même où nous étions tous haletants, écoutant avec enthousiasme l'éloquente parole qui nous défendait.

Ces deux noms de Mayence et de Coblentz ont été prononcés naguère par une bouche qui n'était ni aussi noble ni aussi honnête que celle que nous venons d'en-

---

1. Annexée par la France pendant la Révolution et le Premier Empire, la rive gauche du Rhin fut longtemps revendiquée par les patriotes français (cf. texte 3). **2.** L'intervention de ce député est reproduite dans le texte d'*Actes et Paroles*.

tendre[1]. Ces deux noms nous ont perdus, c'est pour eux que nous subissons le triste sort qui nous attend. Eh bien, nous ne voulons plus souffrir pour ce mot et pour cette idée. Nous sommes Français, messieurs, et, pour nous, il n'y a qu'une patrie, la France, sans laquelle nous ne pouvons pas vivre. (*Très bien ! très bien !*) Mais nous sommes justes parce que nous sommes Français, et nous ne voulons pas qu'on fasse à autrui ce que nous ne voudrions pas qu'il nous fût fait. (*Bravo ! – Applaudissements.*)

1. Napoléon III qui, après Sadowa (1866, voir texte 14, p. 232, note 2), avait revendiqué cette rive gauche auprès de la Prusse en échange de sa neutralité dans le conflit austro-prussien – ce qui n'avait pas manqué d'indigner les nationalistes allemands, qui réclamaient de leur côté l'Alsace et la Lorraine.

17

LA QUESTION DE PARIS
Bordeaux – Assemblée nationale (11e bureau) – 6 mars 1871

Par son vote du 1er mars, l'Assemblée avait tranché la question de la paix avec l'Allemagne. Il lui restait à affronter la question de Paris. Vidée d'une partie importante de sa bourgeoisie, affamée par le siège et l'arrêt de l'activité économique, aigrie par la défaite et par les conditions de la paix, la capitale effrayait la grande majorité des députés. D'autant plus que son peuple était en armes : par un décret datant du siège, Gambetta avait ouvert la Garde nationale à l'ensemble des citoyens, qui en tiraient fierté, survivaient grâce à la solde allouée, élisaient presque tous leurs officiers, et disposaient d'un armement nombreux et moderne (dont un fort parc d'artillerie, en partie financé par la souscription populaire). Or, le 7 mars, et surtout le 10, l'Assemblée va adopter tout un train de mesures qui mettront aux abois le peuple de Paris : retour au fonctionnement normal du Mont-de-piété[1]*, attribution de*

---

1. Institution de crédit qui prêtait surtout aux pauvres, sur gages. Pendant le siège, et à nouveau pendant la Commune, on permit aux débiteurs de récupérer les gages de faible valeur nécessaires à la vie quotidienne (matelas, couvertures, etc.)

la solde de la garde nationale aux seuls indigents (sur présentation d'un certificat), abrogation des décrets qui accordaient un délai aux débiteurs pour le paiement des loyers et des dettes industrielles et commerciales des tout petits entrepreneurs, si nombreux à Paris. Bref, retour à la stricte orthodoxie économique alors qu'aucune des conditions nécessaires à la reprise n'est encore réunie. Le politique (et le symbolique) n'est pas oublié : Paris ne devait plus être la capitale de la France, et l'Assemblée, sinon le gouvernement, n'y résiderait plus. Au pavé brûlant qui avait vu tant de révolutions, les notables préféraient les galeries classiques du palais de Versailles, pleines des souvenirs de l'Ancien Régime, et de ceux, tout récents, des souverains germaniques qui y avaient établi pendant les opérations leur grand quartier général et venaient d'y proclamer l'Empire d'Allemagne. Paris – son petit peuple surtout, mais aussi une part importante et influente de sa bourgeoisie –, Paris était farouchement républicain, et la majorité royaliste de l'Assemblée s'empressait de l'en punir.

Provocation ? Volonté délibérée de pousser Paris à bout, de forcer la ville bouillonnante et meurtrie d'entrer en insurrection, pour mieux l'écraser ensuite ? Dans l'esprit de quelques apprentis Machiavel, peut-être. Mais pour le reste, il s'agissait surtout de montrer sa fermeté, de restaurer, au plus vite et dans tous les domaines, l'Ordre. L'Assemblée sous-estima sans doute la capacité de résistance de Paris, mais le sang ne l'effrayait guère : ni à Bordeaux ni à Versailles, l'esprit ne fut jamais à la conciliation.

Comme les autres députés de Paris, et comme la grande majorité des républicains, Hugo s'offusquait de la décapitalisation. Son intervention rappelle une fois encore l'héroïsme de la population parisienne durant le siège, l'ancienneté et la dimension mondiale de l'influence de la Ville Lumière. Partisan de l'union des républicains, il reste évidemment plus que discret sur les troubles insurrectionnels plus ou moins graves qui ont secoué la ville assiégée, opposant de nombreux militants et certaines franges populaires au gouvernement provisoire taxé de défaitisme[1]*. Mais ses adversaires s'en souviennent, et même l'évocation du patriotisme parisien ne saurait attendrir une majorité qui condamnerait plus aisément qu'elle ne l'applaudirait la résistance à l'ennemi, cette « guerre à outrance » qu'avait voulu Paris républicain et en partie socialiste, quand elle veut avant tout la restauration de l'ordre social, en attendant celle de la monarchie.*

Hugo démissionnera deux jours après cette intervention, au cours d'une séance particulièrement houleuse pendant laquelle la droite, chauvine autant que capitularde, s'efforcera de l'empêcher de saluer « l'étranger » Garibaldi[2]*, et où M. le vicomte de Lorgeril s'écriera, écumant debout depuis son banc malgré les rappels à l'ordre du président Grévy : « L'Assemblée refuse la parole à M. Victor Hugo, parce qu'il ne parle pas français ! » Il y a toujours plusieurs manières de défendre et d'illustrer la France, et l'année 1871 montrèrent comme l'année 1940 qu'un certain nationalisme s'épanouit fort bien sur l'acceptation de la défaite. Le patriotisme de Hugo se heurta bien souvent*

---

1. L'événement le plus important fut la « journée » insurrectionnelle du 31 octobre 1870, pendant laquelle militants socialistes et gardes nationaux des quartiers populaires tentèrent de prendre le pouvoir municipal, voire le contrôle du gouvernement de Défense nationale. Hugo, hostile à ce coup de force, fut pourtant proposé (par Flourens) et acclamé pour faire partie d'un Comité de Salut public, en compagnie de représentants de l'extrême gauche républicaine et socialiste. **2.** Sans avoir fait acte de candidature Garibaldi, qui avec ses « chemises rouges » avait pris part aux combats contre l'Allemagne, avait été élu à Paris, et dans trois autres départements. Le 13 février, alors que l'Assemblée vérifiait les pouvoirs, il demanda la parole pour remercier ses électeurs et, voulant conserver sa nationalité italienne, pour donner sa démission. Un concert de cris et d'injures s'éleva alors des bancs de la droite, l'Assemblée lui interdit de s'exprimer et vota son invalidation. « Paris ressent comme un affront collectif l'offense infligée par l'Assemblée à Garibaldi, odieusement exclu des débats sans avoir pu adresser un adieu fraternel à la nation française » (Serman).

à ce nationalisme-là. Mais au-delà de cet épisode, la démission du plus illustre député de Paris était une protestation contre l'abandon de l'Alsace-Lorraine, et sans doute aussi la prise en compte de l'impossibilité d'agir dans le cadre de cette Assemblée. Or l'épreuve de force avec le peuple parisien menaçait, la division des républicains eux-mêmes était plus que prévisible, l'action parlementaire risquait fort, dans ces conditions, de tourner à la compromission avec le pire. Hugo, qui aurait préféré une démission collective de la gauche républicaine, qui n'eut pas lieu, ne fut pourtant pas le seul à renoncer à son mandat : d'autres « Parisiens » comme Gambetta, Ranc, Pyat, Rochefort, Malon, quittent début mars l'Assemblée de Bordeaux. Début avril, plusieurs autres[1] *quitteront l'Assemblée de Versailles quand elle commencera le bombardement de Paris insurgé. Mais la plupart des républicains (et notamment Louis Blanc*[2] *et Victor Schoelcher*[3]*, intimes de Hugo) restèrent à leurs bancs, et, pensant garantir ainsi l'avenir républicain du pays, ils condamnèrent l'insurrection parisienne et soutinrent l'action répressive de Thiers*[4].

---

1. Dont Lockroy, député radical de Paris (à 31 ans), un des fondateurs et rédacteurs du *Rappel*, proche de Victor Hugo (dont il épousera la belle-fille, veuve de Charles et mère de Georges et Jeanne, en 1876). Revenu à l'Assemblée en 1873, toujours avec les radicaux, partisan du développement syndical et de l'élaboration de lois sociales, il sera plusieurs fois ministre dans les années 1880-1890 et mourra en 1913. **2.** Voir p. 335, note 2. **3.** 1804-1893 ; secrétaire d'État du gouvernement provisoire en 1848, il est l'auteur du décret d'abolition de l'esclavage dans les colonies françaises. Député républicain, opposant au coup d'État de Bonaparte, proscrit, lui aussi ne rentrera qu'à la chute de l'empire. Député puis sénateur sous la IIIe république. **4.** Nous reproduisons le texte de l'édition originale d'*Actes et Paroles, III – Depuis l'exil – 1870-1876*, Paris, Calmann-Lévy, 1876.

Nous sommes plusieurs ici qui avons été enfermés dans Paris et qui avons assisté à toutes les phases de ce siège, le plus extraordinaire qu'il y ait dans l'histoire. Ce peuple a été admirable. Je l'ai dit déjà et je le dirai encore. Chaque jour la souffrance augmentait et l'héroïsme croissait. Rien de plus émouvant que cette transformation : la ville de luxe était devenue ville de misère ; la ville de mollesse était devenue ville de combat ; la ville de joie était devenue ville de terreur et de sépulcre[1]. La nuit, les rues étaient toutes noires : pas un délit. Moi qui parle, toutes les nuits, je traversais, seul, et presque d'un bout à l'autre, Paris ténébreux et désert ; il y avait là bien des souffrants et bien des affamés, tout manquait, le feu et le pain ; eh bien, la sécurité était absolue. Paris avait la bravoure au dehors et la vertu au dedans. Deux millions d'hommes donnaient ce mémorable exemple. C'était l'inattendu dans la grandeur. Ceux qui l'ont vu ne l'oublieront pas. Les femmes étaient aussi intrépides devant la famine que les hommes devant la bataille. Jamais plus superbe combat n'a été livré de toutes parts à toutes les calamités à la fois. Oui, l'on souffrait, mais savez-vous comment ? on souffrait avec joie, parce qu'on se disait : Nous souffrons pour la patrie.

Et puis, on se disait : Après la guerre finie, après les Prussiens partis, ou chassés, – je préfère chassés, – on se disait : comme ce sera beau la récompense ! Et l'on s'attendait à ce spectacle sublime : l'immense embrassement de Paris et de la France.

On s'attendait à quelque chose comme ceci : la mère se jetant éperdue dans les bras de sa fille ! la grande nation remerciant la grande cité !

On se disait : Nous sommes isolés de la France ; la Prusse a élevé une muraille entre la France et nous ; mais la Prusse s'en ira, et la muraille tombera.

---

1. À la ville de la fête impériale, vulgaire et décadente, s'est brutalement substituée la ville tragique et héroïque, éminemment populaire, de la République en armes (cf. texte 14).

Hé bien ! non, messieurs. Paris débloqué reste isolé. La Prusse n'y est plus, et la muraille y est encore.

Entre Paris et la France il y avait un obstacle, la Prusse ; maintenant il y en a un autre, l'Assemblée.

Réfléchissez, messieurs.

Paris espérait votre reconnaissance, et il obtient votre suspicion !

Mais qu'est-ce donc qu'il vous a fait ?

Ce qu'il vous a fait, je vais vous le dire :

Dans la défaillance universelle, il a levé la tête ; quand il a vu que la France n'avait plus de soldats, Paris s'est transfiguré en armée ; il a espéré, quand tout désespérait ; après Phalsbourg tombée, après Toul tombée, après Strasbourg tombée, après Metz tombée, Paris est resté debout. Un million de Vandales [1] ne l'a pas étonné. Paris s'est dévoué pour tous ; il a été la ville superbe du sacrifice. Voilà ce qu'il vous a fait. Il a plus que sauvé la vie à la France, il lui a sauvé l'honneur.

Et vous vous défiez de Paris ! et vous mettez Paris en suspicion !

Vous mettez en suspicion le courage, l'abnégation, le patriotisme, la magnifique initiative de la résistance dans le désespoir, l'intrépide volonté d'arracher à l'ennemi la France, toute la France ! Vous vous défiez de cette cité qui a fait la philosophie universelle, qui envahit le monde à votre profit par son rayonnement et qui vous le conquiert par ses orateurs, par ses écrivains, par ses penseurs ; de cette cité qui a donné l'exemple de toutes les audaces et aussi de toutes les sagesses ; de ce Paris qui fera l'univers à son image, et d'où est sorti l'exemplaire nouveau de la civilisation ! Vous avez peur de Paris, de Paris qui est la fraternité, la liberté, l'autorité, la puissance, la vie ! Vous mettez en suspicion le progrès ! Vous mettez en surveillance la lumière !

Ah ! songez-y !

Cette ville vous tend les bras ; vous lui dites : Ferme

---

1. Peuple germanique qui envahit et pilla la Gaule au début du ve siècle. Ici, les envahisseurs allemands.

tes portes. Cette ville vient à vous, vous reculez devant elle. Elle vous offre son hospitalité majestueuse où vous pouvez mettre toute la France à l'abri, son hospitalité, gage de concorde et de paix publique, et vous hésitez, et vous refusez, et vous avez peur du port comme d'un piège !

Oui, je le dis, pour vous, pour nous tous, Paris, c'est le port.

Messieurs, voulez-vous être sages, soyez confiants. Voulez-vous être des hommes politiques, soyez des hommes fraternels.

Rentrez dans Paris, et rentrez-y immédiatement.

Paris vous en saura gré et s'apaisera. Et quand Paris s'apaise, tout s'apaise.

Votre absence de Paris inquiétera tous les intérêts et sera pour le pays une cause de fièvre lente.

Vous avez cinq milliards à payer [1] ; pour cela il vous faut le crédit ; pour le crédit, il vous faut la tranquillité, il vous faut Paris. Il vous faut Paris rendu à la France, et la France rendue à Paris.

C'est-à-dire l'assemblée nationale siégeant dans la vie nationale.

L'intérêt public est ici étroitement d'accord avec le devoir public.

Si le séjour de l'Assemblée en province, qui n'est qu'un accident [2], devenait un système, c'est-à-dire la négation du droit suprême de Paris, je le déclare, je ne siégerais point hors de Paris. Mais ma résolution particulière n'est qu'un détail sans importance. Je ferais ce que je crois être mon devoir. Cela me regarde et je n'y insiste pas.

Vous, c'est autre chose. Votre résolution est grave. Pesez-la.

---

1. Outre la cession de l'Alsace et d'une partie de la Lorraine, l'Allemagne obtenait une indemnité de guerre de cinq milliards, environ 100 milliards de nos francs. Tant qu'elle ne serait pas intégralement payée, le nord et l'est de la France resteraient occupés. Elle le fut en 1873. **2.** Si l'Assemblée siège alors à Bordeaux, c'est du fait de la guerre et du siège de Paris.

On vous dit : – N'entrez pas dans Paris ; les Prussiens sont là.

— Qu'importe les Prussiens ! moi je les dédaigne. Avant peu, ils subiront la domination de ce Paris qu'ils menacent de leurs canons et qui les éclaire de ses idées.

La seule vue de Paris est une propagande. Désormais le séjour des Prussiens en France est dangereux surtout pour le roi de Prusse.

Messieurs, en rentrant dans Paris, vous faites de la politique, et de la bonne politique.

Vous êtes un produit momentané. Paris est une formation séculaire. Croyez-moi, ajoutez Paris à l'Assemblée, appuyez votre faiblesse sur cette force, asseyez votre fragilité sur cette solidité.

Tout un côté de cette assemblée [1], côté fort par le nombre et faible autrement, a la prétention de discuter Paris, d'examiner ce que la France doit faire de Paris, en un mot de mettre Paris aux voix.

Cela est étrange.

Est-ce qu'on met Paris en question ?

Paris s'impose.

Une vérité qui peut être contestée en France, à ce qu'il paraît, mais qui ne l'est pas dans le reste du monde, c'est la suprématie de Paris [2].

Par son initiative, par son cosmopolitisme, par son impartialité, par sa bonne volonté, par ses arts, par sa littérature, par sa langue, par son industrie, par son esprit d'invention, par son instinct de justice et de liberté, par sa lutte de tous les temps, par son héroïsme d'hier et de toujours, par ses révolutions, Paris est l'éblouissant et mystérieux moteur du progrès universel.

Niez cela, vous rencontrez le sourire du genre humain. Le monde n'est peut-être pas français, mais à coup sûr il est parisien.

Nous, consentir à discuter Paris ? Non. Il est puéril de l'attaquer, il serait puéril de le défendre.

---

1. Le côté droit, regroupant environ 400 monarchistes de diverses nuances, contre seulement 200 républicains environ.
2. C'est le titre de la troisième partie de *Paris* (cf. texte 14).

Messieurs, n'attentons pas à Paris.

N'allons pas plus loin que la Prusse.

Les Prussiens ont démembré la France, ne la décapitons pas.

Et puis, songez-y :

Hors Paris il peut y avoir une Assemblée provinciale ; il n'y a d'Assemblée nationale qu'à Paris.

Pour les législateurs souverains qui ont le devoir de compléter la Révolution française [1], être hors de Paris, c'est être hors de France. (*Interruption.*)

On m'interrompt. Alors j'insiste.

Isoler Paris, refaire après l'ennemi le blocus de Paris, tenir Paris à l'écart, succéder dans Versailles, vous assemblée républicaine, au roi de France, et, vous assemblée française, au roi de Prusse [2], créer à côté de Paris on ne sait quelle fausse capitale politique, croyez-vous en avoir le droit ? Est-ce comme représentants de la France que vous feriez cela ? Entendons-nous. Qui est-ce qui représente la France ? c'est ce qui contient le plus de lumière. Au-dessus de vous, au-dessus de moi, au-dessus de nous tous, qui avons un mandat aujourd'hui et qui n'en aurons pas demain, la France a un immense représentant, un représentant de sa grandeur, de sa puissance, de sa volonté, de son histoire, de son avenir, un représentant permanent, un mandataire irrévocable ; et ce représentant est un héros, et ce mandataire est un géant ; et savez-vous son nom ? Il s'appelle Paris.

Et c'est vous, représentants éphémères, qui voudriez destituer ce représentant éternel !

Ne faites pas ce rêve et ne faites pas cette faute.

---

1. Hugo sait pertinemment que la majorité de l'Assemblée, désirant une restauration de la royauté, ne comprend pas du tout ainsi son « devoir ». L'interruption est attendue, et même provoquée.
2. Pendant le siège de Paris, le roi de Prusse et son État-major s'étaient installés au château de Versailles ; l'Empire allemand y fut proclamé, en présence de nombreux souverains germaniques.

Daniel Vierge : *Funérailles de Charles Hugo à Paris* (18 mars 1871).

18

A MM. MEURICE ET VACQUERIE
[« La Commune est une bonne chose mal faite »]
Bruxelles – 28 avril 1871
[Vianden (Luxembourg) – 29 juillet-15 septembre 1871]

Le 15 mars 1871, à Bordeaux, le fils aîné de Victor Hugo meurt subitement d'apoplexie. Le 18, à Paris, le convoi funèbre parcourt des rues hérissées de barricades : la Commune vient de commencer. « À la Bastille, où le général Leflô manque d'être pris, la garde nationale fraternise avec les soldats. Sur la place, un moment de grand silence. Derrière un cercueil qui vient de la gare d'Orléans, un vieillard tête nue que suit un long cortège : Victor Hugo mène au Père-Lachaise le corps de son fils Charles. Les fédérés présentent les armes et entrouvrent les barricades pour laisser passer la gloire et la mort » (Lissagaray).

Le lendemain, quatre membres de ce Comité central de la Garde nationale que l'insurrection vient de porter à l'Hôtel de Ville (et à qui Thiers, en ordonnant le repli sur Versailles du gouvernement et des administrations, a laissé la capitale), viennent consulter le Poète. « Prenez garde, leur dit-il. Vous partez d'un droit pour aboutir à un crime. » Le 21 au soir, Hugo quitte Paris pour Bruxelles où il doit débrouiller la succession de Charles, qui laisse beaucoup de dettes.

Il y restera durant toute l'insurrection parisienne, et n'interviendra dans le conflit que par l'envoi au Rappel *de trois poèmes, appelés à prendre place dans* L'Année terrible *(1872) : « Un cri », « Pas de représailles » et « Les deux trophées ». Hugo, indigné par la guerre civile, profondément choqué par certaines décisions de la Commune (le décret des otages*[1]*, la destruction de la colonne Vendôme*[2]*), semble alors renvoyer dos à dos dans la barbarie et la sottise criminelle l'Assemblée nationale de Versailles et l'Assemblée communale de Paris. Mais à Paris (et à Versailles), l'analyse et l'attitude de ses proches sont assez différentes : ils partagent les griefs des « communeux » contre l'Assemblée, et réclament comme eux des garanties sur la nature républicaine du régime, la décentralisation administrative (conseil municipal élu, y compris à Paris, attributions étendues), l'élection des officiers de la Garde nationale, général compris, et le retrait des mesures économiques qui menacent d'asphyxie le peuple parisien*[3]*. En cela, et comme la plupart des insurgés de Paris, ils ne font somme toute que rester fidèle au programme des républicains avancés de 1869. Lockroy*[4] *fait partie des députés et maires radicaux de Paris qui, sur ces bases, tentent d'éviter la rupture avec Versailles – tentative avortée du fait de la confusion des responsables communards, mais que de toute manière l'intransigeance versaillaise vouait à l'échec. Quant au* Rappel, *s'il désapprouve l'insurrection, il attribue clairement à Versailles la responsabilité de la guerre civile (« Ils ont attaqué »), et François-Victor Hugo écrit le 6 avril : « s'il nous fallait choisir [...] nous ne nous séparerions pas de Paris ». Même après le déclenchement des hostilités (le 2 avril), tout ce groupe continuera à militer pour la conciliation, réclamant la double dissolution de*

---

1. Voir p. 288, note 1. **2.** Voir p. 287, note 2. **3.** Voir texte p. 267-268. **4.** Voir p. 270, note 1.

l'Assemblée de Versailles et de la Commune de Paris, de nouvelles élections, et la satisfaction des « légitimes aspirations » communales. Plusieurs grandes villes de province, par la voix de leurs conseils municipaux plus ou moins acquis au radicalisme (Bordeaux, Lyon...), tentent également de donner forme à cette position – vite décriée de part et d'autre.

Position adoptée par Hugo dans cette lettre au Rappel, *où il s'efforce de relater, d'analyser et d'évaluer l'événement « Commune de Paris ». Mais pas exactement « à chaud ». Contrairement à ce que laisse entendre la date du 28 avril [1871], portée en tête de cette lettre lors de sa première publication dans* Le Rappel *du 6 mars 1872, il est acquis qu'elle a été écrite après l'écrasement de la Commune, durant l'été 1871. En revanche, Hugo écrivait le 18 avril à Meurice et Vacquerie : « La Commune, chose admirable, a été stupidement compromise par cinq ou six meneurs déplorables. » Il n'éprouve en effet aucune sympathie pour les militants d'extrême gauche, blanquistes (comme Rigault) ou néo-jacobins (comme Delescluze), dont il redoute le sectarisme et la propension au terrorisme, et dont il surestime l'influence dans le mouvement populaire. Plus généralement, il est fort sceptique sur les capacités du mouvement ouvrier et de ses cadres, issus principalement de l'élite ouvrière ou de la très petite bourgeoisie intellectuelle, à accéder seuls au pouvoir, fût-il municipal. Il désapprouve la stratégie des communards qui, au nom d'un idéal d'autonomie du mouvement ouvrier, se coupent plus ou moins volontairement de la « bourgeoisie républicaine avancée », animée par des représentants des professions libérales et par quelques grandes illustrations intellectuelles. Bref, il refuse moins les revendications précises de la Commune que sa stratégie de luttes des classes, lui qui prônera toujours leur alliance pour et par le Progrès. Après la Semaine sanglante, il constatera et proclamera, plus fort et plus vite que la plupart, que la lutte des classes est alors pratiquée par la classe bourgeoise d'une manière autrement plus féroce que par la classe ouvrière*[1].

Bruxelles, 28 avril.

Chers amis,

Nous traversons une crise.

Vous me demandez toute ma pensée, je pourrais me borner à ce seul mot : c'est la vôtre.

Ce qui me frappe, c'est à quel point nous sommes d'accord. Le public m'attribue dans le *Rappel* une participation que je n'ai pas, et m'en croit, sinon le rédacteur, du moins l'inspirateur ; vous savez mieux que personne à quel point j'ai dit la vérité quand j'ai écrit dans vos colonnes mêmes que j'étais un simple lecteur du *Rappel* et rien de plus[2]. Eh bien, cette erreur du public a sa raison d'être. Il y a, au fond, entre votre pensée et la mienne, entre votre appréciation et la mienne, entre votre conscience et la mienne, identité presque absolue. Permettez-moi de le constater et de m'en applaudir. Ainsi, dans l'heure décisive où nous sommes, heure qui, si elle finit mal, pourrait être irréparable, vous avez une pensée dominante que vous dites chaque matin dans le *Rappel*, la conciliation. Or, ce que vous écrivez à Paris, je le pense à Bruxelles. La fin de la crise serait dans ce simple accès de sagesse : concessions mutuelles. Alors le dénouement serait pacifique. Autrement il y aura guerre à outrance. On n'est pas quitte avec un problème parce qu'on a sabré la solution.

---

1. Nous reproduisons le texte de l'édition originale d'*Actes et Paroles, III, – Depuis l'exil – 1870-1876*, Paris, Calmann-Lévy, 1876 (la version du *Rappel* du 6 mars 1872 est largement autocensurée). **2.** Lettre « aux cinq rédacteurs-fondateurs du *Rappel* », parue en éditorial du premier numéro du journal, daté du 4 mai 1869, et reprise dans *Actes et Paroles, II*.

J'écrivais en avril 1869[1] les deux mots qui résoudraient les complications d'avril 1871, et j'ajoute toutes les complications. Ces deux mots, vous vous en souvenez, sont : Conciliation et Réconciliation. Le premier pour les idées, le second pour les hommes.

Le salut serait là.

Comme vous je suis pour la Commune en principe, et contre la Commune dans l'application.

Certes le droit de Paris est patent. Paris est une commune, la plus nécessaire de toutes, comme la plus illustre. Paris commune est la résultante de la France république. Comment ! Londres est une commune, et Paris n'en serait pas une[2] ! Londres, sous l'oligarchie, existe, et Paris, sous la démocratie, n'existerait pas ! La cité de Londres a de tels droits qu'elle arrête tout net devant sa porte le roi d'Angleterre. À Temple-Bar[3] le roi finit et le peuple commence. La porte se ferme, et le roi n'entre qu'en payant l'amende. La monarchie respecte Londres, et la République violerait Paris ! Énoncer de telles choses suffit ; n'insistons pas. Paris est de droit commune, comme la France est de droit république, comme je suis de droit citoyen. La vraie définition de la République, la voici[4] : moi souverain de moi. C'est ce qui fait qu'elle ne dépend pas d'un

---

1. Dans cette même lettre. **2.** Depuis le Premier Empire, Paris était doté d'un statut administratif très peu démocratique : les maires d'arrondissements et leurs adjoints, les conseillers municipaux de la ville, étaient nommés et révoqués par le gouvernement, et la réalité du pouvoir municipal assumée par le préfet de la Seine. La loi municipale votée le 14 avril 1871 n'avait pas modifié ce statut, alors même qu'il s'agissait d'une des principales revendications des communards, et, au-delà, des républicains. **3.** Quartier périphérique de Londres où le lord-maire recevait les souverains. **4.** Persuadés que la République est le seul régime juste, et soucieux de ne pas voir se renouveler les confiscations de 1830 et de 1851, les républicains avancés et radicaux veulent mettre la République « au-dessus du suffrage universel ». D'autant plus qu'ils craignent, à juste titre, que cette Assemblée composée en majorité de notables monarchistes ne prépare une restauration de la royauté. L'insurrection de la Commune s'est présentée d'abord comme une défense de la République, menacée par une Assemblée monarchiste.

vote. Elle est de droit naturel, et le droit naturel ne se met pas aux voix. Or une ville a un moi comme un individu ; et Paris, parmi toutes les villes, a un moi suprême. C'est ce moi suprême qui s'affirme par la Commune. L'Assemblée n'a pas plus la faculté d'ôter à Paris la Commune que la Commune n'a la faculté d'ôter à la France l'Assemblée.

Donc aucun des deux termes ne pouvant exclure l'autre, il s'ensuit cette nécessité rigoureuse, absolue, logique : s'entendre.

Le moi national prend cette forme, la République ; le moi local prend cette forme, la Commune ; le moi individuel prend cette forme, la Liberté.

Mon moi n'est complet et je ne suis citoyen qu'à cette triple condition : la liberté dans ma personne, la commune dans mon domicile, la république dans ma patrie.

Est-ce clair ?

Le droit de Paris de se déclarer Commune est incontestable.

Mais à côté du droit, il y a l'opportunité.

Ici apparaît la vraie question.

Faire éclater un conflit à une pareille heure ! la guerre civile après la guerre étrangère ! Ne pas même attendre que les ennemis soient partis [1] ! amuser la nation victorieuse du suicide de la nation vaincue ! donner à la Prusse, à cet empire, à cet empereur, ce spectacle, un cirque de bêtes s'entre-dévorant, et que ce cirque soit la France !

En dehors de toute appréciation politique, et avant d'examiner qui a tort et qui a raison, c'est là le crime du 18 mars.

Le moment choisi est épouvantable.

Mais ce moment a-t-il été choisi ?

Choisi par qui ?

Qui a fait le 18 mars ?

---

1. Conformément aux conventions d'armistice, l'armée allemande occupe le nord et l'est du territoire, jusqu'aux portes de Paris. La guerre civile se déroule donc sous ses yeux.

Examinons.

Est-ce la Commune ?

Non. Elle n'existait pas.

Est-ce le comité central[1] ?

Non. Il a saisi l'occasion, il ne l'a pas créée.

Qui donc a fait le 18 mars ?

C'est l'Assemblée ; ou pour mieux dire la majorité.

Circonstance atténuante : elle ne l'a pas fait exprès[2].

La majorité et son gouvernement voulaient simplement enlever les canons de Montmartre[3]. Petit motif pour un si grand risque.

Soit. Enlever les canons de Montmartre.

C'était l'idée ; comment s'y est-on pris ?

Adroitement.

Montmartre dort. On envoie la nuit des soldats saisir les canons. Les canons pris, on s'aperçoit qu'il faut les emmener. Pour cela il faut les chevaux. Combien ? Mille. Mille chevaux ! où les trouver ? On n'a pas

---

1. Organe élu représentant la Garde nationale de Paris, qui prend le pouvoir municipal après l'insurrection du 18 mars et jusqu'aux élections municipales du 26 qui désignèrent l'Assemblée communale, la Commune proprement dite. Il demeurera une sorte de deuxième pouvoir durant toute l'insurrection. **2.** Hugo refuse ici de croire à une provocation délibérée de Thiers et de l'Assemblée, qui auraient poussé le peuple de Paris à l'insurrection pour avoir ainsi le prétexte d'écraser ce foyer de révolution sociale. Mais il a lui-même dénoncé le caractère provocateur du refus de l'Assemblée de siéger à Paris ; l'Assemblée avait pris d'autres décisions, d'ordre économique notamment, qu'elles savaient devoir être très mal reçues par les ouvriers et les petits-bourgeois de Paris (voir p. 267-268). **3.** Pendant le siège, Gambetta avait armé la population parisienne, majoritairement populaire. L'obsession de Thiers, des monarchistes et des modérés était de désarmer au plus vite Paris et d'abord de lui reprendre ses canons, concentrés dans divers endroits de la capitale, notamment sur la butte Montmartre. Devant la résistance attendue, Thiers opta pour une stratégie de guet-apens : intervention militaire nocturne sur plusieurs points simultanément, et vaste opération de police (arrestation des meneurs socialistes). Le coup échoua, et déclencha une insurrection populaire spontanée.

songé à cela[1]. Que faire ? On les envoie chercher, le temps passe, le jour vient, Montmartre se réveille ; le peuple accourt et veut ses canons ; il commençait à n'y plus songer, mais puisqu'on les lui prend, il les réclame ; les soldats cèdent[2], les canons sont repris, une insurrection éclate, une révolution commence.

Qui a fait cela ?

Le gouvernement, sans le vouloir et sans le savoir.

Cet innocent est bien coupable.

Si l'Assemblée eût laissé Montmartre tranquille, Montmartre n'eût pas soulevé Paris. Il n'y aurait pas eu de 18 mars.

Ajoutons ceci : les généraux Clément Thomas et Lecomte vivraient[3].

J'énonce les faits simplement, avec la froideur historique.

Quant à la Commune, comme elle contient un principe, elle se fût produite plus tard, à son heure, les Prussiens partis. Au lieu de mal venir, elle fût bien venue.

Au lieu d'être une catastrophe, elle eût été un bienfait.

Dans tout ceci à qui la faute ? au gouvernement de la majorité.

Être le coupable, cela devrait rendre indulgent.

Eh bien, non.

---

1. En fait, si. Mais pour ne pas réveiller le quartier, les chevaux attendaient place de la Concorde que les soldats se soient assurés des canons. **2.** Davantage : il fraternisent avec la foule. La plupart déserteront et certains rejoindront la Commune. **3.** Le général Lecomte qui commandait les troupes chargées de l'enlèvement des canons de Montmartre avait été fait prisonnier par la Garde nationale ; le général Clément Thomas, qui, en civil, inspectait une barricade, avait été reconnu par la foule comme un ancien responsable de la répression de juin 1848 et comme le commandant en chef de la Garde nationale pendant le siège, responsable aux yeux de beaucoup du désastre de la sortie de Buzenval. Ils furent exécutés par la foule au soir du 18 mars. Cette exaction excita l'horreur des Versaillais (mais aussi de nombreux républicains et communards), et justifia parmi les cadres de l'armée la boucherie de la répression en mai et juin.

Si l'Assemblée de Bordeaux eût écouté ceux qui lui conseillaient de rentrer à Paris, et notamment la haute et intègre éloquence de Louis Blanc[1], rien de ce que nous voyons ne serait arrivé, il n'y eût pas eu de 18 mars.

Du reste, je ne veux pas aggraver le tort de la majorité royaliste.

On pourrait presque dire : c'est sa faute, et ce n'est pas sa faute.

Qu'est-ce que la situation actuelle ? un effrayant malentendu.

Il est presque impossible de s'entendre.

Cette impossibilité, qui n'est, selon moi, qu'une difficulté, vient de ceci :

La guerre, en murant Paris, a isolé la France. La France, sans Paris, n'est plus la France. De là l'Assemblée, de là aussi la Commune. Deux fantômes. La Commune n'est pas plus Paris que l'Assemblée n'est la France. Toutes deux, sans que ce soit leur faute, sont sorties d'un fait violent, et c'est ce fait violent qu'elles représentent. J'y insiste, l'Assemblée a été nommée par la France séparée de Paris, la Commune a été nommée par Paris séparé de la France. Deux élections viciées dans leur origine. Pour que la France fasse une bonne élection, il faut qu'elle consulte Paris ; et pour que Paris s'incarne vraiment dans ses élus, il faut que ceux qui représentent Paris représentent aussi la France. Or évidemment l'Assemblée actuelle ne représente pas Paris qu'elle fuit, non parce qu'elle le hait, mais, ce qui est plus triste, parce qu'elle l'ignore. Ignorer Paris, c'est curieux, n'est-ce pas ? Eh bien, nous autres, nous

---

1. L'ancien théoricien socialiste de 1848, qui avait passé plus de vingt ans en exil (il avait dû quitter la France après les émeutes de juin 1848, et n'était rentré qu'à la chute de l'Empire), était devenu l'un des chefs de la gauche radicale. Il était alors très proche de Hugo. Celui-ci ayant démissionné (voir texte 17), ce fut lui qui, à l'Assemblée, prononça en séance plénière un discours contre la décapitalisation de Paris. Mais, par légalisme républicain, il s'opposa fermement à la Commune, et après quelques velléités conciliatrices soutint la politique de Thiers.

ignorons bien le soleil. Nous savons seulement qu'il a des taches. C'est tout ce que l'Assemblée sait de Paris. Je reprends. L'Assemblée ne reflète point Paris, et de son côté la Commune, presque toute composée d'inconnus[1], ne reflète pas la France. C'est cette pénétration d'une représentation par l'autre qui rendrait la conciliation possible ; il faudrait dans les deux groupes, assemblée et commune, la même âme, France, et le même cœur, Paris. Cela manque. De là le refus de s'entendre.

C'est le phénomène qu'offre la Chine : d'un côté les Tartares, de l'autre les Chinois.

Et cependant la Commune incarne un principe, la vie municipale, et l'Assemblée en incarne un autre, la vie nationale. Seulement, dans l'Assemblée comme dans la Commune, on peut s'appuyer sur le principe, non sur les hommes. Là est le malheur. Les choix ont été funestes. Les hommes perdent le principe. Raison des deux côtés et tort des deux côtés. Pas de situation plus inextricable.

Cette situation crée la frénésie.

Les journaux belges annoncent que le *Rappel* va être supprimé par la Commune. C'est probable. Dans tous les cas n'ayez pas peur que la suppression vous manque. Si vous n'êtes pas supprimés par la Commune, vous serez supprimés par l'Assemblée. Le

---

1. Hugo reprend ici un grief alors très commun. Issus de l'élite ouvrière ou de la petite-bourgeoisie intellectuelle, les responsables politiques de la Commune ne sont ni des notables ni des célébrités nationales, et ils n'avaient aucune expérience du pouvoir, même local. Quelles que fussent leurs qualités individuelles (réelles chez nombre d'entre eux), leur capacité politique collective s'avéra très relative, et fut sévèrement critiquée, y compris par leurs propres mandataires. Au reste, Hugo connaît un certain nombre de ces « inconnus », avec qui il a échangé des lettres, ou qu'il a fréquentés dans les réunions politiques, ou qu'il a reçus chez lui, à Bruxelles ou à Paris pendant le siège ; notamment : Flourens, Gambon, Miot, Pyat, Delescluze, Jourde, Cluseret, ou encore Louise Michel.

propre de la raison c'est d'encourir la proscription des extrêmes [1].

Du reste, vous et moi, quel que soit le devoir, nous le ferons.

Cette certitude nous satisfait. La conscience ressemble à la mer. Si violente que soit la tempête de la surface, le fond est tranquille.

Nous ferons le devoir, aussi bien contre la Commune que contre l'Assemblée ; aussi bien pour l'Assemblée que pour la Commune.

Peu importe nous ; ce qui importe, c'est le peuple. Les uns l'exploitent, les autres le trahissent. Et sur toute la situation, il y a on ne sait quel nuage ; en haut stupidité, en bas stupeur.

Depuis le 18 mars, Paris est mené par des inconnus, ce qui n'est pas bon, mais par des ignorants, ce qui est pire. À part quelques chefs, qui suivent plutôt qu'ils ne guident, la Commune, c'est l'ignorance. Je n'en veux pas d'autre preuve que les motifs donnés pour la destruction de la Colonne [2] ; ces motifs, ce sont les souvenirs que la Colonne rappelle. S'il faut détruire un monument à cause des souvenirs qu'il rappelle, jetons bas le Parthénon qui rappelle la superstition païenne, jetons bas l'Alhambra qui rappelle la superstition mahométane, jetons bas le Colisée qui rappelle ces fêtes atroces où les bêtes mangeaient les hommes, jetons bas les Pyramides qui rappellent et éternisent

---

1. *Le Rappel* ne sera pas suspendu par la Commune, mais bien par Versailles après la fin de l'insurrection. Il ne reparaîtra que le 1er novembre 1871. Rédacteur en chef, Paul Meurice fut emprisonné par les Versaillais pendant trois semaines en juin.

2. Édifiée en 1806 par Napoléon Ier à sa gloire et à celle de l'armée, la colonne Vendôme, considérée par les communards comme « un monument de barbarie, un symbole de force brute et de fausse gloire, une affirmation du militarisme, une négation du droit international », fut abattue en grande pompe le 16 mai. Hugo, qui dans sa jeunesse avait consacré deux poèmes à cette colonne (*Odes et ballades*, III, 7, et *Les Chants du crépuscule*, II), s'opposa à sa démolition dans « Les Deux Trophées », poème publié dans *Le Rappel* du 7 mai, recueilli dans *L'Année terrible* et dans *Actes et Paroles, III*.

d'affreux rois, les Pharaons, dont elles sont les tombeaux ; jetons bas tous les temples à commencer par le Rhamséïon, toutes les mosquées à commencer par Sainte-Sophie, toutes les cathédrales à commencer par Notre-Dame. En un mot, détruisons tout ; car jusqu'à ce jour tous les monuments ont été faits par la royauté et sous la royauté, et le peuple n'a pas encore commencé les siens. Détruire tout, est-ce là ce qu'on veut ? Évidemment non. On fait donc ce qu'on ne veut pas faire. Faire le mal en le voulant faire, c'est la scélératesse ; faire le mal sans le vouloir faire, c'est l'ignorance.

La Commune a la même excuse que l'Assemblée ; l'ignorance.

L'ignorance, c'est la grande plaie publique. C'est l'explication de tout le contre-sens actuel.

De l'ignorance naît l'inconscience. Mais quel danger !

Dans la nuit on peut aller à des précipices, et dans l'ignorance on peut aller à des crimes.

Tel acte commence par être imbécile et finit par être féroce.

Tenez, en voici un qui s'ébauche, il est monstrueux ; c'est le décret des otages [1].

---

1. Le 2 avril, l'armée de Versailles ouvre les hostilités et commence à bombarder Paris. Le 3, les communards rassemblent 40 000 hommes et lancent une « sortie torrentielle » sur Versailles, qui tourne vite au désastre militaire. À cette occasion, l'armée fusille sans jugement de nombreux prisonniers (dont Flourens, qui commandait l'une des colonnes fédérées). Le 5, la Commune vote un décret qui stipule notamment que « toute exécution d'un prisonnier de guerre ou d'un partisan du gouvernement régulier de la Commune de Paris sera, sur-le-champ, suivie de l'exécution d'un nombre triple des otages retenus » (pour l'essentiel des policiers, magistrats et ecclésiastiques). Hugo s'était élevé contre cette férocité dans le poème « Pas de représailles » (publié par *Le Rappel* du 21 avril puis recueilli dans *L'Année terrible* et dans *Actes et Paroles, III*), poème qui visait en fait autant les Versaillais que les communards. Cet article du « décret des otages » ne fut pas appliqué avant le début de la Semaine sanglante ; alors une centaine d'otages seront exécutés, moins par application « régulière » du décret que sous la pression d'une foule désespérée, ou du fait d'ini-

Tous les jours, indignés comme moi, vous dénoncez à la conscience du peuple ce décret hideux, infâme point de départ des catastrophes. Ce décret ricochera contre la République. J'ai le frisson quand je songe à tout ce qui peut en sortir. La Commune, dans laquelle il y a, quoi qu'on en dise, des cœurs droits et honnêtes, a subi ce décret plutôt qu'elle ne l'a voté. C'est l'œuvre de quatre ou cinq despotes, mais c'est abominable. Emprisonner des innocents et les rendre responsables des crimes d'autrui, c'est faire du brigandage un moyen de gouvernement. C'est de la politique de caverne. Quel deuil et quel opprobre s'il arrivait, dans quelque moment suprême, que les misérables qui ont rendu ce décret trouvassent des bandits pour l'exécuter ! Quel contre-coup cela aurait ! Vous verriez les représailles ! Je ne veux rien prédire, mais je me figure la terreur blanche répliquant à la terreur rouge.

Ce que représente la Commune est immense ; elle pourrait faire de grandes choses, elle n'en fait que de petites. Et des choses petites qui sont des choses odieuses, c'est lamentable.

Entendons-nous. Je suis un homme de révolution. J'étais même cet homme-là sans le savoir, dès mon adolescence, du temps où, subissant à la fois mon éducation qui me retenait dans le passé et mon instinct qui me poussait vers l'avenir, j'étais royaliste en politique et révolutionnaire en littérature ; j'accepte donc les grandes nécessités ; à une seule condition, c'est qu'elles soient la confirmation des principes, et non leur ébranlement.

Toute ma pensée oscille entre ces deux pôles : Civilisation, Révolution. Quand la liberté est en péril, je dis : Civilisation, mais révolution ; quand c'est l'ordre qui est en danger, je dis : Révolution, mais civilisation.

Ce qu'on appelle l'exagération est parfois utile, et

---

tiatives individuelles. De son côté, l'armée versaillaise fusilla sans jugement, entre avril et juin, environ 17 000 personnes désarmées, hommes, femmes et enfants, dont beaucoup n'avaient pas même pris part aux combats.

peut même, à de certains moments, sembler nécessaire. Quelquefois pour faire marcher un côté arriéré de l'idée, il faut pousser un peu trop en avant l'autre côté. On force la vapeur ; mais il y a possibilité d'explosion, et chance de déchirure pour la chaudière et de déraillement pour la locomotive. Un homme d'État est un mécanicien. La bonne conduite de tous les périls vers un grand but, la science du succès selon les principes à travers le risque et malgré l'obstacle, c'est la politique.

Mais dans les actes de la Commune, ce n'est pas à l'exagération des principes qu'on a affaire, c'est à leur négation.

Quelquefois même à leur dérision.

De là, la résistance de toutes les grandes consciences.

Non, la ville de la science ne peut pas être menée par l'ignorance ; non, la ville de l'humanité ne peut pas être gouvernée par le talion ; non, la ville de la clarté ne peut pas être conduite par la cécité ; non, Paris, qui vit d'évidence, ne peut pas vivre de confusion ; non non, non !

La Commune est une bonne chose mal faite.

Toutes les fautes commises se résument en deux malheurs : mauvais choix du moment, mauvais choix des hommes.

Ne retombons jamais dans ces démences. Se figure-t-on Paris disant de ceux qui le gouvernent : *Je ne les connais pas !* Ne compliquons pas une nuit par l'autre ; au problème qui est dans les faits, n'ajoutons pas une énigme dans les hommes. Quoi ! ce n'est pas assez d'avoir affaire à l'inconnu ; il faut aussi avoir affaire aux inconnus !

L'énormité de l'un est redoutable : la petitesse des autres est plus redoutable encore.

En face du géant il faudrait le titan ; on prend le myrmidon[1] !

L'obscure question sociale se dresse et grandit sur l'horizon avec des épaississements croissant d'heure en

1. Nain (du mot grec signifiant fourmi).

heure. Toutes nos lumières ne seraient pas de trop devant ces ténèbres.

Je jette ces lignes rapidement. Je tâche de rester dans le vrai historique.

Je conclus par où j'ai commencé. Finissons-en.

Dans la mesure du possible, concilions les idées et réconcilions les hommes.

Des deux côtés on devrait sentir le besoin de s'entendre, c'est-à-dire de s'absoudre.

L'Angleterre admet des privilèges, la France n'admet que des droits ; là est essentiellement la différence entre la monarchie et la république. C'est pourquoi, en regard des privilèges de la cité de Londres, nous ne réclamons que le droit de Paris. En vertu de ce droit, Paris veut, peut et doit offrir à la France, à l'Europe, au monde, le patron communal, la cité exemple.

Paris est la ferme modèle du progrès.

Supposons un temps normal ; pas de majorité législative royaliste en présence d'un peuple souverain républicain, pas de complication financière, pas d'ennemi sur notre territoire, pas de plaie, pas de Prusse. La Commune fait la loi parisienne qui sert d'éclaireur et de précurseur à la loi française faite par l'Assemblée. Paris, je l'ai dit déjà plus d'une fois, a un rôle européen à remplir. Paris est un propulseur. Paris est l'initiateur universel. Il marche et prouve le mouvement. Sans sortir de son droit, qui est identique à son devoir, il peut, dans son enceinte, abolir la peine de mort, proclamer le droit de la femme et le droit de l'enfant, appeler la femme au vote, décréter l'instruction gratuite et obligatoire, doter l'enseignement laïque, supprimer les procès de presse, pratiquer la liberté absolue de publicité, d'affichage et de colportage, d'association et de meeting, se refuser à la juridiction de la magistrature impériale, installer la magistrature élective, prendre le tribunal de commerce et l'institution des prud'hommes comme expérience faite devant servir de base à la réforme judiciaire, étendre le jury aux causes civiles, mettre en location les églises, n'adopter, ne salarier et ne persécuter aucun culte, proclamer la liberté des banques, proclamer le droit au travail, lui donner pour organisme l'atelier communal et le magasin communal, reliés l'un à l'autre par la monnaie fiduciaire à rente [1], supprimer l'octroi [2], constituer l'impôt unique qui est l'impôt sur le revenu ; en un mot abolir l'ignorance, abolir la misère, et, en fondant la cité, créer le citoyen [3].

Mais, dira-t-on, ce sera mettre un État dans l'État. Non, ce sera mettre un pilote dans le navire.

Figurons-nous Paris, ce Paris-là, en travail. Quel fonctionnement suprême ! quelle majesté dans l'innovation ! Les réformes viennent l'une après l'autre. Paris est l'immense essayeur. L'univers civilisé attentif regarde, observe, profite. La France voit le progrès se construire lentement de toutes pièces sous ses yeux ; et chaque fois que Paris fait un pas heureux, elle suit ; et ce que suit la France est suivi par l'Europe. L'expérience politique, à mesure qu'elle avance, crée la science politique. Rien n'est plus laissé au hasard. Plus de commotions à craindre, plus de tâtonnements, plus de reculs, plus de réactions ; ni coups de trahison du pouvoir, ni coups de colère du peuple. Ce que Paris dit est dit pour le monde ; ce que Paris fait est fait pour le monde. Aucune autre ville, aucun autre groupe d'hommes, n'a ce privilège. L'*income-tax* [4] réussit en Angleterre ; que Paris l'adopte, la preuve sera faite. La

---

1. Ce programme de réforme de la production et de l'échange semble d'inspiration proudhonienne. **2.** Impôt prélevé sur les marchandises à l'entrée des villes. Injuste comme tous les impôts indirects (non progressif), et provoquant l'enchérissement des denrées, il était profondément impopulaire mais fournissait l'essentiel des recettes municipales. **3.** Hugo reste donc profondément décentralisateur, et attribue à son Paris-Commune idéal nombre de compétences traditionnellement réservées à l'État central. De ce point de vue, comme dans le détail des réformes énumérées, il se montre ici très proche des aspirations, et de certaines réalisations, des Communards. **4.** Sorte d'impôt sur le revenu. Hugo reprend ici une revendication des radicaux, qui ne sera adoptée qu'en 1914, après un combat politique acharné.

liberté des banques, qui implique le droit de papier-monnaie, est en plein exercice dans les îles de la Manche ; que Paris le pratique, le progrès sera admis. Paris en mouvement, c'est la vie universelle en activité. Plus de force stagnante ou perdue. La roue motrice travaille, l'engrenage obéit, la vaste machine humaine marche désormais pacifiquement, sans temps d'arrêt, sans secousse, sans soubresaut, sans fracture. La révolution française est finie, l'évolution européenne commence.

Nous avons perdu nos frontières ; la guerre, certes, nous les rendra ; mais la paix nous les rendrait mieux encore. J'entends la paix ainsi comprise, ainsi pratiquée, ainsi employée. Cette paix-là nous donnerait plus que la France redevenue France ; elle nous donnerait la France devenue Europe. Par l'évolution européenne, dont Paris est le moteur, nous tournons la situation, et l'Allemagne se réveille brusquement prise et brusquement délivrée par les États-Unis d'Europe [1].

Que penser de nos gouvernants ? avoir ce prodigieux outil de civilisation et de suprématie, Paris, et ne pas s'en servir !

N'importe, ce qui est dans Paris en sortira. Tôt ou tard, Paris Commune s'imposera. Et l'on sera stupéfait de voir ce mot Commune se transfigurer, et de redoutable devenir pacifique. La Commune sera une œuvre sûre et calme. Le procédé civilisateur définitif que je viens d'indiquer tout à l'heure sommairement n'admet ni effraction ni escalade. La civilisation comme la nature n'a que deux moyens : infiltration et rayonnement. L'un fait la sève, l'autre fait le jour ; par l'un on croît, par l'autre on voit ; et les hommes comme les choses n'ont que ces deux besoins : la croissance et la lumière.

---

1. Malgré la défaite, Hugo reste donc attaché, envers et contre tout, à l'espoir d'un dépassement de la tragédie franco-allemande, et des maladies du continent, par la paix et la transformation de l'Europe des États-nations en Europe unie et fédérale. Il affirme également, et à nouveau, que la « question européenne » et la « question sociale » sont pour lui indissociables.

Vaillants et chers amis, je vous serre la main.

Un dernier mot. Quelles que soient les affaires qui me retiennent à Bruxelles, il va sans dire que si vous jugiez, pour quoi que ce soit, ma présence utile à Paris, vous n'avez qu'à faire un signe, j'accourrais [1].

V. H.

---

1. À Bruxelles depuis le 22 mars, Hugo pouvait néanmoins rentrer à Paris, les communications avec la capitale n'ayant jamais été totalement interrompues. Déjà, dans les derniers jours de l'Empire, il avait attendu à Bruxelles que ses amis du *Rappel*, plus à même que lui de juger de l'état de la situation politique et du meilleur moment pour le retour de grand exilé, lui fassent signe de revenir. Cette fois, il ne semble pas que Meurice ni Vacquerie aient jugé que la présence de Hugo pût aider de quelque manière à dénouer la situation. Quant à lui, l'éloignement lui semble sans doute alors la meilleure attitude, et il écrit dans ses carnets : « J'ai cru devoir être présent à la guerre étrangère et absent de la guerre civile. »

19

À M. LE RÉDACTEUR DE L'INDÉPENDANCE BELGE
[*« J'offre l'asile »*]
Bruxelles – 26 mai 1871

Du 21 au 28 mai 1871, la Commune de Paris est noyée dans le sang. Seuls autorisés à paraître, les journaux versaillais, ou qui au moins ne marchandent pas leur soutien à la politique de Thiers, sont fort discrets sur les massacres perpétrés par l'armée – mais ils se déchaînent contre les « communeux », « bêtes féroces », « monstres dégénérés », etc. Traqués, les survivants cherchent à gagner l'étranger et surtout la Belgique, plus proche de Paris. Or le 25 mai, à la Chambre des représentants, le ministre belge des Affaires étrangères déclare que son gouvernement « usera des pouvoirs dont il est armé pour empêcher l'invasion sur le sol de la Belgique de ces gens qui méritent à peine le nom d'hommes et qui devraient être mis au ban de toutes les nations civilisées ». Le lendemain Hugo écrit à un grand quotidien belge une lettre qui sera publiée le 27 mai et dans laquelle, réaffirmant l'intangibilité du droit d'asile, il offre aux « vaincus de Paris » de les recueillir, chez lui, à Bruxelles. Dans la nuit, sa maison est attaquée à coups de pierres et aux cris de À mort Victor Hugo ! À la potence ! À la lanterne le brigand ! *par une bande conduite par le propre fils du ministre de l'Intérieur. L'assaut dure deux heures, sans que la police intervienne. Le 30 mai, un arrêté d'expulsion est pris contre « le sieur Victor Hugo, homme de lettres, âgé de soixante-neuf ans ». Le 1er juin, Hugo quitte Bruxelles pour le Luxembourg. C'est sa troisième expulsion, après celle de France en 1851, et celle de Jersey en 1855. L'affaire fit grand bruit en Belgique : le Sénat et la Chambre des représentants protestèrent contre la décision gouvernementale. Finalement de nombreux communards trouvèrent asile sur le sol belge, malgré la circulaire du 26 mai par laquelle Jules Favre, ministre français des Affaires étrangères, demandait leur extradition à tous les pays concernés.*

Communards et socialistes se souvinrent de cet épisode, et reconnurent que Hugo avait été l'un des rares à ne pas hurler avec les loups ; l'un des rares, même parmi les républicains avancés, à prêter sa voix aux vaincus. La Cécilia, général de la Commune mis en cause dans ce texte, vint à Vianden justifier son action auprès du poète. En revanche, Louis Blanc et Victor Schoelcher lui écrivirent qu'ils regrettaient sa protestation. « Je leur répondrai, écrit Hugo dans ses carnets : franchise pour franchise. Une protestation pour le droit d'asile, et contre la réaction était nécessaire. Je l'eusse faite dans l'Assemblée, je l'ai faite hors de l'Assemblée. Je ne veux ni du crime rouge, ni du crime blanc. Vous vous êtes tus, j'ai parlé. J'ai combattu le vae victis[1]. *L'avenir jugera. » Plus à droite, et notamment dans la « République des lettres », ce fut un déchaînement de haine et d'indignation vertueuse. On proposa officiellement d'exclure Victor Hugo de la Société des gens de lettres et de la Société des auteurs dramatiques. Las ! dès le 31 octobre Hugo livrait au* Rappel *un éditorial dans lequel il réclamait « l'amnistie tout de suite ! », aucun progrès réel n'étant possible, aucune République véritable n'étant viable sans*

---

1. Malheur aux vaincus !

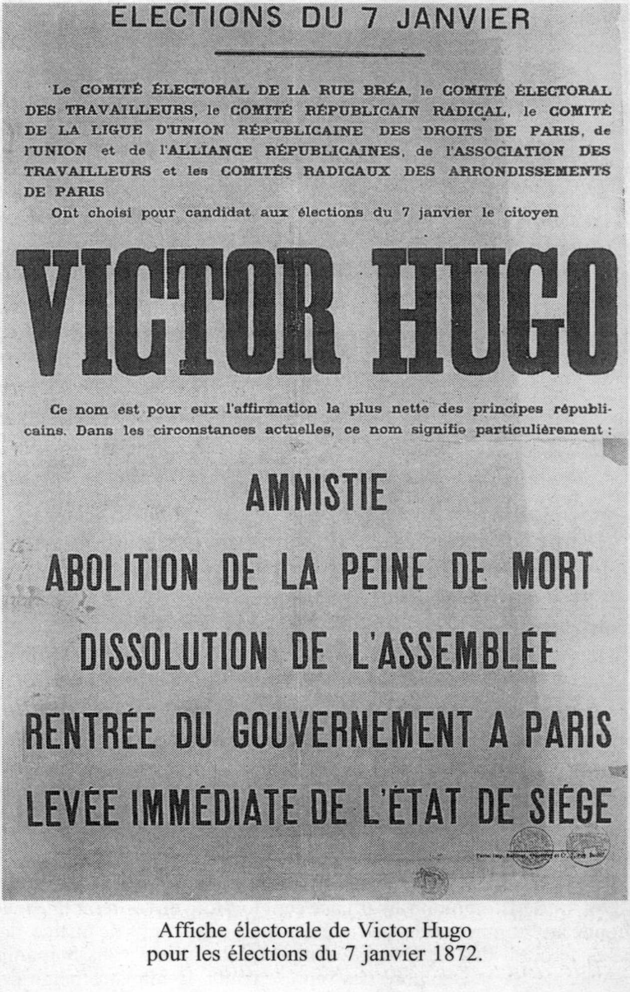

ELECTIONS DU 7 JANVIER

Le COMITÉ ÉLECTORAL DE LA RUE BRÉA, le COMITÉ ÉLECTORAL DES TRAVAILLEURS, le COMITÉ RÉPUBLICAIN RADICAL, le COMITÉ DE LA LIGUE D'UNION RÉPUBLICAINE DES DROITS DE PARIS, de l'UNION et de l'ALLIANCE RÉPUBLICAINES, de l'ASSOCIATION DES TRAVAILLEURS et les COMITÉS RADICAUX DES ARRONDISSEMENTS DE PARIS

Ont choisi pour candidat aux élections du 7 janvier le citoyen

VICTOR HUGO

Ce nom est pour eux l'affirmation la plus nette des principes républicains. Dans les circonstances actuelles, ce nom signifie particulièrement :

AMNISTIE

ABOLITION DE LA PEINE DE MORT

DISSOLUTION DE L'ASSEMBLÉE

RENTRÉE DU GOUVERNEMENT A PARIS

LEVÉE IMMÉDIATE DE L'ÉTAT DE SIÉGE

Affiche électorale de Victor Hugo
pour les élections du 7 janvier 1872.

la réintégration du prolétariat dans la Cité, et, donc, sans le retour des communards condamnés, emprisonnés, déportés[1]. *À cette date, voilà qui laissait Hugo et les siens bien seuls, même parmi les radicaux*[2]. *Telle sera désormais la principale bataille du poète, monnayée d'abord en demandes de grâce pour tel ou tel communard et en interventions auprès des conseils de guerre, puis déployée dans ses discours au Sénat, où il sera élu en 1876*[3].

Dans un premier temps, cette position l'éloignait de l'Assemblée. Le 7 janvier 1872, Hugo, proposé lors d'une élection législative partielle à Paris par un comité républicain et ouvrier, ne recueillera que 95 000 voix contre 122 500 à son adversaire Vautrain, un obscur républicain conservateur appuyé par Thiers[4].

Monsieur,

Je proteste contre la déclaration du gouvernement belge relative aux vaincus de Paris.

Quoi qu'on dise et quoi qu'on fasse, ces vaincus sont des hommes politiques[5].

Je n'étais pas avec eux.

---

1. « Aux Rédacteurs du *Rappel* », dans *Actes et Paroles, III.* **2.** Cette revendication se généralisera parmi les radicaux dans le courant de la décennie, puis sera adoptée par la majorité des républicains. L'amnistie pleine et entière ne sera votée qu'en 1880. **3.** Discours du 22 mai 1876, du 28 février 1879 et du 3 juillet 1880 ; voir *Actes et Paroles, III* et *Actes et Paroles, IV*. **4.** Nous reproduisons le texte de l'édition originale d'*Actes et Paroles, III – Depuis l'exil – 1870-1876*, Paris, Calmann-Lévy, 1876. **5.** L'opinion versaillaise était fort loin de conférer une telle dignité aux communards, considérés comme des repris de justice, des bêtes féroces, des représentants monstrueux d'une sous-humanité menaçante. À la Chambre des représentants, le ministre belge des Affaires étrangères avait déclaré : « Ce ne sont pas des réfugiés politiques ; nous ne devons pas les considérer comme tels. Ce sont des hommes que le crime a souillés et que le châtiment doit atteindre. »

J'accepte le principe de la Commune, je n'accepte pas les hommes [1].

J'ai protesté contre leurs actes : loi des otages [2], représailles, arrestations arbitraires, violation des libertés, suppression des journaux, spoliations, confiscations, démolitions, destruction de la Colonne [3], attaques au droit, attaques au peuple.

Leurs violences m'ont indigné comme m'indigneraient aujourd'hui les violences du parti contraire.

La destruction de la Colonne est un acte de lèse-nation. La destruction du Louvre [4] eût été un crime de lèse-civilisation.

Mais des actes sauvages, étant inconscients, ne sont point des actes scélérats. La démence est une maladie et non un forfait. L'ignorance n'est pas le crime des ignorants.

La Colonne détruite a été pour la France une heure triste ; le Louvre détruit eût été pour tous les peuples un deuil éternel.

Mais la Colonne sera relevée [5], et le Louvre est sauvé.

Aujourd'hui Paris est repris. L'Assemblée a vaincu la Commune. Qui a fait le 18 mars ? De l'Assemblée ou de la Commune, laquelle est la vraie coupable ? L'histoire le dira [6].

---

1. Voir le texte 18. **2.** Voir p. 288, note 1. **3.** La colonne de la place Vendôme ; voir p. 287, note 2. **4.** Lors de l'entrée des troupes versaillaises dans Paris, les communards décidèrent d'incendier plusieurs édifices publics, dont les Tuileries, résidence des divers monarques que connut la France au XIXe siècle, et qui jouxte le musée du Louvre. De nombreux autres incendies furent la conséquence des combats, et notamment des bombardements versaillais ; mais on les attribua tous au vandalisme communard. **5.** La décision de relever la colonne Vendôme sera l'une des premières décisions du maréchal Mac-Mahon devenu président de la République (mai 1873) ; on imaginera à cette occasion de faire payer les frais (colossaux) au peintre Courbet, tenu pour responsable comme ancien membre de la Commune, chargé des Beaux-Arts. Courbet mourra en 1877, la veille de la première annuité. **6.** Hugo lui-même le dira quelques semaines plus tard : voir le texte 18.

L'incendie de Paris est un fait monstrueux, mais n'y a-t-il pas deux incendiaires ? Attendons pour juger.

Je n'ai jamais compris Billioray, et Rigault m'a étonné jusqu'à l'indignation ; mais fusiller Billioray est un crime ; mais fusiller Rigault est un crime[1].

Ceux de la Commune, Johannard et ses soldats qui font fusiller un enfant de quinze ans[2] sont des criminels ; ceux de l'Assemblée, qui font fusiller Jules Vallès, Bosquet, Parisel, Amouroux, Lefrançais, Brunet et Dombrowski, sont des criminels[3].

Ne faisons pas verser l'indignation d'un seul côté.

---

1. Alfred Billioray, artiste peintre, membre de la commission des Services publics, puis des Finances, de la Commune, dont il défendit particulièrement les mesures sociales. Il ne fut pas fusillé, mais condamné à la déportation en Nouvelle-Calédonie, où il mourra en 1876. Raoul Rigault, journaliste et militant blanquiste, très versé dans les arcanes de la police politique, fut le préfet de police de la Commune. À ce titre, il organisa l'arrestation des otages (voir p. 288, note 1), et commanda personnellement l'exécution de l'un d'entre eux, le républicain radical Chaudey. Il combattit avec courage durant la Semaine sanglante, et, désarmé, fut exécuté par un officier de Versailles le 24 mai. **2.** Jules Johannard, journaliste et membre de l'Internationale, fut élu de la Commune et membre de la commission de la Guerre. Il ordonna le 20 mai, sur un poste de combat, l'exécution d'un « garçon », accusé d'espionnage. Hugo, dans la version originale de cette lettre, mettait également en cause le général communard La Cécilia, responsable du secteur. Celui-ci, en fuite, lui rendit visite à Vianden le 20 juillet pour se disculper, affirmant que le « garçon » avait plus de vingt ans et avait reconnu avoir reçu de l'argent de Versailles. Hugo fit publier sa lettre justificative. **3.** Écrite « à chaud », tributaire des rumeurs et des fausses nouvelles colportées par une presse peu soucieuse de sérieux professionnel, cette lettre est, comme le note Lissagaray, fort mal documentée : il faut lire Brunel et non Brunet ; Bosquet, inconnu, est sans doute un lapsus ; et aucun de ces hommes ne fut fusillé. Dombrowski, exilé polonais et général communard, mourut le 23 mai en défendant une barricade. Amouroux, membre de la Commune, fut condamné aux travaux forcés en Nouvelle-Calédonie. Les autres, également membres de la Commune, combattirent pendant la Semaine sanglante mais parvinrent à gagner l'étranger ; ils furent condamnés à mort par contumace. Il est vrai qu'on fusilla plusieurs personnes qu'on croyait être Vallès, Billioray, Lefrançais, etc., dont les journaux annoncèrent ainsi la mort.

Ici le crime est aussi bien dans les agents de l'Assemblée que dans ceux de la Commune, et le crime est évident.

Premièrement, pour tous les hommes civilisés, la peine de mort est abominable ; deuxièmement, l'exécution sans jugement est infâme. L'une n'est plus dans le droit, l'autre n'y a jamais été.

Jugez d'abord, puis condamnez, puis exécutez. Je pourrai blâmer, mais je ne flétrirai pas. Vous êtes dans la loi [1].

Si vous tuez sans jugement, vous assassinez.

Je reviens au gouvernement belge.

Il a tort de refuser l'asile.

La loi lui permet ce refus, le droit le lui défend.

Moi qui vous écris ces lignes, j'ai une maxime : *Pro jure contra legem* [2].

L'asile est un vieux droit. C'est le droit sacré des malheureux.

---

1. Certes, la loi peut être inique (voir *infra*) ; elle n'en offre pas moins, pense Hugo, un minimum de garanties. De fait si les conseils de guerre, qui jusqu'en 1874 « jugèrent » près de 50 000 personnes, n'offrirent le plus souvent qu'une parodie de justice, ils ne prononcèrent « que » 270 condamnations à mort, dont 175 par contumace, et dont « seulement » 25 seront exécutées. Certes, les conditions de détention et de déportation furent telles que beaucoup des 4 663 condamnés à la captivité en moururent, et bien d'autres détenus étaient morts avant même leur jugement. Mais le gros du travail de répression avait déjà été accompli, pendant la Semaine sanglante et dans les jours qui suivirent l'écrasement de la Commune (c'est-à-dire au moment de la rédaction de cette lettre), avant la mise en place de toute procédure « légale ». Ce massacre d'environ 17 000 prisonniers désarmés dont beaucoup n'avaient pas même pris part au combat, dont certains n'étaient pas même partisans de la Commune, est à distinguer des morts au combat (évalués pour toute la guerre civile à 877 Versaillais et environ 3 500 fédérés), et il est essentiellement de la responsabilité des cadres supérieurs de l'armée : « Dans l'ensemble, la tuerie doit peu à la spontanéité des soldats. [...] En général, la troupe exécute les ordres. [...] Le massacre est organisé » (Serman). Parmi les généraux versaillais engagés dans les opérations, seul Justin Clinchant, d'opinion républicaine, refusa d'ordonner ou de couvrir ces pratiques déshonorantes. **2.** Pour le droit contre la loi. Voir p. 236, note 1.

Au moyen âge, l'Église accordait l'asile même aux parricides.

Quant à moi, je déclare ceci :

Cet asile, que le gouvernement belge refuse aux vaincus, je l'offre.

Où ? en Belgique.

Je fais à la Belgique cet honneur.

J'offre l'asile à Bruxelles.

J'offre l'asile place des Barricades, nº 4.

Qu'un vaincu de Paris, qu'un homme de la réunion dite Commune, que Paris a fort peu élue [1] et que, pour ma part, je n'ai jamais approuvée, qu'un de ces hommes, fût-il mon ennemi personnel, surtout s'il est mon ennemi personnel, frappe à ma porte, j'ouvre. Il est dans ma maison, il est inviolable.

Est-ce que, par hasard, je serais un étranger en Belgique ? je ne le crois pas. Je me sens le frère de tous les hommes et l'hôte de tous les peuples.

Dans tous les cas, un fugitif de la Commune chez moi, ce sera un vaincu chez un proscrit ; le vaincu d'aujourd'hui chez le proscrit d'hier.

Je n'hésite pas à le dire, deux choses vénérables.

Une faiblesse protégeant l'autre.

Si un homme est hors la loi, qu'il entre dans ma maison. Je défie qui que ce soit de l'en arracher.

Je parle ici des hommes politiques.

Si l'on vient chez moi prendre un fugitif de la Commune, on me prendra. Si on le livre, je le suivrai. Je partagerai sa sellette. Et, pour la défense du droit, on verra, à côté de l'homme de la Commune, qui est le vaincu de l'Assemblée de Versailles, l'homme de la République, qui a été le proscrit de Bonaparte.

Je ferai mon devoir. Avant tout les principes.

Un mot encore.

---

1. Les élections municipales des 26 mars et 16 avril furent marquées par une abstention de plus de 50 %. En outre, 21 élus du 26 mars, républicains modérés ou radicaux, démissionnèrent avant le 5 avril.

Ce qu'on peut affirmer, c'est que l'Angleterre ne livrera pas les réfugiés de la Commune [1].

Pourquoi mettre la Belgique au-dessous de l'Angleterre ?

La gloire de la Belgique c'est d'être un asile. Ne lui ôtons pas cette gloire.

En défendant la France, je défends la Belgique.

Le gouvernement belge sera contre moi, mais le peuple belge sera avec moi [2].

Dans tous les cas, j'aurai ma conscience.

Recevez, monsieur, l'assurance de mes sentiments distingués.

VICTOR HUGO.

---

1. Le gouvernement de Versailles demanda systématiquement l'extradition des communards réfugiés à l'étranger. L'Angleterre n'accéda pas à sa demande, pas plus qu'aucun autre pays.
2. Plusieurs députés et sénateurs belges de gauche s'élevèrent en séance publique contre l'expulsion de Hugo, et un mouvement de protestation s'organisa en juin et juillet, notamment à Liège.

Édouard Manet : *La Barricade*, lithographie, 1871.

20

LES FUSILLÉS
Vianden (Luxembourg) – 20 juin 1871

Écrit à Vianden le 20 juin 1871 alors que se confirme l'atrocité de la répression versaillaise (voir p. 301), et publié dans L'Année terrible (Juin, XII) *en avril 1872, ce poème marque une crise sans précédent du rapport du poète au peuple. Car on ne lit pas seulement ici la tristesse et l'indignation, la dénonciation de la barbarie et l'appel au Progrès. Face à la violence de l'Ordre, face à l'héroïsme désespéré et désespérant d'un peuple misérable et martyrisé, le poète ne peut plus même assumer la position du « juste ». Pour la première fois, Hugo en poésie exprime une mauvaise conscience qui fait trembler les fondements mêmes de sa foi politique, et de sa foi dans la mission du poète. Ce peuple de fusillés, ce peuple de Paris qu'il a si souvent chanté et glorifié, il ne peut cette fois, d'aucune manière,* en être. *Pis encore, quels qu'aient été ses actes et ses paroles, malgré sa déclaration de Bruxelles (voir le texte 19) et malgré ce poème lui-même, il se sent, par sa seule position sociale, en quelque manière compromis avec les bourreaux : « Être avec nous, cela les étouffait. / Ils partent. Qu'est-ce donc que nous leur avions fait*[1] *? »*

---

1. Dans *L'Année terrible* le poème suivant, « À ceux qu'on foule aux pieds », s'ouvre par ce cri qui semble une conjuration

Ce poème – dont le dernier vers est l'un des plus étrangement beaux de la langue française – récuse (avec d'autres) la légende assez étonnante, née dans certains milieux d'extrême gauche (surtout chez les guesdistes[1] *et certains anarchistes), qui veut que l'auteur des* Misérables *ait toujours refusé de dénoncer les massacres des Versaillais. Ainsi, lors des funérailles de Victor Hugo en 1885, le journal socialiste* « L'Ami du peuple » *refusa de saluer le « "Grand Poète" de la classe bourgeoise » qui « n'a point trouvé bon de saluer, avec des strophes comme il savait si magistralement en ciseler, les quarante mille cadavres de la Semaine sanglante*[2] *».*

Guerre qui veut Tacite et qui repousse Homère[3] !
La victoire s'achève en massacre sommaire.
Ceux qui sont satisfaits sont furieux ; j'entends
Dire : – Il faut en finir avec les mécontents. –
Alceste est aujourd'hui fusillé par Philinte[4].
Faites.

Partout la mort. Eh bien, pas une plainte.
Ô blé que le destin fauche avant qu'il soit mûr !
Ô peuple !

On les amène au pied de l'affreux mur.

---

de l'angoisse exprimée dans « Les Fusillés » : « Oh ! je suis avec vous ! »

1. Jules Guesde (1845-1922) fut l'un des introducteurs du marxisme en France et le défenseur d'un parti ouvrier autonome et strictement discipliné. Son influence fut grande surtout dans les vingt dernières années du siècle. **2.** Nous reproduisons le texte de *L'Année terrible*, Paris, Hetzel et Quantin, 1880. L'édition de 1872 est explicitement autocensurée à plusieurs endroits, notamment dans ce poème. **3.** Cette guerre civile veut un historien sévère et justicier, laconique et acerbe, à l'instar de l'historien latin du Ier siècle, surtout, ici, l'auteur des *Histoires* ; mais elle est trop horrible, trop inhumaine, trop « désastrée », pour accepter un quelconque traitement héroïco-épique, pour devenir, d'aucune manière, une *Iliade*. **4.** Principaux personnages du *Misanthrope* de Molière ; Philinte est le « satisfait », Alceste le « mécontent ».

C'est bien. Ils ont été battus du vent contraire.
L'homme dit au soldat qui l'ajuste : Adieu, frère.
La femme dit : – Mon homme est tué. C'est assez.
Je ne sais s'il eut tort ou raison, mais je sais
Que nous avons traîné le malheur côte à côte ;
Il fut mon compagnon de chaîne ; si l'on m'ôte
Cet homme, je n'ai plus besoin de vivre. Ainsi
Puisqu'il est mort, il faut que je meure. Merci. –
Et dans les carrefours les cadavres s'entassent[1].
Dans un noir peloton vingt jeunes filles passent ;
Elles chantent ; leur grâce et leur calme innocent
Inquiètent la foule effarée ; un passant
Tremble. – Où donc allez-vous ? dit-il à la plus belle.
Parlez. – Je crois qu'on va nous fusiller, dit-elle.
Un bruit lugubre emplit la caserne Lobau[2] ;
C'est le tonnerre ouvrant et fermant le tombeau.
Là des tas d'hommes sont mitraillés ; nul ne pleure ;
Il semble que leur mort à peine les effleure,
Qu'ils ont hâte de fuir un monde âpre, incomplet,
Triste, et que cette mise en liberté leur plaît.
Nul ne bronche. On adosse à la même muraille
Le petit-fils avec l'aïeul, et l'aïeul raille,
Et l'enfant blond et frais s'écrie en riant : Feu[3] !

---

1. Nulle exagération poétique dans ce vers. À partir du 22 mai et jusqu'au 15 juin, « les cadavres des fusillés s'entassent dans les abattoirs [cours de casernes ou de prisons] et sur la voie publique, où, le soleil revenu, ils commencent à se putréfier et à dégager des odeurs pestilentielles ; [...] des équipes de nettoyage enterrent ou incinèrent dans les squares ou sur les berges de la Seine les corps qu'elles ne peuvent transporter jusqu'aux fosses communes des cimetières » (Serman). **2.** Un des « abattoirs » évoqués dans la note précédente, à côté de l'Hôtel de Ville, où furent exécutées 3 000 personnes environ. **3.** Les exemples de cette résignation tragique ne sont pas rares parmi les fusillés, et ont frappé ceux des contemporains qui n'étaient pas aveuglés par l'esprit sanguinaire alors ambiant. Ils sont révélateurs de cette énergie du désespoir qui anima le peuple de Paris pendant la Commune, et que Courbet résuma en ces termes : « Mourir pour mourir, criaient les hommes, les femmes et les enfants, mais nous n'irons pas à Cayenne [bagne de Guyane où l'on avait envoyé de nombreux insurgés de juin 1848 et de décembre 1851]. »

Ce rire, ce dédain tragique, est un aveu.
Gouffre de glace ! énigme où se perd le prophète !
Donc ils ne tiennent pas à la vie ; elle est faite
De façon qu'il leur est égal de s'en aller.
C'est en plein mois de mai ; tout veut vivre et mêler
Son instinct ou son âme à la douceur des choses ;
Ces filles-là devraient aller cueillir des roses ;
L'enfant devrait jouer dans un rayon vermeil ;
L'hiver de ce vieillard devrait fondre au soleil ;
Ces âmes devraient être ainsi que des corbeilles
S'emplissant de parfums, de murmures d'abeilles,
De chants d'oiseaux, de fleurs, d'extase, de printemps !
Tous devraient être d'aube et d'amour palpitants.
Eh bien, dans ce beau mois de lumière et d'ivresse,
Ô terreur ! c'est la mort qui brusquement se dresse,
La grande aveugle, l'ombre implacable et sans yeux ;
Oh ! comme ils vont trembler et crier sous les cieux,
Sangloter, appeler à leur aide la ville,
La nation qui hait l'Euménide[1] civile,
Toute la France, nous, nous tous qui détestons
Le meurtre pêle-mêle et la guerre à tâtons !
Comme ils vont, l'œil en pleurs, bras tordus, mains [crispées,
Supplier les canons, les fusils, les épées,
Se cramponner aux murs, s'attacher aux passants,
Et fuir, et refuser la tombe, frémissants ;
Et hurler : On nous tue ! au secours ! grâce ! grâce !
Non. Ils sont étrangers à tout ce qui se passe ;
Ils regardent la mort qui vient les emmener.
Soit. Ils ne lui font pas l'honneur de s'étonner.
Ils avaient dès longtemps ce spectre en leur pensée.
Leur fosse dans leur cœur était toute creusée.
Viens, mort !

Être avec nous, cela les étouffait.
Ils partent. Qu'est-ce donc que nous leur avions fait ?

---

1. Dans la mythologie grecque, les Euménides (ou Érinyes) sont les divinités de la vengeance.

Ô révélation ! Qu'est-ce donc que nous sommes
Pour qu'ils laissent ainsi derrière eux tous les hommes,
Sans un cri, sans daigner pleurer, sans un regret ?
Nous pleurons, nous. Leur cœur au supplice était prêt.
Que leur font nos pitiés tardives ? Oh ! quelle ombre !
Que fûmes-nous pour eux avant cette heure sombre ?
Avons-nous protégé ces femmes ? Avons-nous
Pris ces enfants tremblants et nus sur nos genoux ?
L'un sait-il travailler et l'autre sait-il lire ?
L'ignorance finit par être le délire ;
Les avons-nous instruits, aimés, guidés enfin,
Et n'ont-ils pas eu froid ? et n'ont-ils pas eu faim ?
C'est pour cela qu'ils ont brûlé vos Tuileries[1].
Je le déclare au nom de ces âmes meurtries,
Moi, l'homme exempt des deuils de parade et d'emprunt,
Qu'un enfant mort émeut plus qu'un palais défunt
C'est pour cela qu'ils sont les mourants formidables,
Qu'ils ne se plaignent pas, qu'ils restent insondables,
Souriants, menaçants, indifférents, altiers,
Et qu'ils se laissent presque égorger volontiers.
Méditons. Ces damnés, qu'aujourd'hui l'on foudroie,
N'ont pas de désespoir n'ayant pas eu de joie.
Le sort de tous se lie à leur sort. Il le faut.
Frères, bonheur en bas, sinon malheur en haut !
Hélas ! faisons aimer la vie aux misérables.
Sinon, pas d'équilibre. Ordre vrai, lois durables,
Fortes mœurs, paix charmante et virile pourtant,
Tout, vous trouverez tout dans le pauvre content.
La nuit est une énigme ayant pour mot l'étoile.
Cherchons. Le fond du cœur des souffrants se dévoile.
Le sphinx, resté masqué, montre sa nudité.
Ténébreux d'un côté, clair de l'autre côté,
Le noir problème entr'ouvre à demi la fenêtre
Par où le flamboiement de l'abîme pénètre.
Songeons, puisque sur eux le suaire est jeté,
Et comprenons. Je dis que la société

---

1. Voir p. 299, note 4. Dans l'édition originale, (auto) censurée, on lisait seulement : « C'est pour cela qu'ils... »

N'est point à l'aise ayant sur elle ces fantômes ;
Que leur rire est terrible entre tous les symptômes,
Et qu'il faut trembler, tant qu'on n'aura pu guérir
Cette facilité sinistre de mourir.

21

LA FEMME
À M. Léon Richer,
Rédacteur en chef de l'*Avenir des Femmes*
Paris – 8 juin 1872

La Commune avait vu un engagement massif des femmes, et du mouvement féministe. L'opinion anti-communarde s'empara vite du phénomène, et l'on vit fleurir d'innombrables articles et libelles stigmatisant les « pétroleuses[1] *», les « louves », et autres « prostituées rouges ». Le texte que nous reproduisons ici fut écrit par Hugo pour être lu à un banquet organisé pour l'émancipation civile des femmes. Dans le contexte de l'immédiat après-Commune, la revendication de l'égalité des sexes dans la Cité, plus minoritaire que jamais, prenait des allures de brûlot. Cette revendication, Hugo la soutient au moins depuis l'exil (voir texte 10), mais elle a depuis gagné en vigueur de ton. On connaît l'admiration réciproque qui le lie à la plus illustre des communardes, Louise Michel, et la*

---

1. Surnom infamant qu'on donna longtemps aux militantes communardes, puis à toute femme engagée, notamment dans le mouvement féministe. Les incendies qui marquèrent la chute de la Commune (voir p. 299, note 4) furent souvent attribués par la presse versaillaise aux femmes, censées être plus habiles encore que les hommes à manier la bombe incendiaire au pétrole.

correspondance qu'il entretint avec elle, y compris durant sa captivité d'abord en France puis en Nouvelle-Calédonie, d'où elle ne rentrera qu'en 1880, après la loi d'amnistie[1].

Monsieur,

Je m'associe du fond du cœur à votre utile manifestation. Depuis quarante ans, je plaide la grande cause sociale à laquelle vous vous dévouez noblement.

Il est douloureux de le dire : dans la civilisation actuelle, il y a une esclave. La loi a des euphémismes ; ce que j'appelle une esclave, elle l'appelle une mineure ; cette mineure selon la loi, cette esclave selon la réalité, c'est la femme. L'homme a chargé inégalement les deux plateaux du Code, dont l'équilibre importe à la conscience humaine ; l'homme a fait verser tous les droits de son côté et tous les devoirs du côté de la femme. De là un trouble profond. De là la servitude de la femme. Dans notre législation telle qu'elle est, la femme ne possède pas, elle n'este pas en justice[2], elle ne vote pas[3], elle ne compte pas, elle n'est pas. Il y a des citoyens, il n'y a pas de citoyennes. C'est là un état violent : il faut qu'il cesse.

Je sais que les philosophes vont vite et que les gouvernants vont lentement ; cela tient à ce que les philosophes sont dans l'absolu, et les gouvernants dans le relatif ; cependant, il faut que les gouvernants finissent par rejoindre les philosophes. Quand cette jonction est faite à temps, le progrès est obtenu et les révolutions sont évitées. Si la jonction tarde, il y a péril.

---

1. Nous reproduisons le texte de l'édition originale d'*Actes et Paroles, III – Depuis l'exil – 1870-1876*, Paris, Calmann-Lévy, 1876. **2.** Elle n'a pas le droit de soutenir une action en justice, seule et sans l'autorisation de son père ou de son mari. **3.** Voir texte 10, p. 201, note 1.

Sur beaucoup de questions à cette heure, les gouvernants sont en retard. Voyez les hésitations de l'Assemblée à propos de la peine de mort. En attendant, l'échafaud sévit.

Dans la question de l'éducation, comme dans la question de la répression, dans la question de l'irrévocable qu'il faut ôter du mariage et de l'irréparable qu'il faut ôter de la pénalité [1], dans la question de l'enseignement obligatoire, gratuit et laïque, dans la question de la femme, dans la question de l'enfant, il est temps que les gouvernants avisent. Il est urgent que les législateurs prennent conseil des penseurs, que les hommes d'État, trop souvent superficiels, tiennent compte du profond travail des écrivains, et que ceux qui font les lois obéissent à ceux qui font les mœurs. La paix sociale est à ce prix.

Nous philosophes, nous contemplateurs de l'idéal social, ne nous lassons pas. Continuons notre œuvre. Étudions sous toutes ses faces, et avec une bonne volonté croissante, ce pathétique problème de la femme dont la solution résoudrait presque la question sociale tout entière. Apportons dans l'étude de ce problème plus même que la justice ; apportons-y la vénération ; apportons-y la compassion. Quoi ! il y a un être, un être sacré, qui nous a formés de sa chair, vivifiés de son sang, nourris de son lait, remplis de son cœur, illuminés de son âme, et cet être souffre, et cet être saigne, pleure, languit, tremble. Ah ! dévouons-nous, servons-le, défendons-le, secourons-le, protégeons-le ! Baisons les pieds de notre mère !

Avant peu, n'en doutons pas, justice sera rendue et justice sera faite. L'homme à lui seul n'est pas l'homme ; l'homme, plus la femme, plus l'enfant, cette créature une et triple constitue la vraie unité humaine. Toute l'organisation sociale doit découler de là. Assurer le droit de l'homme sous cette triple forme, tel doit

---

1. C'est-à-dire qu'il faut établir le droit au divorce (la loi sera votée en 1884) et abolir la peine de mort.

être le but de cette providence d'en bas que nous appelons la loi.

Redoublons de persévérance et d'efforts. On en viendra, espérons-le, à comprendre qu'une société est mal faite quand l'enfant est laissé sans lumière, quand la femme est maintenue sans initiative, quand la servitude se déguise sous le nom de tutelle, quand la charge est d'autant plus lourde que l'épaule est plus faible ; et l'on reconnaîtra que, même au point de vue de notre égoïsme, il est difficile de composer le bonheur de l'homme avec la souffrance de la femme.

22

MES FILS
1874

Le 26 décembre 1873 François-Victor, le second fils de Victor Hugo, meurt à l'âge de 45 ans. Son frère est mort en 1871 (voir texte 18), leur mère en 1868, leur sœur aînée, elle, repose au cimetière de Villequier depuis 1843, déjà. Quant au dernier enfant des époux Hugo, Adèle, c'est depuis 1872 une morte-vivante, une folle internée (comme l'avait été son oncle paternel, Eugène). À cet homme de 72 ans qui, chose à peu près unique parmi les grands écrivains du siècle, avait été père de famille, il ne restait désormais qu'une belle-fille (la veuve de Charles), deux petits-enfants, Georges, 6 ans, et Jeanne, 5 ans, futurs héros de L'Art d'être grand-père *(1877) – et puis Juliette Drouet, parce qu'elle faisait décidément partie de la famille, cette maîtresse aimante et aimée, qui ne l'avait pas quitté depuis 1834, qui lui avait fourni le passeport grâce auquel il put s'enfuir en 1851, qui l'avait suivi dans toutes les tribulations de l'exil, qui avec lui était rentrée en France et ne mourrait que deux ans avant lui, en 1883. C'est donc le chef fantôme d'une famille décimée qui écrit, quatre mois après la mort de son dernier,* Mes fils. *Ce texte bref, destiné à servir de préface à l'édition posthume des* Hommes de l'exil *de*

Charles Hugo, est un texte autobiographique. Mais d'une autobiographie en quelque sorte anonyme, et collective. Sur la page de couverture ne figurent en guise de nom d'auteur que les initiales V. H., et le premier paragraphe donne le ton : « Un homme se marie jeune. [...] Qu'est-ce qu'il fait ? peu importe. Un travail quelconque. » Dans une ébauche Hugo écrit : « De qui est-ce que je viens de raconter la vie ? La mienne peut-être, et un peu celle de tous. » Il reprend ainsi la figure qui présidait, dix-huit ans plus tôt, aux Contemplations, *ces* « Mémoires d'une âme » *dont l'auteur, dans la préface, prévenait ainsi son lecteur : « Ma vie est la vôtre, votre vie est la mienne, vous vivez ce que je vis ; la destinée est une. Prenez donc ce miroir et regardez vous-y. [...] Quand je vous parle de moi, je vous parle de vous. Comment ne le sentez-vous pas ? Ah ! insensé qui crois que je ne suis pas toi. » Dès les* Feuilles d'automne *(1831), l'autobiographie (en vers) de celui qui est né quand « Ce siècle avait deux ans » s'efforçait de déborder l'individualité stricte, étroite, et d'abord en faisant de cet individu le fruit d'un destin collectif, le fils de l'histoire contemporaine. Vieillard à présent, l'enfant du siècle poursuit sur le même mode son autobiographie :* Mes fils, *au moins autant qu'une œuvre intime, sont une œuvre politique.*

Et sur ce plan aussi, il s'agit d'une des œuvres les plus sombres, les plus mélancoliques, les plus désespérées de Hugo. Qu'ils s'avéraient donc amers ce retour d'exil, cette chute du tyran, cette renaissance de la République, qu'on avait tant attendus et qui n'étaient arrivés qu'à la faveur d'une guerre meurtrière et malheureuse, débouchant sur une défaite sans précédent et sur une guerre civile atroce ! L'avenir, désormais, c'était la guerre. Hugo ici attend la Revanche sur l'Allemagne, l'attend, l'espère – et s'en désole. Que l'apôtre de la paix perpétuelle, des États-Unis d'Europe et de la République universelle en soit venu à ne plus pouvoir rêver, avec tout un peuple, que des rêves de guerre, voilà bien de quoi désespérer : « Entre l'humanité et l'homme la patrie se dresse, terrible. Elle regarde les sages, indignée. Qu'ils ne viennent plus parler d'union, d'harmonie et de paix ! Pas de paix, que la tête haute ! Voilà ce que veut la patrie. Ajournement de la concorde humaine. Oh ! la misérable aventure ! »

Même sous le coup immédiat de la défaite, Hugo n'avait pas prononcé des paroles aussi sombres, ni aussi farouches (voir texte 16). Cet accès de désespérance doit sans doute autant à la situation politique du pays qu'à la situation intime de l'auteur. Depuis un an, la droite monarchiste de l'Assemblée a poussé Thiers à la démission. Or « le fusilleur de la Commune », non seulement avait pu obtenir aussi le surnom de « libérateur du territoire[1] *», mais s'était révélé, lui ancien ministre de Louis-Philippe, un soutien somme toute efficace de la République – au moins dans sa définition minimale*[2]*. Depuis, sous le ministère de Broglie et la présidence Mac-Mahon, les grandes manœuvres de la Restauration monarchique étaient ouvertes, l'« Ordre moral » sévissait, plus réactionnaire et clérical que jamais*[3]*, retrouvant ses habitudes de « compression » contre l'opinion républicaine et libérale, dénonçant le « péril rouge », provoquant un regain des poursuites contre les mili-*

1. Il était parvenu, beaucoup plus tôt qu'on ne le pensait, à payer à l'Allemagne l'énorme tribut de 5 milliards qu'elle avait exigé lors de la signature du traité de paix ; en conséquence, comme prévu par le traité, les armées allemandes se retirèrent en septembre 1873 du quart nord-est de la France qu'elles occupaient (l'Alsace et la Moselle étant, elles, annexées à l'Empire allemand). **2.** En septembre 1877, Paris, y compris le Paris populaire, lui fit de magnifique funérailles. Alors que la crise du 16 mai (tentative de coup d'État monarchiste du président Mac-Mahon) n'était pas achevée, la foule essentiellement républicaine célébrait alors le défenseur, même « malgré lui », de la République. **3.** C'est durant cette période que, par exemple, le radical Ranc (proche de Gambetta) ou le peintre Courbet sont jugés, et lourdement condamnés (le premier à mort, par contumace, le second à payer les frais du rétablissement de la colonne Vendôme).

tants ou sympathisants de la Commune. Le 16 mai 1874, veille du jour où Hugo termine Mes fils, *le retour à l'ordre ancien des choses pouvait sembler avoir encore gagné du terrain : les députés monarchistes les plus à droite, trouvant de Broglie encore trop mou, le renversait en mêlant leurs voix à la gauche : « De la politique du pire sortirait, croyaient-ils, la restauration. Ce fut la République » (Mayeur).*

En effet ce printemps 1874, qui pouvait apparaître particulièrement sombre aux républicains, marquait en fait le commencement de la fin de leur traversée du désert. Les « souvenirs » de la Commune, agités par la droite, n'effrayaient plus ; les élections, locales ou partielles, montraient que la France n'était pas royaliste et se ralliait progressivement, puis massivement, à la République ; en 1875 l'Assemblée, peu avant la fin de son mandat, votait enfin des lois constitutionnelles précisant in extremis *la nature républicaine du régime. Et à mesure que la République gagnera ainsi en assurance, on verra le vieil Hugo s'éloigner des rivages de la désespérance, redonner des traits plus riants à la « patrie terrible », s'éloigner de la « misérable aventure » de la Revanche avant tout – reprendre le drapeau des États-Unis d'Europe et de la République universelle*[1].

1. Nous reproduisons les deux dernières sections de *Mes fils*, dans la version de l'édition originale, Paris, Michel Lévy frères, 1874.

VII

Pas de plainte donc. Nous n'avons tout au plus droit qu'à l'étonnement. L'étonnement contient toute la quantité de protestation permise à cet immense ignorant qui est l'homme. Et ce douloureux étonnement, comment le réserver pour soi quand la France le réclame ? Comment songer aux douleurs privées en présence de l'affliction publique ? Une telle patrie prend toute la place. Que chacun ait sa blessure à lui, soit, mais qu'il la cache en présence du flanc saignant de notre mère. Ah ! quels songes on faisait [1] ! On était mis hors la loi, expulsé, banni, rebanni, proscrit, reproscrit ; tel homme qui a des cheveux blancs a été chassé quatre fois, d'abord de France, puis de Belgique, puis de Jersey, puis de Belgique encore [2] ; eh bien, quoi ? on était des exilés. On souriait. On disait : Oui, mais la France ! La France est là, toujours grande, toujours belle, toujours adorée, toujours France ! Il y a un voile entre elle et nous, mais un de ces jours l'Empire se déchirera du haut en bas, et, derrière la déchirure lumineuse, la France reparaîtra [3] ! La France reparaîtra, quel éblouissement ! Dans sa splendeur, dans sa gloire, dans sa majesté fraternelle aux nations, avec toute sa couronne comme une reine, avec toute son auréole comme une déesse, puissante et libre, puissante pour protéger, libre pour délivrer ! Voilà ce qui est triste, c'est de s'être dit cela. Hélas, on rêvait l'apothéose, on a le pilori. La

---

1. « Que la République était belle, sous l'Empire » ; telle était la boutade amère qui courait dans les milieux des anciens opposants au régime de Napoléon III, en ces tristes et difficiles débuts de la IIIe République. Début 1871, Hugo exprimait aussi une mélancolie de ce genre en comparant les rêves qui soutenaient l'enthousiasme de Paris assiégé et le salaire que la ville reçut de l'Assemblée pour prix de sa vaillance (voir texte 17, p. 271). **2.** Hugo retrace ici ses propres tribulations, mais pas les siennes seules : les convulsions de la France et de l'Europe au XIXe siècle firent de l'exilé politique un véritable type. **3.** Reprise de l'image de l'Empire comme apparence, toile de théâtre, déjà employée dans la dernière page de *Napoléon-le-Petit* (voir p. 241, note 1).

patrie a été foulée aux pieds par cette sauvage, la guerre étrangère, et par cette folle, la guerre civile ; l'une a essayé d'assassiner la civilisation et de supprimer le chef-lieu du monde ; l'autre a brûlé les deux crèches sacrées de la Révolution, les Tuileries, nid de la Convention, l'Hôtel-de-Ville, nid de la Commune[1]. On a profité de la présence des Prussiens pour jeter bas la colonne d'Iéna[2]. On leur a ajouté cette joie. On a tué des vieillards, on a tué des femmes, on a tué des petits enfants. On a été des gens ivres qui ne savent ce qu'ils font. On a creusé des fosses immenses où l'on a enterré pêle-mêle, et à demi morts, le juste et l'injuste, le faux et le vrai, le bien et le mal[3]. On a voulu abattre cette géante, Paris ; on a voulu ressusciter ce fantôme, Versailles. On a eu des incendies dignes d'Érostrate et des fratricides dignes d'Atrée[4]. Qui a fait ces crimes ? Personne et tout le monde ; ces deux exécrables anonymes, la guerre étrangère et la guerre civile ; les barbares, qui en sont venus aux mains, stupidement, des deux côtés à la fois, du côté orageux où sont les aigles, du côté ténébreux où sont les hiboux, enjambant la frontière, enjambant la muraille, ceux-ci franchissant le Rhin, ceux-là ensanglantant la Seine, tous franchissant et ensanglantant la conscience humaine, sans pouvoir dire pourquoi, sans rien comprendre, sinon que le vent qui passe les avait mis en colère. Attentats des ignorants. Aussi bien des ignorants d'en haut que des ignorants d'en bas. Attentats des innocents aussi, car

---

1. Voir p. 299, note 4. Aux Tuileries, le 21 septembre 1792, la Convention nationale avait aboli la royauté et proclamé la République ; la Commune désigne ici le pouvoir municipal parisien de 1789 à 1795, qui siégeait à l'Hôtel de Ville et où Danton se distingua. **2.** La colonne de la place Vendôme avait été dressée après la victoire de Napoléon sur les Prussiens, à Iéna (1806). Voir p. 287, note 2. **3.** Sont à présent dénoncés, après les exactions des communards, les massacres perpétrés par les versaillais. Voir textes 20 et 21. **4.** Selon la tradition, Érostrate incendia le temple d'Artémis à Éphèse afin d'acquérir la célébrité ; dans la mythologie grecque, le roi Atrée fut animé d'une rivalité homicide contre son frère Thyeste.

l'ignorance est une innocence. Férocités farouches. Qui plaindre ? les vaincus et les vainqueurs. Oh ! voir à terre, gisant, inerte, souffleté, le cadavre de notre gloire ! Et la vérité ! et la justice ! et la raison ! et la liberté ! toutes ces artères sont ouvertes. Nous sommes saignés aux quatre veines de notre honneur. Pourtant nos soldats ont été héroïques, et certes le seront encore. Mais quels désastres ! Rien n'est crime, tout est fatalité ! Les vieilles calamités de Ninive, de Thèbes et d'Argos sont dépassées[1]. Personne qui n'ait sa plaie, laquelle est la plaie publique. Et, à travers tout cela, aggravation lugubre, il vous vient par moments cette pensée poignante qu'à cette heure il y a, à cinq mille lieues d'ici, loin de leur mère, des enfants de vingt ans, condamnés à mort, puis au bagne, pour un article de journal[2]. Ô pauvres hommes ! éternelle pitié ! fanatismes contre fanatismes. Hélas ! fanatiques, nous le sommes tous. Celui qui écrit ces lignes, est un fanatique lui-même ; fanatique de progrès, de civilisation, de paix et de clémence ; inexorable pour les impitoyables ; intolérant pour les intolérants. Frappons-nous la poitrine.

Oui, ces choses sombres ont été accomplies. On a vu cela, et, à cette heure, que voit-on ? La joie des rois assis comme des bourreaux sur un démembrement. Après les écartèlements, cela se fait ; et Charlot, avant de les jeter au bûcher, s'accroupit et se reposa un moment sur les lamentables tronçons de Damiens[3], comme Guillaume[4] sur l'Alsace et la Lorraine. Guil-

---

1. Villes de la haute Antiquité (assyrienne pour la première, grecque pour les deux autres), qui furent déchirées par de célèbres guerres civiles. **2.** C'était le cas notamment de Gustave Maroteau, d'abord condamné à mort puis à la déportation en Nouvelle-Calédonie pour avoir écrit dans des journaux favorables à la Commune. Hugo était intervenu en sa faveur (voir *Actes et Paroles, III*). Il mourut l'année suivante. **3.** Damiens, domestique de ferme déséquilibré qui avait blessé légèrement Louis XV, fut torturé et écartelé (1757) ; lors de l'exécution le bourreau Charlot dut donner un coup de tranchoir aux jointures pour achever le travail des quatre chevaux. **4.** Guillaume Ier, roi de Prusse et, depuis le 18 janvier 1871, Empereur d'Allemagne.

laume, du reste, n'est pas plus coupable que Charlot ; les bourreaux sont innocents ; les responsables sont les juges ; l'histoire dira quels ont été, dans l'affreux traité de 1871, les juges de la France. Ils ont fait une paix pleine de guerre. Ah ! les infortunés ! À cette heure, ils règnent ; ils sont princes, et se croient maîtres. Ils sont heureux de tout le bonheur que peut donner une tranquillité violente ; ils ont la gloire d'un immense sang répandu ; ils se pensent invulnérables, ils sont cuirassés de toute-puissance et de néant ; ils préparent, au milieu des fêtes, dans la splendeur de leur imbécillité souveraine, la dévastation de l'avenir ; quand on leur parle de l'immortalité des nations, ils jugent de cette immortalité par leur majesté à eux-mêmes, et ils en rient ; ils se croient de bons tueurs, et pensent avoir réussi ; ils se figurent que c'est fait, que les dynasties en ont fini avec les peuples ; ils s'imaginent que la tête du genre humain est décidément coupée, que la civilisation se résignera à cette décapitation, qu'est-ce que Paris de plus ou de moins ? Ils se persuadent que Metz et Strasbourg deviendront de l'ombre, qu'il y aura prescription pour ce vol, que nous en prendrons notre parti, que la nation-chef sera paisiblement la nation-serve, que nous descendrons jusqu'à l'acceptation de leur pourpre épouvantable, que nous n'avons plus ni bras, ni mains, ni cerveau, ni entrailles, ni cœur, ni esprit, ni sabre au côté, ni sang dans les veines, ni crachat dans la bouche, que nous sommes des idiots et des infâmes, et que la France, qui a rendu l'Amérique à l'Amérique, l'Italie à l'Italie, et la Grèce à la Grèce [1], ne saura pas rendre la France à la France.

Ils croient cela, ô frémissement !

---

1. La France avait aidé militairement les colonies anglaises d'Amérique à obtenir leur indépendance (1778-1783) ; Napoléon III avait aidé le Piémont à réaliser l'unité italienne (voir texte 11, en particulier p. 207 et la note 1) ; en 1827 la France, l'Angleterre et la Russie avaient obtenu par l'envoi de leurs flottes la fin des hostilités gréco-turques, et soutenu l'indépendance de la Grèce (1830).

VIII

Et cependant la nuée monte ; elle monte, pareille à la mystérieuse colonne conductrice, noire sur l'azur, rouge sur l'ombre. Elle emplit lentement l'horizon. Les vieillards la redoutent pour les enfants, et les enfants la saluent. Une funeste inclémence germe. Les rancunes couvent les représailles ; les plus doux se sentent confusément implacables ; les augustes promiscuités fraternelles ne sont plus de saison ; la frontière redevient barrière ; on recommence à être national, et le plus cosmopolite renonce à la neutralité ; adieu la mansuétude des philosophes ! entre l'humanité et l'homme la patrie se dresse, terrible. Elle regarde les sages, indignée. Qu'ils ne viennent plus parler d'union, d'harmonie et de paix ! Pas de paix, que la tête haute ! Voilà ce que veut la patrie. Ajournement de la concorde humaine. Oh ! la misérable aventure ! Les échéances sont inévitables : on entend sourdre sous terre les catastrophes semées, et sur leur croissance, de plus en plus distincte, on peut calculer l'heure de leur éclosion. Nul moyen d'échapper. L'avenir est plein d'arrivées fatales. Eschyle[1], s'il était Français, et Jérémie[2], s'il était Teuton, pleureraient. Le penseur médite accablé. Que faire ? Attendre et espérer, mais espérer à travers le carnage. De là un sinistre effarement. Le penseur, qui est toujours compliqué d'un prophète, a devant les yeux un tumulte, qui est l'avenir. Il cherchait du regard, au delà de l'horizon, l'alliance et la fraternité, et il est condamné à entrevoir la haine. Rien n'est certain, mais tout menace. Tout est obscur, mais sombre. Il pense et il souffre. Ses rêves d'inviolabilité de la vie humaine, d'abolition de la guerre, d'arbitrage

1. Grand tragique grec du ve s. av. J.-C., auteur notamment des *Perses* qui relatent la victoire des Grecs à Salamine, mais aussi des *Sept contre Thèbes* qui raconte les déchirements de la guerre civile, et d'*Agamemnon*, où apparaît Cassandre, celle qui prédit la chute de Troie et qui toujours annonce le malheur. **2.** Grand prophète d'Israël, qui s'indigna contre la décadence du royaume de Juda, prédit la chute de Jérusalem (587 av. J.-C.), et fut considéré comme un traître par nombre de ses compatriotes.

entre les peuples et de paix universelle, sont traversés par de vagues flamboiements d'épées.

En attendant on meurt, et ceux qui meurent laissent derrière eux ceux qui pleurent. Patience. On n'est que précédé. Il est juste que le soir vienne pour tous. Il est juste que tous montent l'un après l'autre recevoir leur paye. Les passe-droits ne sont qu'apparents. La tombe n'oublie personne.

Un jour, bientôt peut-être, l'heure qui a sonné pour les fils sonnera pour le père. La journée du travailleur sera finie. Son tour sera venu ; il aura l'apparence d'un endormi ; on le mettra entre quatre planches, il sera ce quelqu'un d'inconnu qu'on appelle un mort, et on le conduira à la grande ouverture sombre. Là est le seuil impossible à deviner. Celui qui arrive y est attendu par ceux qui sont arrivés. Celui qui arrive est le bien venu. Ce qui semble la sortie est pour lui l'entrée. Il perçoit distinctement ce qu'il avait obscurément accepté ; l'œil de la chair se ferme, l'œil de l'esprit s'ouvre, et l'invisible devient visible. Ce qui est pour les hommes le monde s'éclipse pour lui. Pendant qu'on fait silence autour de la fosse béante, pendant que des pelletées de terre, poussière jetée à ce qui va être cendre, tombent sur la bière sourde et sonore, l'âme mystérieuse quitte ce vêtement, le corps, et sort, lumière, de l'amoncellement des ténèbres. Alors pour cette âme les disparus reparaissent, et ces vrais vivants que dans l'ombre terrestre on nomme les trépassés, emplissent l'horizon ignoré, se pressent, rayonnants, dans une profondeur de nuée et d'aurore, appellent doucement le nouveau venu, et se penchent sur sa face éblouie avec ce beau sourire qu'on a dans les étoiles. Ainsi s'en ira le travailleur chargé d'années, laissant, s'il a bien agi, quelques regrets derrière lui, suivi jusqu'au bord du tombeau par des yeux mouillés peut-être et par de graves fronts découverts, et en même temps reçu avec joie dans la clarté éternelle ; et si vous n'êtes pas du deuil ici-bas, vous serez là-haut de la fête, ô mes bien-aimés !

23

POUR LA SERBIE
Paris – 29 août 1876

Située dans le nord de la péninsule balkanique, la Serbie, qui relevait de l'Empire turc depuis le XIVe *siècle, avait conquis en 1830 une certaine autonomie intérieure, garantie en 1856 par les puissances européennes. En 1876, les régions voisines de Bosnie et d'Herzégovine s'étant soulevées contre le pouvoir de Constantinople, la Serbie leur prêta main-forte et déclara la guerre au Sultan. L'armée serbe fut vite mise en déroute, et l'armée turque se distingua par des exactions atroces. Les puissances européennes finirent par intervenir (mars 1877) et l'indépendance serbe fut acquise au traité de Berlin l'année suivante.*

Hugo écrit cette lettre pour Le Rappel, *prenant ainsi sa part dans un mouvement international d'opinion qui n'est pas sans rappeler, cinquante ans plus tard, celui qui soutint les Grecs en guerre contre les Turcs. Élu au Sénat (à l'extrême gauche, radicale) depuis janvier, où il vient de déposer en vain une proposition de loi d'amnistie des communards*[1]*, il interpellera les sénateurs sur la question serbe en octobre*[2]*. Outre les*

---

1. Voir *Actes et Paroles, III.* **2.** Voir les annexes d'*Actes et Paroles, IV*.

accents humanitaires de cette lettre indignée et véhémente, outre la dénonciation des pratiques d'État qui couvrent les horreurs de la guerre de leur « raison » et de leurs euphémismes, outre la tonalité grotesque, ce bizarre mélange de pathétique, d'épique horrible et d'humour grinçant, c'est peut-être le traitement très particulier de la question des « nationalités » qui, à nouveau, est remarquable dans ce texte. L'indépendance nationale de la Serbie n'est pas une fin en soi. Ce que prouvent par l'absurde, et par l'horreur, « les bourreaux de la Serbie », c'est « la nécessité des États-Unis d'Europe ». Au passage, la tragique rivalité franco-allemande se trouve, elle aussi, comme minimisée – en tout cas subordonnée à la question de « l'humanité » et à celle de la « nationalité européenne[1] *».*

Il devient nécessaire d'appeler l'attention des gouvernements européens sur un fait tellement petit, à ce qu'il paraît, que les gouvernements semblent ne point l'apercevoir. Ce fait, le voici : on assassine un peuple. Où ? En Europe. Ce fait a-t-il des témoins ? Un témoin, le monde entier. Les gouvernements le voient-ils ? Non.

Les nations ont au-dessus d'elles quelque chose qui est au-dessous d'elles, les gouvernements. À de certains moments, ce contre-sens éclate : la civilisation est dans les peuples, la barbarie est dans les gouvernants. Cette barbarie est-elle voulue ? non. Elle est simplement professionnelle. Ce que le genre humain sait, les gouvernements l'ignorent. Cela tient à ce que les gouvernements ne voient rien qu'à travers cette myopie, la

---

1. Nous reproduisons le texte de l'édition originale (posthume) d'*Actes et Paroles, IV – Depuis l'exil – 1876-1885*, Paris, Hetzel et Quantin, 1889.

raison d'État ; le genre humain regarde avec un autre œil, la conscience.

Nous allons étonner les gouvernements européens en leur apprenant une chose, c'est que les crimes sont des crimes, c'est qu'il n'est pas plus permis à un gouvernement qu'à un individu d'être un assassin, c'est que l'Europe est solidaire, c'est que tout ce qui se fait en Europe est fait par l'Europe, c'est que, s'il existe un gouvernement bête fauve, il doit être traité en bête fauve ; c'est qu'à l'heure qu'il est, tout près de nous, là, sous nos yeux, on massacre, on incendie, on pille, on extermine, on égorge les pères et les mères, on vend les petites filles et les petits garçons ; c'est que, les enfants trop petits pour être vendus, on les fend en deux d'un coup de sabre ; c'est qu'on brûle les familles dans les maisons ; c'est que telle ville, Balak, par exemple, est réduite en quelques heures de neuf mille habitants à treize cents ; c'est que les cimetières sont encombrés de plus de cadavres qu'on n'en peut enterrer, de sorte qu'aux vivants qui leur ont envoyé le carnage, les morts renvoient la peste, ce qui est bien fait ; nous apprenons aux gouvernements d'Europe ceci, c'est qu'on ouvre les femmes grosses pour leur tuer les enfants dans les entrailles, c'est qu'il y a dans les places publiques des tas de squelettes de femmes ayant la trace de l'éventrement, c'est que les chiens rongent dans les rues le crâne des jeunes filles violées, c'est que tout cela est horrible, c'est qu'il suffirait d'un geste des gouvernements d'Europe pour l'empêcher, et que les sauvages qui commettent ces forfaits sont effrayants, et que les civilisés qui les laissent commettre sont épouvantables.

Le moment est venu d'élever la voix. L'indignation universelle se soulève. Il y a des heures où la conscience humaine prend la parole et donne aux gouvernements l'ordre de l'écouter.

Les gouvernements balbutient une réponse. Ils ont déjà essayé ce bégaiement. Ils disent : On exagère.

Oui, l'on exagère. Ce n'est pas en quelques heures

que la ville de Balak a été exterminée, c'est en quelques jours ; on dit deux cents villages brûlés, il n'y en a que quatre-vingt-dix-neuf ; ce que vous appelez la peste n'est que le typhus ; toutes les femmes n'ont pas été violées, toutes les filles n'ont pas été vendues ; quelques-unes ont échappé. On a châtré des prisonniers, mais on leur a aussi coupé la tête, ce qui amoindrit le fait ; l'enfant qu'on dit avoir été jeté d'une pique à l'autre n'a été, en réalité, mis qu'à la pointe d'une baïonnette ; où il y a une vous mettez deux, vous grossissez du double, etc., etc., etc.

Et puis, pourquoi ce peuple s'est-il révolté ? Pourquoi un troupeau d'hommes ne se laisse-t-il pas posséder comme un troupeau de bêtes ? Pourquoi ?... etc., etc., etc.

Cette façon de pallier ajoute à l'horreur. Chicaner l'indignation publique, rien de plus misérable. Les atténuations aggravent. C'est la subtilité plaidant pour la barbarie. C'est Byzance excusant Stamboul[1].

Nommons les choses par leur nom. Tuer un homme au coin d'un bois qu'on appelle la forêt de Bondy ou la forêt Noire[2] est un crime ; tuer un peuple au coin de cet autre bois qu'on appelle la diplomatie est un crime aussi.

Plus grand. Voilà tout.

Est-ce que le crime diminue en raison de son énormité ? Hélas ! c'est en effet une vieille loi de l'histoire. Tuez six hommes, vous êtes Troppmann[3] ; tuez-en six

---

1. Byzance, autre nom de Constantinople, capitale grecque de l'Empire romain d'Orient jusqu'à sa prise par les Turcs en 1453, était réputée pour l'âpreté et la finesse de ses controverses théologiques ; Stamboul (ou Istanbul) est le nom turc de Constantinople, capitale de l'Empire ottoman. **2.** Forêts situées l'une au nord-est de Paris, l'autre en Allemagne sur la rive droite du Rhin supérieur ; elles furent jusqu'au XVIIIe siècle réputées pour leurs bandits de grand chemin. **3.** Jean-Baptiste Troppmann (1849-1870) fut l'auteur d'un assassinat crapuleux particulièrement horrible (une femme et cinq enfants retrouvés enterrés dans la banlieue de Paris) qui défraya la chronique judiciaire en 1869. Il fut guillotiné à Paris le 19 janvier 1870.

cent mille, vous êtes César[1]. Être monstrueux, c'est être acceptable. Preuves : la Saint-Barthélemy[2], bénie par Rome ; les dragonnades, glorifiées par Bossuet[3] ; le Deux-Décembre[4], salué par l'Europe.

Mais il est temps qu'à la vieille loi succède la loi nouvelle ; si noire que soit la nuit, il faut bien que l'horizon finisse par blanchir.

Oui, la nuit est noire ; on en est à la résurrection des spectres. Après le Syllabus[5] voici le Koran ; d'une Bible à l'autre on fraternise ; *jungamus dextras*[6] ; derrière le Saint-Siège se dresse la Sublime-Porte ; on nous donne le choix des ténèbres ; et voyant que Rome nous offrait son moyen âge, la Turquie a cru pouvoir nous offrir le sien.

De là les choses qui se font en Serbie.

Où s'arrêtera-t-on ?

Quand finira le martyre de cette héroïque petite nation ?

Il est temps qu'il sorte de la civilisation une majestueuse défense d'aller plus loin.

Cette défense d'aller plus loin dans le crime, nous, les peuples, nous l'intimons aux gouvernements.

Mais on nous dit : Vous oubliez qu'il y a des « questions ». Assassiner un homme est un crime, assassiner un peuple est « une question ». Chaque gouvernement

---

1. Plutôt que Jules César, n'importe quel monarque fauteur de guerre se réclamant de ce titre ; en particulier les empereurs Napoléon III et Guillaume Ier. **2.** Massacre des protestants de France par les catholiques le 24 août 1572, et les jours suivants. **3.** Après la révocation de l'édit de Nantes par Louis XIV (1685), les protestants français furent contraints à l'exil ou à la conversion ; l'armée (et en particulier les dragons, cavaliers) traquèrent des années durant les faux convertis, se livrant à de multiples intimidations et exactions. Bossuet, évêque de Meaux, grand orateur catholique, glorifia cette politique du Roi-Soleil. **4.** 2 décembre 1851, date du coup d'État de Louis Napoléon Bonaparte. **5.** Recueil « contenant les principales erreurs de notre temps » adressé aux évêques par le pape Pie IX (1864), et qui condamne le libéralisme politique et religieux, la liberté des cultes, le socialisme, le rationalisme, et plus généralement tout l'héritage des Lumières et de l'esprit de 1789. **6.** « Serrons-nous la main. »

a sa question ; la Russie a Constantinople, l'Angleterre a l'Inde, la France a la Prusse, la Prusse a la France.

Nous répondons :

L'humanité aussi a sa question ; et cette question la voici, elle est plus grande que l'Inde, l'Angleterre et la Russie : c'est le petit enfant dans le ventre de sa mère.

Remplaçons les questions politiques par la question humaine.

Tout l'avenir est là.

Disons-le, quoi qu'on fasse, l'avenir sera. Tout le sert, même les crimes. Serviteurs effroyables.

Ce qui se passe en Serbie démontre la nécessité des État-Unis d'Europe. Qu'aux gouvernements désunis succèdent les peuples unis. Finissons-en avec les empires meurtriers. Muselons les fanatismes et les despotismes. Brisons les glaives valets des superstitions et les dogmes qui ont le sabre au poing. Plus de guerres, plus de massacres, plus de carnages ; libre pensée, libre échange ; fraternité. Est-ce donc si difficile, la paix ? La République d'Europe, la Fédération continentale, il n'y a pas d'autre réalité politique que celle-là. Les raisonnements le constatent, les événements aussi. Sur cette réalité, qui est une nécessité, tous les philosophes sont d'accord, et aujourd'hui les bourreaux joignent leur démonstration à la démonstration des philosophes. À sa façon, et précisément parce qu'elle est horrible, la sauvagerie témoigne pour la civilisation. Le progrès est signé Achmet-Pacha [1]. Ce que les atrocités de Serbie mettent hors de doute, c'est qu'il faut à l'Europe une nationalité européenne, un gouvernement un, un immense arbitrage fraternel, la démocratie en paix avec elle-même, toutes les nations sœurs ayant pour cité et pour chef-lieu Paris, c'est-à-dire la liberté ayant pour

---

1. Ahmed-véfik-pacha (v. 1818-1891), alors principal ministre du Sultan, était une des grandes figures du courant libéral et modernisateur en Turquie. Mais ici Hugo ne voit en lui que le responsable (au niveau politique) des atrocités de l'armée ottomane ; il ne signe le « progrès » qu'à son insu, ironiquement, par une ruse de la raison historique.

capitale la lumière. En un mot, les États-Unis d'Europe. C'est là le but, c'est là le port. Ceci n'était hier que la vérité ; grâce aux bourreaux de la Serbie, c'est aujourd'hui l'évidence. Aux penseurs s'ajoutent les assassins. La preuve était faite par les génies, la voilà faite par les monstres.

L'avenir est un dieu traîné par des tigres [1].

---

1. Reprise possible des représentations du cortège de Dionysos, dieu oriental et grec du vin, et de la puissance enivrante de la nature.

24

INAUGURATION DU TOMBEAU DE LEDRU-ROLLIN
Paris — 24 février 1878

Alexandre-Auguste Ledru-Rollin (1807-1874) avait été l'un des principaux artisans de la révolution de Février 1848. Républicain de gauche, à tendances sociales et jacobines, orateur fougueux et populaire, il avait, comme Lamartine, lourdement payé les conséquences politiques de l'insurrection ouvrière de juin et de la réaction qui s'ensuivit. Ne recueillant que 370 000 voix à l'élection présidentielle de décembre, il sut l'année suivante organiser, à Paris et en province, le courant républicain de gauche (les « démocs-socs »), qui montra sa résistance aux élections législatives de 1849. La manifestation malheureuse du 13 juin 1849, qui vira au traquenard policier, le contraignit à l'exil. À Londres, il fonda avec l'Italien Mazzini[1] *et le Hongrois Kossuth, deux autres grandes figures du « Printemps des peuples », le comité de la République universelle. Mais l'exil lui fit peu à peu perdre sa vigueur politique. Rentré en France juste avant la chute de l'Empire, il approuva le rétablissement de la République mais se tint à l'écart de toute activité publique importante. À l'occasion du trentième anni-*

1. Voir texte 11.

versaire de la révolution de Février, un monument fut élevé sur sa tombe au Père-Lachaise. Hugo, qui ne l'avait guère apprécié en 1848-1849, rendit alors hommage au « tribun » républicain, et proclama sa foi en l'avenir de la République, foi toujours aussi ardente mais désormais plus sereine.

Car en ce trentième anniversaire de la seconde proclamation de la République, les républicains peuvent enfin savourer leur victoire. Deux ans plus tôt, l'Assemblée monarchiste de 1871 a laissé place à une Assemblée majoritairement républicaine. Surtout, les velléités de coup d'État du président Mac-Mahon[1] *(crise ouverte le 16 mai 1877) ont échoué devant la force acquise dans les profondeurs du pays par l'opinion républicaine. Hugo avait pris toute sa part de cette bataille, au Sénat, dans la presse et les réunions publiques, et aussi en publiant* Histoire d'un crime, *récit du coup d'État de Louis Napoléon Bonaparte, commencé vingt-six ans plus tôt*[2]*. Désormais, il restait au vieux lutteur à obtenir enfin l'amnistie des communards – qui ne sera votée qu'en 1880. Hugo rappelle aux vainqueurs, une fois de plus, leurs principes : « La République vivra parce qu'elle est le droit, et parce qu'elle sera la concorde. La République vivra parce que nous serons cléments, pacifiques et fraternels. » C'est ainsi, seulement, qu'on pourra espérer en finir*

---

1. Élu président de la République en 1873 par l'Assemblée, ce maréchal légitimiste et catholique fut très mal à l'aise avec la majorité parlementaire de 1876, où les républicains et les anticléricaux étaient en force. À l'occasion d'une crise ministérielle ouverte le 16 mai 1877, il tenta d'imposer un gouvernement et une politique de réaction, et finit par dissoudre la Chambre des députés. Malgré une forte pression administrative, les élections d'octobre 1877 laissèrent la majorité aux républicains. Mac-Mahon tenta d'abord de résister au résultat des urnes, mais, finalement, s'y soumit. Il démissionnera le 30 janvier 1879 et sera remplacé par le républicain modéré Jules Grévy. **2.** Voir texte 9. Publié le 1er octobre 1877, deux semaines avant les élections législatives qui succédaient à la dissolution, le tome premier d'*Histoire d'un crime* était précédé de cette épigraphe de Hugo : « Ce livre est plus qu'actuel ; il est urgent. Je le publie. »

avec « l'année terrible », et fonder cette « paix complète » qui s'appelle « après les guerres étrangères Alliance, et après les guerres civiles Amnistie[1] ».

Les grandes dates évoquent les grandes mémoires. À de certaines heures, les glorieux souvenirs sont de droit. Le 24 février se reflète sur la tombe de Ledru-Rollin. Cette date et cette mémoire se complètent l'une par l'autre ; le 24 février est le fait, Ledru-Rollin est l'homme. Est-il le seul ? Non. Ils sont trois. Trois illustres esprits résument et représentent cette époque mémorable ; Louis Blanc[2] en est l'apôtre, Lamartine en est l'orateur, Ledru-Rollin en est le tribun.

Personne plus que Ledru-Rollin n'a eu les dons souverains de la parole humaine. Il avait l'accent, le geste, la hauteur, la probité ferme et fière, l'impétuosité convaincue, l'affirmation tonnante et superbe. Quand l'honnête homme parle, une certaine violence oratoire lui sied et semble la force auguste de la raison. Devant les hypocrisies, les tyrannies et les abjections, il est nécessaire parfois de faire éclater l'indignation de l'idéal et d'illuminer la justice par la colère. (*Applaudissements*.)

Il y a deux sortes d'orateur, l'orateur philosophe et

---

1. Nous reproduisons le texte de l'édition originale (posthume) d'*Actes et Paroles, IV – Depuis l'exil – 1876-1885*, Paris, Hetzel et Quantin, 1889. **2.** Dans les années 1840, Louis Blanc (1811-1882) s'était distingué comme le théoricien d'un socialisme organisé par l'État, et avait popularisé la notion de droit au travail. En 1848, il fut nommé par le gouvernement provisoire président de la Commission des Travailleurs qui devait préparer des réformes sociales. Mais on lui attribua la gabegie des Ateliers nationaux (qu'il n'avait pas préconisés), et, poursuivi après l'émeute ouvrière de juin 1848 (à laquelle il n'avait pas pris part), il se réfugia en Angleterre. Il ne rentra en France qu'en 1870, et devint un des leaders de la gauche républicaine radicale.

l'orateur tribun ; l'antiquité nous a laissé ces deux types ; Cicéron [1] est l'un, Démosthènes [2] est l'autre. Ces deux types de l'orateur, le philosophe et le tribun, l'un majestueux et paisible, l'autre fougueux, s'entr'aident plus qu'ils ne croient ; tous deux servent le progrès qui a besoin du rayonnement continu et tranquille de la sagesse, mais qui a besoin aussi, dans les occasions suprêmes, des coups de foudre de la vérité. (*Bravos répétés.*)

De même qu'il a eu toutes les formes de l'éloquence, Ledru-Rollin a eu toutes les formes du courage, depuis la bravoure qui soutient la lutte jusqu'à la patience qui subit l'exil. Ne nous plaignons pas, ce sont là les lois de la vie sévère ; l'amour de la patrie s'affirme par l'acceptation du bannissement, la conviction se manifeste par la persévérance ; il est bon que la preuve du combattant soit faite par le proscrit. (*Profonde sensation.*)

Citoyens, c'est une grande chose qu'un grand tribun. C'était il y a quatre-vingt-dix ans Mirabeau ; c'était hier Ledru-Rollin ; c'est aujourd'hui Gambetta [3]. Ces puissants orateurs sont les athlètes du droit. Et, disons-le, dans le grand tribun, il y a un homme d'état.

Ledru-Rollin suffit à le démontrer.

---

1. Orateur et philosophe romain du Iᵉʳ siècle av. J.-C. **2.** Orateur et homme d'État athénien du IVᵉ siècle av. J.-C., qui s'opposa à l'hégémonie du roi Philippe de Macédoine sur les cités démocratiques grecques. **3.** Député républicain à la fin de l'Empire, Gambetta (1838-1882) fut après le 4 septembre 1870 ministre de l'Intérieur et de la Guerre dans le Gouvernement de la Défense nationale. Il y soutint une politique de résistance acharnée à l'ennemi. Élu à l'Assemblée de Bordeaux, il vota contre le traité de paix, et, comme Hugo et quelques autres, démissionna. Absent et muet pendant la Commune, il fut réélu par Paris en juillet 1871. Il devint bientôt la figure la plus marquante des républicains de gauche, célèbre pour son éloquence enflammée, son activité infatigable, mais aussi pour sa grande finesse politique. Ses nombreux déplacements dans tout le pays lui valurent le surnom de « commis voyageur de la République ». Il fut le principal artisan de la victoire républicaine lors de la crise ouverte par le président Mac-Mahon, le 16 mai 1877.

Ici il importe d'insister.

Deux actes mémorables dominent la vie de Ledru-Rollin ; ce sont deux actes de haute politique ; la liberté romaine défendue, le suffrage universel proclamé [1].

Ces deux actes considérables, si divers en apparence, ont au fond le même but, la paix. Je le prouve.

Prendre, dans un moment critique, la défense de Rome, c'était cimenter à jamais l'amitié de la France et de l'Italie ; c'était garder en réserve cette amitié, force immense de l'avenir. C'était accoupler, dans une sorte de rayonnement fraternel, l'âme de Rome et l'âme de Paris, ces deux lumières du monde. C'était offrir aux peuples ce magnifique et rassurant spectacle, les deux cités qui sont le double centre des hommes, les deux capitales-sœurs de la civilisation, étroitement unies pour la liberté et pour le progrès, faisant cause commune, et se protégeant l'une l'autre contre le Nord d'où vient la guerre et contre la nuit d'où vient le fanatisme [2]. (*Acclamations.*)

Nous traversons en ce moment une heure solennelle. Deux personnes nouvelles, un pape et un roi, font leur entrée dans la destinée de l'Italie [3]. Puisqu'il m'est donné dans un pareil instant, d'élever la voix, laissez-moi, citoyens, envoyer, au nom de ce grand Paris, un

---

1. Chef des démocrates-socialistes à l'Assemblée législative, Ledru-Rollin avait organisé le 13 juin 1849 une manifestation dénonçant l'intervention française contre la jeune République romaine (cf. p. 125, note 1, et le texte 11) ; c'est à la suite de cette manifestation que, menacé d'emprisonnement, il dut se réfugier à Londres. Dès 1846, dans son *Appel aux travailleurs* qui eut un grand retentissement, Ledru-Rollin réclamait le suffrage universel – qui sera proclamé en mars 1848 par le Gouvernement provisoire dont il était le ministre de l'Intérieur. **2.** Sont ici visés l'Allemagne d'une part, le parti clérical de l'autre. **3.** Humbert Ier était devenu roi d'Italie le 9 janvier ; succédant au très réactionnaire Pie IX, artisan de la répression des républicains de Rome, auteur de cette condamnation de l'esprit des Lumières qu'est le *Syllabus* (1864) et du dogme de l'infaillibilité pontificale (1870), Léon XIII, élu le 20 février, put passer pour libéral, voire social ; en 1892 il conseillera aux catholiques français de se rallier à l'État républicain.

vœu de gloire et de bonheur à cette grande Rome. Laissez-moi dire à cette nation illustre qu'il y a entre elle et nous une entente absolue, une parenté sacrée, que nous voulons ce qu'elle veut (*Oui ! oui !*), que son unité nous importe autant qu'à elle-même, que sa liberté fait partie de notre délivrance, et que sa puissance fait partie de notre prospérité. Laissez-moi dire enfin qu'il y a, à cette heure, une bonne façon d'être patriote, c'est, pour un Italien, d'aimer la France, et, pour un Français, d'aimer l'Italie. (*Vive l'Italie ! vive la France !*)

Certes, Ledru-Rollin avait un magnanime sentiment du droit et en même temps une féconde pensée politique quand il prenait fait et cause pour Rome ; sa pensée n'était pas moins profonde quand il décrétait le suffrage universel. Là encore il travaillait, je viens de le dire, à l'apaisement de l'avenir. Qu'est-ce en effet que le suffrage universel ? C'est l'évidence faite sur la volonté nationale, c'est la loi seule souveraine, c'est l'impulsion à la marche en avant, c'est le frein à la marche en arrière, c'est la solution cordiale et simple des contradictions et des problèmes, c'est la fin à l'amiable des révolutions et des haines. (*Bravos.*) 1792 a créé le règne du peuple, c'est-à-dire la République ; 1848 a créé l'instrument du règne, c'est-à-dire le suffrage universel. De cette façon l'œuvre est indestructible, une révolution couronne l'autre, et le Droit de l'homme a pour point d'appui le Vote du peuple[1].

La loi d'équilibre est trouvée. Désormais nulle négation possible, nulle lutte possible, nulle émeute possible, pas plus du côté du pouvoir que du côté du peuple. Conciliation, telle est la fin de tout. C'est là un progrès suprême. Ledru-Rollin en a sa part, et ce sera son impérissable honneur d'avoir attaché son nom à ce suffrage universel qui contient en germe la pacification universelle. (*Vive adhésion.*)

Pacification ! Ô mes concitoyens, communions dans

---

1. Cf. le texte 6.

cette pensée divine ; que ce mot soit le mot du dix-neuvième siècle comme Tolérance a été le mot du dix-huitième. Que la Fraternité devienne et reste la première passion de l'homme. Hélas, les rois s'acharnent à la guerre ; nous les peuples, acharnons-nous à l'amour.

La croissance de la paix, c'est là toute la civilisation. Tout ce qui augmente la paix augmente la certitude humaine ; adoucir les cœurs, c'est assurer l'avenir ; apaiser, c'est fonder.

Ne nous lassons pas de répéter parmi les peuples et parmi les hommes ces mots sacrés : Union, oubli, pardon, concorde, harmonie.

Faisons la paix. Faisons-la sous toutes les formes ; car toutes les formes de la paix sont bonnes. La paix a une ressemblance avec la clémence. N'oublions pas que l'idée de fraternité est une ; n'oublions pas que la paix n'est féconde qu'à la condition d'être complète et de s'appeler après les guerres étrangères Alliance, et après les guerres civiles Amnistie [1]. (*Acclamations prolongées.*)

Je veux terminer ce que j'ai à dire par une parole de certitude et de foi, et j'ajoute, par une parole civique et humaine. Citoyens, j'en atteste le grand mort que nous honorons, la République vivra. C'est devant la mort qu'il faut affirmer la vie, car la mort n'est autre chose qu'une vie plus haute et meilleure. La République vivra parce qu'elle est le droit, et parce qu'elle sera la concorde. La République vivra parce que nous serons cléments, pacifiques et fraternels. Ici la majesté

---

1. Réclamée publiquement et régulièrement par Hugo depuis octobre 1871 (voir texte 19), puis, très progressivement, par tous les républicains de gauche, attendue avec impatience par les ouvriers des grandes villes, l'amnistie des communards avait été repoussée en 1876 malgré la victoire républicaine aux élections (et malgré un discours de Hugo au Sénat, voir *Actes et Paroles, III*). La crise institutionnelle du 16 mai heureusement dénouée, la République semblant enfin installée, l'amnistie revenait à l'ordre du jour. Elle ne sera votée qu'en 1880, grâce notamment à Gambetta, alors président de la Chambre des députés.

des morts nous environne, et j'ai, quant à moi, le respect profond de cet horizon sombre et sublime. Les paroles qui constatent le progrès humain ne troublent pas ce lieu auguste et sont à leur place parmi les tombeaux. Ô vivants, mes frères, que la tombe soit pour nous calmante et lumineuse ! Qu'elle nous donne de bons conseils ! Qu'elle éteigne les haines, les guerres et les colères ! Certes, c'est en présence du tombeau qu'il convient de dire aux hommes : Aimez-vous les uns les autres, et ayez foi dans l'avenir ! Car il est simple et juste d'invoquer la paix là où elle est éternelle et de puiser l'espérance là où elle est infinie. (*Acclamations immenses. Cris de : Vive l'amnistie ! vive Victor Hugo ! vive la République !*)

25

MORT DE VICTOR HUGO
Paris — 22 mai 1885
[Dernières volontés, rédigées le 2 août 1883 [1]]

Je donne cinquante mille francs aux pauvres [2].

Je désire être porté au cimetière dans leur corbillard.

Je refuse l'oraison de toutes les églises ; je demande une prière à toutes les âmes.

Je crois en Dieu.

VICTOR HUGO.

---

1. Nous reproduisons le texte de l'édition originale (posthume) d'*Actes et Paroles, IV – Depuis l'exil – 1876-1885*, Paris, Hetzel et Quantin, 1889. **2.** Soit environ 1 million de nos francs. Hugo laissait à sa mort 7 millions (environ 140 millions de nos francs), fruit exclusif de ses œuvres.

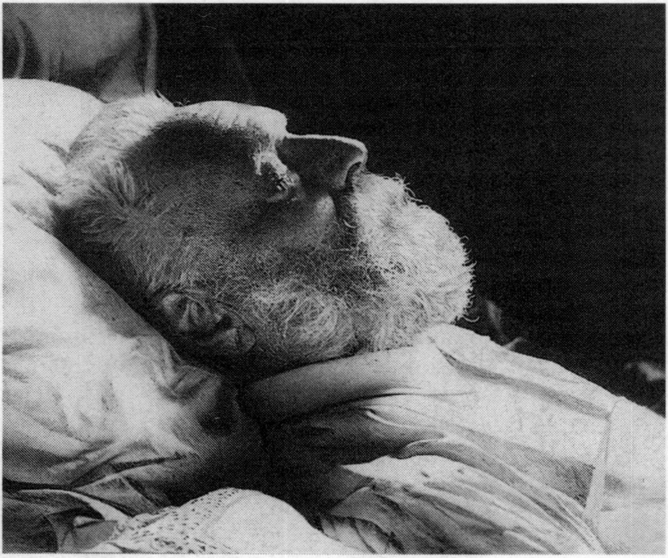

Victor Hugo photographié par Nadar sur son lit de mort,
le 22 mai 1885.

Les funérailles nationales de Victor Hugo (1er juin 1885).
En haut : La place de l'Étoile la veille.

CHRONOLOGIE

ÉVÉNEMENTS ET ÉCRITS POLITIQUES	VIE ET ŒUVRE DE VICTOR HUGO
Consulat de Bonaparte	
1802 : Concordat. Napoléon Bonaparte Premier Consul à vie. Bonald : *De la législation primitive*. Chateaubriand : *Génie du christianisme*.	Naissance à Besançon de Victor Hugo (26 février). Ses frères Abel et Eugène sont nés respectivement en 1798 et 1800.
1803 : Reprise de la guerre entre la France et l'Angleterre. J.-B. Say : *Traité d'économie politique*.	Les enfants Hugo suivent leur père, Léopold, en Corse où il tient garnison ; leur mère, restée à Paris, se lie avec le général Lahorie, parrain de Victor Hugo.
1804 : Napoléon est sacré empereur par le pape à Notre-Dame de Paris (2 décembre). Fourier : *Harmonie universelle*.	Retour en France et installation à Paris des enfants Hugo avec leur mère.
Premier Empire	
1805 : Victoire d'Austerlitz (2 décembre).	
1808 : Le roi d'Espagne cède à Napoléon ses droits à la couronne. Début du soulèvement espagnol contre les troupes françaises (2-3 mai). Joseph Bonaparte roi d'Espagne (4 juin).	Séjour en Italie des enfants Hugo avec leur mère. Ils rejoignent Léopold qui est gouverneur de la province d'Avellino. Départ du père pour l'Espagne, à la suite de Joseph Bonaparte.
1809 :	Retour en France des enfants Hugo avec leur mère et installa-

tion à Paris aux Feuillantines. À Madrid leur père est nommé général.

1810 : J. de Maistre : *Essai sur les principes des constitutions.* Mme de Staël : *De l'Allemagne* (saisi par la police impériale, publié à Londres en 1813).

Le général Lahorie, qui a conspiré contre Napoléon et est caché par Mme Hugo aux Feuillantines, est arrêté par la police impériale. Le général Hugo reçoit de Joseph Bonaparte le titre de comte.

1811 :

Séjour en Espagne des enfants Hugo et de leur mère.

1812 : Campagne et retraite de Russie, désastreuses pour l'armée impériale. À Paris, le général Malet tente de renverser le régime.

Eugène et Victor rentrent à Paris avec leur mère. Le général Lahorie, compromis dans la conspiration de Malet, est fusillé.

1813 : Défaites, les armées françaises quittent l'Allemagne et l'Espagne.

Retour en France du général Hugo.

1814 : Constant : *De l'usurpation, De l'esprit de conquête.* Invasion de la France et abdication de Napoléon, qui part pour l'île d'Elbe.

Procédure de divorce des époux Hugo.

Première Restauration

Retour des Bourbons : Louis XVIII, frère de Louis XVI, est roi de France. Il octroie au pays une constitution relativement libérale (la Charte).

Les Cent-Jours

1815 : Retour de Napoléon (1er mars), fuite de Louis XVIII et reprise de la guerre. Défaite de Waterloo (18 juin), invasion de la France. Abdication de Napoléon, exilé à Sainte-Hélène sous la garde des Anglais. Retour de Louis XVIII.

Premiers poèmes de Victor Hugo.

Seconde Restauration
Violente répression monarchiste (la Terreur blanche). Congrès de Vienne qui organise l'Europe dans un esprit favorable aux monarchies absolues et hostile aux nationalités (la Sainte-Alliance).

1816 : Chateaubriand : *De la monarchie selon la Charte* (saisie par la police). Guizot : *Du gouvernement représentatif*.

1817 : Lamennais : *Essai sur l'indifférence en matière de religion*.

1818 : Constant : *Sur le gouvernement représentatif*.

Séparation légale des époux Hugo ; Eugène et Victor sont confiés à leur mère ; fin de leurs études secondaires.

1819 : J. de Maistre : *Du pape*. Saint-Simon : *L'Organisateur*.

Fondation par les frères Hugo du *Conservateur littéraire*, dans le sillage du *Conservateur*, journal politique de Chateaubriand. Fiançailles secrètes de Victor avec Adèle Foucher.

1820 : Assassinat du duc de Berry, héritier du trône (14 février). Lois répressives.

Bug-Jargal (nouvelle ; première version).

1821 : Complots de sociétés secrètes libérales ou bonapartistes (Charbonnerie). Mort de Napoléon à Sainte-Hélène. Ministère Villèle. Début de la guerre d'indépendance grecque contre l'empire turc.
Saint-Simon : *Du système industriel*. J. de Maistre : *Soirées de Saint-Pétersbourg*.

Mort de Sophie, mère de Victor Hugo. Fin du *Conservateur littéraire*.

1822 : Exécution des quatre sergents de La Rochelle, compromis dans une conspiration.
Courier : *Pétition pour des villageois qu'on empêche de danser*. Guizot : *De la peine de mort en matière politique*.

Odes et poésies diverses. Hugo reçoit une pension royale. Mariage avec Adèle Foucher.

1823 : Chateaubriand ministre des Affaires étrangères. Expédition d'Espagne.
Las Cases : *Mémorial de Sainte-Hélène*. Thiers : *Histoire de la Révolution française*.

Han d'Islande (roman). Fondation de la revue *La Muse française*. Victor renoue avec son père ; son frère Eugène sombre définitivement dans la folie ; son fils Léopold meurt à trois mois.

1824 : Chateaubriand est chassé du ministère. Mort de Louis XVIII. Son frère, Charles X, lui succède.
Comte : *Système de politique positive*. Saint-Simon : *Catéchisme des industriels*.

Nouvelles Odes. Fin de *La Muse française*. Naissance de Léopoldine.

1825 : Sacre de Charles X à Reims. Lois sur le sacrilège et sur l'indemnisation des émigrés. Vive opposition des libéraux.
Saint-Simon : *Le Nouveau Christianisme*. Lamennais : *De la religion considérée dans ses rapports avec l'ordre politique et social*.

Hugo est invité au sacre de Charles X, il y assiste en compagnie de Nodier. Voyage dans les Alpes avec Nodier.

1826 : Lamennais : *De la religion...* (deuxième partie), saisi et condamné.

Bug-Jargal (roman ; deuxième version). *Odes et Ballades*. Naissance de Charles Hugo.

1827 : Victoire navale franco-anglo-russe sur la flotte égypto-turque à Navarin : fin des hostilités en Grèce.
Victoire des libéraux aux élections.

Cromwell (théâtre). « Ode à la colonne de la place Vendôme ».

1828 : Ministère Martignac (« centriste »).
Buonarroti : *La Conspiration pour l'égalité, dite de Babeuf* (à Bruxelles).

Amy Robsart (théâtre). *Odes et Ballades*. Mort de Léopold, père de Victor Hugo. Naissance de son fils François-Victor.

1829 : En dépit de la chambre, Charles X constitue un ministère réactionnaire dirigé par Polignac.
Fourier : *Le Nouveau Monde industriel et sociétaire*.

Les Orientales (poésie). *Le Dernier Jour d'un condamné* (roman). *Marion de Lorme*, interdit de représentation par la censure. Hugo refuse publiquement l'augmentation de sa pension censée le dédommager.

1830 : Début de la conquête de l'Algérie par les Français. Charles X promulgue quatre ordonnances qui remettent en cause le régime constitutionnel (25 juillet). Les 27, 28 et 29 juillet, insurrection à Paris (les Trois Glorieuses). Abdication et fuite de Charles X. Malgré les républicains et les bonapartistes, nombreux parmi les insurgés, les députés libéraux font appel au duc d'Orléans (Bourbon de la branche cadette) : Louis-Philippe Ier, roi des Français.

Hernani (théâtre) et sa « bataille (février-avril). Naissance d'Adèle Hugo. Crise conjugale et amicale : liaison de Sainte-Beuve et d'Adèle, l'épouse de Victor Hugo.

Monarchie de Juillet

Mouvements insurrectionnels en Europe. Indépendance de la Belgique.

Lamartine : *Ode contre la peine de mort*.

1831 : Élargissement du corps électoral (200 000 électeurs environ), démocratisation plus poussée des pouvoirs municipaux. Développement du saint-simonisme. Émeutes populaires à Paris et à Lyon.

Insurrections en Italie. Le soulèvement polonais est écrasé par les troupes russes.

Michelet : *Introduction à l'Histoire universelle*. Lamartine : *De la politique rationnelle*.

Notre-Dame de Paris (roman). *Les Feuilles d'automne* (poésie).

1832 : Épidémie de choléra. Émeute républicaine à Paris. Procès des saint-simoniens. Mort en Autriche du fils de Napoléon Ier et de Marie-Louise (l'Aiglon).

Quinet : *De l'Allemagne et de la Révolution*. Ballanche : *La Ville des expiations*. Heine : *De la France*.

Préface inédite du *Dernier Jour d'un condamné*. *Le roi s'amuse*, interdit par le ministère après la première représentation. Hugo intente un procès à la Comédie-Française et refuse désormais de toucher sa pension. Installation place Royale (actuelle « Maison Victor Hugo », place des Vosges).

1833 : Loi Guizot sur l'instruction publique.
Buchez et Roux : *Histoire parlementaire de la Révolution française* (1re livraison).

Lucrèce Borgia (théâtre). *Marie Tudor* (théâtre). L'actrice Juliette Drouet devient la maîtresse de Victor Hugo.

1834 : Émeutes républicaines à Lyon et à Paris, sévèrement réprimées (massacre de la rue Transnonain).
Chateaubriand : *L'Avenir du monde*. Lamennais : *Paroles d'un croyant*.

Littérature et philosophie mêlées (essai). *Claude Gueux* (récit).

1835 : Attentat de Fieschi contre Louis-Philippe. Lois répressives (dites de septembre). En Algérie, Abd el-Kader remporte des succès sur les troupes françaises.

Angelo, tyran de Padoue (théâtre). *Les Chants du crépuscule* (poésie).

1836 : À Strasbourg, Louis Bonaparte (neveu de Napoléon Ier) tente de soulever la garnison ; il est expulsé.
Tocqueville : *De la démocratie en Amérique*.

La Esmeralda (opéra d'après *Notre-Dame de Paris*, musique de Louise Bertin, livret de Hugo).

1837 : Lamennais : *Le Livre du Peuple*.

Les Voix intérieures (poésie). Mort d'Eugène Hugo à l'asile de Charenton. Hugo commence à fréquenter le duc d'Orléans, héritier du trône.

1838 : Guerres carlistes en Espagne.

Ruy Blas (théâtre).

1839 : Longue crise ministérielle. Émeute républicaine et socialiste à Paris (Société des Saisons) ; Blanqui et Barbès sont emprisonnés.
Louis Blanc : *De l'organisation du travail*. Lamennais : *De l'esclavage moderne*.

Rédaction des trois premiers actes des *Jumeaux*, drame qui restera inachevé. Voyage avec Juliette aux bords du Rhin, en Suisse et en Provence.

1840 : Crise internationale liée à la question d'Orient, menaces de guerre sur le Rhin (juillet-août). À Boulogne, Louis Bona-

Les Rayons et les ombres (poésie). Voyage avec Juliette dans l'Allemagne rhénane (août). *Le Retour de l'Empereur*.

parte tente un coup de force ; il est incarcéré. Retour des cendres de Napoléon.
Leroux : *De l'humanité*. Proudhon : *Qu'est-ce que la propriété ?* Buret : *De la misère des classes laborieuses*. Villermé : *Tableau de l'état physique et moral des ouvriers*. Lamennais : *Le Pays et le gouvernement* (soutien aux grèves ouvrières ; l'auteur condamné à un an de prison). Louis Bonaparte : *De l'extinction du paupérisme*.

1841 : Loi limitant le travail des enfants dans l'industrie (jamais appliquée sérieusement).
Esquiros : *L'Évangile du Peuple*. Gérando : *Des progrès de l'industrie considérés dans leurs rapports avec la moralité de la classe ouvrière*. Lamennais : *Du passé et de l'avenir du Peuple*. Louis Blanc : *Histoire de dix ans*.

Élection de Hugo à l'Académie française, après quatre échecs. Discours très politique.

1842 : Loi sur les chemins de fer. Mort accidentelle du duc d'Orléans, héritier du trône.

Le Rhin, récit de voyage suivi d'une conclusion géopolitique sur l'avenir de l'Europe.

1843 : Lancement du journal *La Réforme* (gauche républicaine). Le député Lamartine passe à l'opposition. Élection de Ledru-Rollin à la Chambre des députés.
Reprise des guerres carlistes en Espagne, chute du régent Espartero.
Quinet et Michelet : *Les Jésuites*. Lamartine : *L'État, l'Église et l'enseignement*.

Les Burgraves (théâtre). Mariage de Léopoldine Hugo et de Charles Vacquerie. Voyage en Espagne avec Juliette. Sur le chemin du retour Hugo apprend par le journal la mort de Léopoldine et de son mari, noyés dans la Seine, près de Villequier.

1844 : Montalembert : *Du devoir des catholiques dans la* *question de la liberté d'enseignement.*

1845 : Michelet : *Du prêtre, de la femme et de la famille*. Quinet : *Le Christianisme et la Révolution française*.

Le Rhin (nouvelle édition augmentée). Hugo est nommé pair de France. Surpris en flagrant délit d'adultère avec Léonie Biard. Commence *Les Misères* (futurs *Misérables*).

1846 : Évasion de Louis Bonaparte.
Tension austro-russe en Pologne (Galicie).
Élection du pape Pie IX (Mastaï), qui engage des réformes libérales dans ses États.
Michelet : *Le Peuple*. Proudhon : *Philosophie de la misère*.

Discours à la Chambre des pairs : *Question polonaise* (mars) ; *Sur la consolidation et la défense du littoral* (juin-juillet).

1847 : Crise économique ; émeutes de la faim. Divers scandales (corruption, mœurs) éclaboussent le régime. Campagne des Banquets réclamant l'extension du droit de vote. Reddition d'Abd el-Kader, emprisonné malgré la parole donnée.
Cabet : *Le Vrai Christianisme suivant Jésus-Christ*. Louis Blanc : *Histoire de la Révolution*. Michelet : *Histoire de la Révolution*. Lamartine : *Histoire des Girondins*. Esquiros : *Histoire des Montagnards*.

Discours à la chambre des pairs, *La famille Bonaparte* (contre les lois proscrivant les membres des anciennes familles régnantes, juin). Hugo assiste avec assiduité aux séances de la Chambre consacrées aux procès de ses membres compromis dans des scandales (affaire Teste et Cubières, affaire Choiseul-Praslin). Projet de discours sur les prisons.

1848 : La Révolution des 22-24 février chasse Louis-Philippe et proclame la République.

Discours à la chambre des pairs, *Le Pape Pie IX*. Interruption des *Misères*.

Seconde République

Jusqu'à l'été, Lamartine est le principal ministre du gouvernement. Suffrage universel, abolition de l'esclavage et de la

Discours à l'occasion de la plantation d'un arbre de la Liberté place des Vosges (ancienne Place Royale). Hugo,

peine de mort en matière politique, liberté totale de presse, de réunion et d'association, proclamation du droit au travail, organisation (vite catastrophique, volontairement ?) des Ateliers nationaux. Les élections du 23 avril à l'Assemblée Constituante donnent la majorité aux républicains modérés, hostiles aux mesures sociales. La suppression des Ateliers nationaux déclenche à Paris une émeute ouvrière d'ampleur sans précédent (23-26 juin) qui est atrocement réprimée. Le général Cavaignac (républicain conservateur) évince Lamartine. Le 10 décembre Louis-Napoléon Bonaparte est élu président de la République.
Mouvements révolutionnaires en Europe (le Printemps des Peuples). À Rome, le pape s'enfuit et Mazzini proclame la république.
Chateaubriand : *Mémoires d'outre-tombe*. Renouvier : *Catéchisme civique*. Proudhon : *Solution du problème social.*

élu le 4 juin à l'Assemblée constituante, siège à droite. Mandaté par l'Assemblée, il participera aux Journées de juin aux côtés des forces de l'Ordre. Discours et interventions à l'Assemblée constituante : *Les Ateliers nationaux* (20 juin), *Pour la liberté de la presse et contre l'arrestation des écrivains* (12 juillet), *L'État de siège* (2 septembre), *La Peine de mort* (15 septembre), *Pour la liberté de la presse et contre l'état de siège* (11 octobre), *Questions des encouragements aux lettres et aux arts* (10 novembre). Il fonde avec ses fils et avec l'aide d'Émile de Girardin *L'Événement* (31 juillet). Opposé au général Cavaignac, le journal appuie la candidature de Louis Bonaparte à la présidence de la République, mais réclame du candidat des garanties libérales et sociales. Déception rapide.

1849 : Louis Bonaparte gouverne avec la droite. Élection de l'Assemblée législative (13 mai) : majorité de droite (monarchistes, cléricaux et bonapartistes) mais aussi forte minorité de gauche « démocrate-socialiste » menée par Ledru-Rollin (les républicains conservateurs, dirigés par Cavaignac, sont laminés). Intervention française qui écrase la République romaine et rétablit le pape (juin-juillet). Le 13 juin, la gauche organise une manifes-

Discours et interventions à l'Assemblée constituante : *La Séparation de l'Assemblée* (29 janvier), *La Liberté du théâtre* (3 avril). Élu à l'Assemblée législative, toujours à droite. Discours à l'Assemblée législative : *La Misère* (9 juillet, applaudi par la gauche, réactions gênées voire hostiles de la droite), *Affaire de Rome* (19 octobre, contre le gouvernement clérical). Président du Congrès de la Paix à Paris (l'anglais Cobden étant vice-prési-

tation de protestation ; les chefs « démocs-socs » sont arrêtés ou en fuite (Ledru-Rollin). Lois répressives (dites de compression).
Écrasement des mouvements révolutionnaires en Europe.
Lamartine : *Histoire de la révolution de 1848* et fondation du journal *Le Conseiller du peuple*.

dent), Hugo prononce les *Discours d'ouverture et de clôture* les 21 et 24 août.

1850 : La réaction s'amplifie. Lois sur l'enseignement, faisant la part belle aux catholiques ; loi restreignant le suffrage universel ; nouvelle loi répressive sur la presse. Tandis que la droite travaille à une restauration monarchiste, Louis Napoléon mène son propre jeu, et s'entoure de ministres personnellement dévoués.
Marx : *Les Luttes de classes en France*.

Hugo est passé à gauche ; toutes ses interventions sont désormais violemment attaquées par la droite monarchiste et bonapartiste. Discours à l'Assemblée législative : *La Liberté de l'enseignement* (15 janvier, contre l'enseignement catholique et le parti clérical), *La Déportation* (5 avril, pour les prisonniers politiques), *Le Suffrage universel* (20 mai), *La Liberté de la presse* (9 juillet).

1851 : La constitution exigeant le départ du président à l'issue de son mandat (en 1852, donc), Louis Bonaparte tente d'obtenir sa révision, tout en préparant techniquement un éventuel coup d'État. L'Assemblée ayant refusé la révision constitutionnelle (19 juillet), il opte pour le coup d'État, le 2 décembre, jour anniversaire du sacre de son oncle et de la bataille d'Austerlitz. Résistance inattendue à Paris et surtout dans certaines provinces. Le 20 décembre, un plébiscite (organisé alors qu'un tiers des départements vit sous l'état de siège) approuve le

Visite des quartiers misérables de Lille. Suite à un article contre la peine de mort dans *L'Événement*, Charles Hugo est condamné à 6 mois de prison ferme (juin). En septembre, le journal est suspendu, et François-Victor et Paul Meurice sont condamnés à neuf mois de prison ferme. Création de *L'Avènement du Peuple* pour remplacer *L'Événement* ; le journal est aussitôt saisi. À l'Assemblée législative, le 17 juillet, discours fleuve de Hugo contre la *Révision de la Constitution* (où il emploie pour la première fois l'expression de

coup d'État par 7 500 000 oui, contre 640 000 non, et 1 500 000 abstentions.
Comte : *Système de politique positiviste*. Proudhon : *Idée générale de la révolution au* XIXe *siècle*. Romieu : *Le Spectre rouge*.

« Napoléon le Petit », pour désigner Louis Bonaparte). Le 2 décembre et les jours suivants, Hugo tente d'organiser la résistance au coup d'État à Paris. Recherché par la police, il gagne Bruxelles.

1852 : Déplacements en province de Louis Bonaparte. Discours de Bordeaux (9 octobre) : « L'Empire, c'est la paix ! » Le 21 novembre, le rétablissement de l'Empire est massivement approuvé par plébiscite (le oui progresse encore par rapport à 1851). Le 2 décembre (désormais anniversaire de son coup d'État davantage que du sacre de son oncle ou de la victoire d'Austerlitz), Louis Bonaparte prend le titre de Napoléon III.
Marx : *Le Dix-huit brumaire de Louis-Napoléon Bonaparte*. Proudhon : *La Révolution sociale démontrée par le coup d'État.*

Hugo est proscrit par décret avec 65 autres députés ayant résisté au coup d'État (janvier). À Bruxelles, rédaction d'*Histoire d'un crime* (histoire du coup d'État), abandonnée pour le pamphlet *Napoléon-le-Petit*. En août, installation à Jersey (Marine-Terrace) avec sa famille et accompagné de Juliette Drouet. Au nom des proscrits de Jersey, Hugo rédige une proclamation qui prône l'abstention au plébiscite de décembre : « en présence de M. Bonaparte et de son gouvernement, le citoyen, digne de ce nom, ne fait qu'une chose et n'a qu'une chose à faire : charger son fusil et attendre l'heure. »

Second Empire

1853 : Mariage de Napoléon III avec Eugénie de Montijo. Haussmann préfet de la Seine.
Schoelcher : *Le Gouvernement du Deux-Décembre*. Ribeyrolles : *Les Bagnes d'Afrique*. Michelet : *Histoire de la Révolution française* (tome 6 et dernier).

Châtiments (poésie ; rigoureusement interdits en France, leur vente et même leur possession sont passibles de poursuites). Début des séances spirites (tables parlantes) à Marine-Terrace, en famille.

1854 : Déclaration de guerre de l'Angleterre et de la France à la Russie (guerre d'Orient ou de Crimée).
Michelet : *Légendes démocratiques du Nord*. Lamartine : *Histoire des Constituants*.

Hugo commence *La Fin de Satan*, épopée qui restera inachevée. Déclaration *Aux habitants de Guernesey* et *A Lord Palmerston* contre la peine de mort (affaire Tapner) ; allocution aux proscrits sur la guerre de Crimée.

1855 : Espérant une aide de Napoléon III à la cause de l'unité italienne, le roi du Piémont s'allie aux Franco-Anglais. Visite officielle de l'empereur en Angleterre (avril). Prise de Sébastopol (septembre). Exposition universelle de Paris. Leçon inaugurale de Sainte-Beuve au Collège de France (poésie latine), où il fait l'éloge de Napoléon III et se fait huer. « Vous déshonorez la jeunesse française », lance-t-il à son auditoire, qui répond : « Vous déshonorez la poésie. » La police évacue la salle et Sainte-Beuve démissionne du Collège.

Hugo commence *Dieu*, épopée qui restera inachevée. Fin des séances spirites. Suite à une déclaration sur la visite de l'empereur en Angleterre, il est expulsé de Jersey. Il s'installe à Guernesey avec sa famille et Juliette.

1856 : Le Congrès de Paris met fin à la guerre d'Orient mais ne dit mot de l'unité italienne.
Tocqueville : *L'Ancien Régime et la Révolution*.

Les Contemplations (poésie). Lettre-article *À l'Italie*, à la demande du républicain Mazzini. Achat de Hauteville House (actuelle Maison Victor Hugo à Guernesey).

1857 : Élections massivement favorables au régime. Début de l'intervention franco-anglaise en Chine.
Madame Bovary (Flaubert), et *Les Fleurs du Mal* (Baudelaire) sont poursuivis pour atteintes à la morale et à la religion ; Baudelaire est condamné.

Hugo écrit *L'Âne, La Pitié suprême, La Révolution* (poésie).

1858 : Attentat d'Orsini (patriote italien) contre Napoléon III. Loi de sûreté générale, nouvelles poursuites contre les opposants.
Entrevue de Plombières entre Napoléon III et Cavour, ministre du Piémont.
Proudhon : *La Justice dans la Révolution et dans l'Église* (saisi par la police).

1859 : Début de la colonisation de l'Indochine. La France et le Piémont déclarent la guerre à l'Autriche. Victoires (difficiles et meurtrières) de Magenta et de Solférino (juin). Paix de Villafranca, contre la volonté du Piémont qui n'acquiert que la Lombardie. Amnistie des condamnés du coup d'État.
Jules Simon : *La Liberté*. Vacherot : *La Démocratie* (procès et condamnation). La Guéronnière (« nègre » de l'empereur) : *Napoléon III et l'Italie ; Le Pape et le Congrès*.

La Légende des siècles – Première série (poésie). Hugo refuse l'amnistie (« Quand la liberté rentrera, je rentrerai »). Lettre article contre la condamnation à mort aux États-Unis de John Brown, militant de l'abolition de l'esclavage.

1860 : Traité de commerce franco-anglais. Suite à la campagne d'Italie, le régime subit les attaques des cléricaux. Traité avec le Piémont qui cède la Savoie et Nice à la France. Les troupes franco-anglaises entrent à Pékin et pillent le Palais d'été (octobre).
Garibaldi prend la Sicile et Naples (expédition des Mille). Toute la péninsule italienne sauf la Vénétie (possession autrichienne) et les États du pape se réunissent au royaume du Piémont, qui devient royaume d'Italie avec pour capitale Florence.
Engels : *La Savoie, Nice et le Rhin*.

Allocution à la gloire de Garibaldi (Jersey, mars).

1861 : Proudhon : *La Guerre et la paix*.

Lettre-article *Au Capitaine Butler* dénonçant le sac du Palais d'été, à Pékin.

1862 : Début de l'intervention française contre la république du Mexique ; échec des Français devant Puebla. Avec l'accord de Napoléon III, une délégation ouvrière se rend à Londres pour

Les Misérables (roman). Lettre-article *Genève et la peine de mort*.

l'Exposition universelle. Suite à une violente campagne cléricale, le cours de Renan au collège de France est suspendu.
Début de la guerre de Sécession aux États-Unis.
Louis Blanc : *Histoire de la Révolution française*. Michelet : *La Sorcière*.

1863 : Élections qui marquent le réveil de l'opposition dans les grandes villes. Conquête du Mexique, mais la guerilla continue.
Soulèvement polonais contre les Russes, férocement réprimé par l'armée du tsar.
Corbon : *Le Secret du peuple de Paris*. Proudhon : *Du principe fédératif et de la nécessité de reconstituer le parti de la Révolution*. Michelet : *La Pologne martyre ; Les Femmes de la Révolution*. Leroux : *La Grève de Samarez*. Renan : *La Vie de Jésus*.

1864 : Manifeste « des Soixante » revendiquant l'autonomie du mouvement ouvrier (notamment vis-à-vis des républicains « bourgeois »). Loi sur les coalitions ouvrières et le droit de grève. Fondation à Londres de l'Association Internationale des Travailleurs (Première Internationale). Maximilien de Habsbourg, soutenu par l'armée française, est proclamé empereur du Mexique. Le Play : *La Réforme sociale*. Larousse : *Grand Dictionnaire universel* (1re livraison). Erckmann-Chatrian : *Histoire d'un conscrit de 1813*.

Lettre-article aux *Hommes de Puebla*, encourageant les Mexicains à résister aux troupes françaises. Lettre-article *À l'Armée russe*. Publication anonyme de *Victor Hugo raconté par un témoin de sa vie*, biographie rédigée par Adèle et revue par le « clan Hugo ». Adèle (la fille de Hugo) s'embarque clandestinement pour le Canada où elle espère rejoindre le lieutenant anglais Pinson qu'elle a connu quand il était en poste à Guernesey ; début d'une errance qui la mènera jusqu'aux Antilles, et à la folie.
William Shakespeare (essai critique).

1865 : Entrevue de Napoléon III et du chancelier de Prusse Bismarck, à Biarritz.
Fin de la guerre de Sécession ; les États-Unis demandent le rappel des troupes françaises du Mexique.
Vallès : *Les Réfractaires*. Erckmann-Chatrian : *Waterloo, histoire d'un conscrit*. Quinet : *La Révolution française* ; Napoléon III : *Histoire de Jules César* (tome 1).

Les Chansons des rues et des bois (poésie). Lassés par l'exil guernesiais (mais aussi afin de servir les intérêts littéraires et politiques de l'exilé), les membres de la famille Hugo vont désormais vivre le plus souvent à Bruxelles ou à Paris.

1866 : La Prusse bat l'Autriche à Sadowa (juillet) et révèle à l'Europe sa puissance militaire. L'Allemagne du Nord se fédère autour d'elle. Napoléon III demande pour prix de sa neutralité la rive gauche du Rhin, puis le Luxembourg ; il n'obtient que l'hostilité allemande. La Vénétie est réunie au royaume d'Italie.

Les Travailleurs de la mer (roman). Écriture de *Mille Francs de récompense* (théâtre). Intervention contre la condamnation à mort de Bradley, à Jersey.

1867 : Les troupes françaises quittent le Mexique ; exécution de Maximilien. Exposition universelle de Paris. Les troupes françaises battent à Mentana les garibaldiens qui tentaient de s'emparer de Rome.
Insurrection crétoise contre l'empire turc. Congrès de l'Internationale à Lausanne, qui envoie à Genève une délégation au Congrès de la paix, présidé par Garibaldi.
Mgr Dupanloup : *L'Athéisme et le péril social.* Jules Simon : *L'Ouvrier de huit ans.* Marx : *Le Capital* (livre 1).

Déclarations en faveur de la Crète, et en faveur des Fénians (indépendantistes irlandais) condamnés à mort par la justice anglaise. Lettre-article au président Juarez pour obtenir la grâce de Maximilien. *Paris*, introduction au guide de l'Exposition universelle. *Mentana* (poème). Écriture de *Mangeront-ils ?* et de *L'Intervention* (théâtre).

1868 : Interdiction de la section française de l'Internationale. Relative libéralisation de la presse et des réunions publiques.

Déclaration en faveur de Gustave Flourens, militant républicain, combattant de la cause crétoise (et futur général de la Commune

Rochefort fonde *La Lanterne*, journal républicain et satirique interdit après deux mois de succès énorme. Gambetta se révèle en plaidant dans un procès politique (affaire Baudin).
En Espagne, le général Prim destitue la reine Isabelle II.

de Paris), emprisonné à Athènes. Lettres-articles *À l'Espagne.* Naissance de Georges, fils de Charles Hugo. Mort d'Adèle (la femme de Victor Hugo) à Bruxelles.

1869 : Effervescence politique et sociale dans les grandes villes. Aux élections d'avril, les républicains et autres opposants obtiennent 3 300 000 voix, le gouvernement 4 400 000.
Vermorel : *Les Hommes de 1851 ; Les Hommes de 1848.* Flaubert : *L'Éducation sentimentale.* Michelet : *Nos fils.* Vallès fonde *Le Peuple* et *Le Réfractaire*, et Rochefort *La Marseillaise.*

Fondation à Paris, par les fils Hugo, du journal républicain *Le Rappel*, qui publie en feuilleton *L'Homme qui rit* (roman). Achèvement de *Torquemada* (théâtre). Hugo préside le Congrès de la paix à Lausanne. Naissance de Jeanne, fille de Charles Hugo.

1870 : Ministère Ollivier (ancien républicain rallié). Plébiscite approuvant les réformes « libérales » du régime (7 350 000 oui, 1 538 000 non, 1 500 000 abstentions). En juillet, la France déclare la guerre à la Prusse. Défaite de Sedan, Napoléon III prisonnier du roi de Prusse. Le 4 septembre, la république est proclamée.
Zola : *La Fortune des Rougon.*

Déclarations en faveur des insurgés de Cuba et contre le plébiscite en France. Le 5 septembre, Hugo rentre à Paris (il a 68 ans, son exil a duré 19 ans et 9 mois). Déclarations *Aux Allemands, Aux Français, Aux Parisiens.* Il demeure dans la capitale assiégée, soutenant le moral des troupes, multipliant les lectures de ses œuvres au profit de la Défense nationale (deux canons seront financés de la sorte).

Troisième République

Début du siège de Paris (19 septembre).
Le royaume d'Italie annexe Rome.

1871 : À Versailles, Guillaume Ier est proclamé empereur d'Allemagne (18 janvier). Armistice et

Hugo est élu député de Paris à l'Assemblée nationale de Bordeaux. Il siège parmi la gauche

capitulation de Paris (28 janvier). Élections de l'Assemblée nationale (qui siège à Bordeaux), la droite monarchiste y est majoritaire. Thiers chef du pouvoir exécutif. Vote des préliminaires de paix qui prévoient la cession de l'Alsace-Lorraine à la Prusse (1er mars). « Pacte de Bordeaux » par lequel Thiers s'engage à ne pas trancher la question du régime, ce qui lui vaut le soutien des républicains, minoritaires. L'Assemblée s'installe à Versailles. Insurrection parisienne (18 mars : Commune de Paris). Du 21 au 28 mai la Commune est noyée dans le sang (la Semaine sanglante). Élections municipales et législatives partielles favorables aux républicains.
Michelet : *La France devant l'Europe.* Marx : *La Guerre civile en France.*

républicaine et radicale (8 février). Discours sur la guerre (1er mars), sur les députés alsaciens (2 mars), sur Paris (6 mars). Le 8 mars, Hugo démissionne pour protester contre l'invalidation de l'élection de Garibaldi et contre la cession de l'Alsace-Lorraine. Mort de Charles Hugo, enterré à Paris le 18 mars, jour de l'insurrection parisienne. Départ pour Bruxelles, pour régler la succession de Charles. Le gouvernement belge ayant refusé l'asile politique aux communards, Hugo offre publiquement de les recevoir chez lui, à Bruxelles (27 mai). Expulsé de Belgique, il s'installe à Vianden (Luxembourg). Dans *Le Rappel*, il réclame l'amnistie des Communards. Retour à Paris.

1872 : Loi contre l'Internationale socialiste.
Déroulède : *Les Chants du soldat.* Erckmann-Chatrian : *Histoire du plébiscite.* Michelet : *Histoire du XIXe siècle.*

L'Année terrible (poésie). *Actes et Paroles, 1870-1871-1872* (écrits politiques). Hugo est battu à Paris à une élection législative partielle. Adèle, ramenée folle d'Amérique, est internée. Séjour à Guernesey.

1873 : Les troupes d'occupation allemandes quittent le territoire. Thiers est renversé, Mac-Mahon est président de la République, début de l'« Ordre moral » et manœuvres politiques visant à une restauration monarchique.

Hugo intervient auprès du ministre de l'Intérieur pour que Rochefort ne soit pas déporté en Nouvelle-Calédonie ; refus du ministre. Mort de François-Victor Hugo.

1874 :

Quatrevingt-treize (roman) ; *Mes fils* (autobiographie politique).

1875 : L'Assemblée vote des lois constitutionnelles qui

Actes et Paroles, I – Avant l'exil, et *II – Pendant l'exil*, reconnaissent la nature républicaine du régime.

Taine : *Origines de la France contemporaine.* Marx : *Le Capital* (dernière livraison française).

avec les préfaces « Le Droit et la loi » et « Ce que c'est que l'exil » (écrits politiques).

1876 : Élections législatives qui donnent la majorité aux républicains.

Soulèvement en Bosnie-Herzégovine contre les Turcs, soutenu par la Serbie, répression violente de l'armée turque.

Lissagaray : *Histoire de la Commune de 1871.*

Élu sénateur, Hugo siège à l'extrême gauche (radicale). Dépose un projet de loi pour l'amnistie des communards, qui est rejeté. *Actes et Paroles, III – Depuis l'exil*, avec la préface « Paris et Rome » (écrits politiques). Intervention *Pour la Serbie.*

1877 : Le président monarchiste Mac-Mahon entre en conflit avec la Chambre républicaine et la dissout (16 mai). Rumeurs de coup d'État présidentiel. Victoire des républicains aux élections d'octobre.

Guesde fonde *L'Égalité.*

La Légende des siècles – Nouvelle série (poésie). *L'Art d'être grand-père* (poésie). Achèvement d'*Histoire d'un crime* (récit du Deux-Décembre 1851 : publication de combat).

1878 : Célébration du centenaire de la mort de Rousseau et de Voltaire, et du trentième anniversaire de la révolution de Février.

Le Pape (poésie). Discours *Pour Voltaire* et pour l'*Inauguration du tombeau de Ledru-Rollin.* Congestion cérébrale, convalescence à Guernesey.

1879 : Démission de Mac-Mahon ; Grévy (républicain modéré) président de la République. Amnistie partielle des Communards. Congrès socialiste de Marseille.

Proposition de loi et discours de Hugo pour l'amnistie complète des Communards. Installation avenue d'Eylau.

1880 : Lois Ferry sur l'instruction publique. Amnistie complète des Communards. Le 14 juillet fête nationale. Ministère Ferry.

Religions et religion (poésie). *L'Âne* (poésie). Troisième discours sur l'amnistie au Sénat.

1881 : Protectorat français sur la Tunisie. Lois libérales sur la presse et les réunions publiques. Lois sur la gratuité de l'ensei-

Grande fête officielle et populaire pour l'entrée en sa quatre-vingtième année. L'avenue d'Eylau devient l'avenue Victor

gnement primaire. Élections favorables à la gauche. Ministère Gambetta.

Hugo. *Les Quatre Vents de l'esprit* (poésie).

1882 : Chute de Gambetta. Lois sur l'enseignement obligatoire et laïque. Scission du parti socialiste (possibilistes contre guesdistes). Déroulède fonde la Ligue des patriotes. Mort de Gambetta.
Renan : *Qu'est-ce qu'une nation ?* Vallès : *L'Insurgé.*

Réélection triomphale au Sénat. Discours aux obsèques de Louis Blanc. *Torquemada* (théâtre).

1883 : Protectorat français sur l'Annam (Indochine). Second ministère Ferry.

La Légende des siècles – Dernière série (poésie). Mort de Juliette Drouet.

1884 : Lois sur les syndicats, sur les pouvoirs municipaux, sur le divorce.

1885 : Chute de Ferry. Élections (octobre) marquées par la division des républicains et le retour en force des conservateurs. Les oppositions d'extrême gauche (socialistes et anarchistes) et d'extrême droite (nationalistes) vont pendant une quinzaine d'années menacer le régime.
Zola : *Germinal.*

Hugo meurt le 22 mai à l'âge de 83 ans. Il est enterré au Panthéon, nationalisé pour la circonstance. Plus d'un million de personnes suivent le convoi funèbre.

1886 : *La Fin de Satan* (poésie). *Théâtre en liberté.*

1888 : *Toute la lyre* (poésie).

1891 : *Dieu* (poésie).

1898 : *Les Années funestes* (poésie).

1902 : *Dernière Gerbe* (poésie).

1934 : *Mille francs de récompense* (théâtre).

1951 : *L'Intervention* (théâtre).

Les hommes célèbres de la République française
(Jules Grévy, Jules Ferry, Léon Gambetta,
Victor Hugo, Louis Blanc). Anonyme ; vers 1880.

Les défenseurs du droit de l'homme. Estampe.
(Clemenceau, Hugo, Gambetta, Mesureur, Rochefort). Anonyme ;
vers 1880.

REPÈRES BIBLIOGRAPHIQUES

I. Œuvres de Victor Hugo

Œuvres complètes de Victor Hugo, édition chronologique sous la direction de Jean Massin, Le Club français du livre, 1967-1972.

Œuvres complètes de Victor Hugo, sous la direction de Jacques Seebacher et de Guy Rosa, Robert Laffont, 1985 (en particulier les volumes *Politique* et *Histoire*).

II. Sur Victor Hugo

1. Biographies et études générales

Angrand (Pierre), *Victor Hugo raconté par les papiers d'État*, Gallimard, 1961.

Decaux (Alain), *Victor Hugo*, Librairie Académique Perrin, 1984, 2 vol.

Gohin (Yves), *Victor Hugo*, P.U.F., coll. « Que sais-je ? », 1987.

Guillemin (Henri), *Victor Hugo par lui-même*, Le Seuil, coll. « Écrivains de toujours », 1951.

Grossiord (Sophie), *Victor Hugo « Et s'il n'en reste qu'un... »*, Gallimard, coll. « Découvertes », 1998.

Hovasse (Jean-Marc), *Victor Hugo*, Fayard, à paraître en 2002.

Hugo (Adèle), *Victor Hugo raconté par Adèle Hugo*, texte établi et annoté sous la direction d'Anne Ubersfeld et de Guy Rosa, Plon, coll « Les Mémorables », 1985.

JUIN (Hubert), *Victor Hugo*, Flammarion, 1980-1984, 2 vol.

LASTER (Arnaud), *Victor Hugo*, Belfond, 1984.

MAUROIS (André), *Olympio ou la vie de Victor Hugo*, Hachette, 1954.

ROSA (Annette), *Victor Hugo : l'éclat d'un siècle*, Messidor, 1985.

La Gloire de Victor Hugo (sous la direction de Pierre GEORGEL), Réunion des Musées Nationaux, 1985.

Site Victor Hugo (sous la responsabilité de Guy Rosa) : *http://groupugo.div.jussieu.fr* (activités du groupe de travail sur Victor Hugo (Équipe de Recherche sur les textes et la civilisation du XIXe siècle – Université de Paris VII) et chronologie informatisée de Victor Hugo : vie, œuvre, contexte culturel et historique).

2. Victor Hugo politique, politique de Victor Hugo

AGULHON (Maurice) et RÉBÉRIOUX (Madeleine), « Hugo dans le débat politique et social », dans *La Gloire de Victor Hugo* (sous la direction de Pierre Georgel), Réunion des Musées Nationaux, 1985.

ARAGON (Louis), *Avez-vous lu Victor Hugo ?*, Messidor – Temps actuels, 1985 ; *Victor Hugo, poète réaliste*, Éditions sociales, 1952.

DEGOUT (Bernard), *Le Sablier retourné – Victor Hugo (1816-1824) et le débat sur le « romantisme »*, Champion, 1998.

GLEIZE (Jean-Marie) et ROSA (Guy), « Celui-là, politique du sujet poétique : *Les Châtiments* », *Littérature*, n° 24, décembre 1976.

GLEIZES (Delphine), « Victor Hugo en 1848 : la légitimité du discours », dans *1848, une révolution du discours* (sous la direction d'Hélène MILLOT et de Corinne SAMIDAYAR-PERRIN), Éditions des Cahiers intempestifs, coll. « Lieux littéraires », 2001.

LAURENT (Franck), « L'Europe de Victor Hugo avant l'exil », *Revue des Sciences humaines*, n° 231, 1993 ;

« Victor Hugo et les doctrinaires sous la Restauration et la monarchie de Juillet », *Elseneur*, n° 10, 1995 ; « La question du grand homme dans l'œuvre de Victor Hugo », *Romantisme*, n° 100, 1998 ; « *Car nous t'avons pour Dieu sans t'avoir eu pour maître* – le Napoléon de Victor Hugo sous la Restauration et la monarchie de Juillet », dans *Napoléon : de l'histoire à la légende*, In Forma – Maisonneuve et Larose, 2000.

LEUILLIOT (Bernard), « Victor Hugo et la question de la misère (Paris-Lille, 10 février 1851) », *Travaux de linguistique et de littérature*, Publications de l'université de Strasbourg, X, 1972 ; « Les barricades mystérieuses (juin 1848) », *Europe*, mars 1985.

MILLET (Claude), « La politique dans *La Légende des Siècles* », *La Pensée*, n° 245, 1985 ; « Amphibologie : le génie, le passant, la philosophie, l'opinion », dans « *Les Misérables* » – *Nommer l'innommable* (sous la direction de Gabrielle Chamarat), Paradigme, 1994.

ROMAN (Myriam) : « Rupture et continuité : 1848 dans l'œuvre de Victor Hugo », dans *1848, une révolution du discours* (sous la direction d'Hélène MILLOT et de Corinne SAMIDAYAR-PERRIN), Éditions des Cahiers intempestifs, coll. « Lieux littéraires », 2001.

ROSA (Guy), « Comment on devient républicain, ou Hugo représentant du peuple », *Revue des Sciences humaines*, n° 156, 1974 ; « La République universelle, paroles et actes de Victor Hugo », dans *Révolution et République, l'exception française*, Kimé, 1994 ; « Hugo en 1848 : de quel côté de la barricade ? » *48-14*, n° 8, printemps 1999.

SEEBACHER (Jacques), *Victor Hugo ou le calcul des profondeurs*, P.U.F., coll. « Écrivains », 1993.

UBERSFELD (Anne), *Le Roi et le bouffon – étude sur le théâtre de Hugo de 1830 à 1839*, José Corti, 1974 ; *Paroles de Hugo*, Messidor – Éditions sociales, 1985.

III. Littérature et politique au XIXe siècle

Bénichou (Paul), *Le Sacre de l'écrivain (1750-1830)*, José Corti, 1973 ; *Le Temps des prophètes – Doctrines de l'âge romantique*, Gallimard, coll. « Bibliothèque des idées », 1977 ; *Les Mages romantiques*, Gallimard, coll. « Bibliothèque des idées », 1988.

Bowman (Franck Paul), *Le Christ des barricades (1789-1848)*, Les Éditions du Cerf, 1987.

Macherey (Pierre), *À quoi pense la littérature ?*, P.U.F., coll. « Pratiques théoriques », 1990.

Petitier (Paule), *Littérature et idées politiques au XIXe siècle (1800-1870)*, Nathan Université, coll. « 128 », 1996.

Winock (Michel), *Les Voix de la Liberté – les écrivains engagés au XIXe siècle*, Le Seuil, 2001.

1848, une révolution du discours, sous la direction d'Hélène Millot et de Corinne Samidayar-Perrin, Éditions des Cahiers intempestifs, coll. « Lieux littéraires », 2001.

IV. Histoire politique

1. Restauration et Monarchie de Juillet

Caron (Jean-Claude), *La France de 1815 à 1848*, Armand Colin, coll. « Cursus », 1993.

Charléty (Sébastien), *La Restauration ; La Monarchie de Juillet*, tomes IV et V de l'*Histoire de la France contemporaine* dirigée par Ernest Lavisse, Hachette, 1921.

Jardin (André) et Tudesq (André-Jean), *La France des notables (1815-1848)*, Le Seuil, coll. « Nouvelle Histoire de la France contemporaine – Points Histoire », 1973, 2 vol.

2. Seconde République

Agulhon (Maurice), *1848 ou l'apprentissage de la république (1848-1852)*, Le Seuil, coll. « Nouvelle

Histoire de la France contemporaine – Points Histoire », 1973 ; *Les Quarante-huitards*, Gallimard, coll. « Folio histoire », 1992.

MURAT (Inès), *La IIe République (1848-1851)*, Fayard, 1987.

SEIGNOBOS (Charles), *La Révolution de 1848 – Le Second Empire (1848-1859)*, tome VI de l'*Histoire de la France contemporaine* dirigée par Ernest Lavisse, Hachette, 1921.

3. Second Empire

MIQUEL (Pierre), *Le Second Empire*, Librairie Académique Perrin, 1992.

PLESSIS (Alain), *De la fête impériale au mur des fédérés (1852-1871)*, Le Seuil, coll. « Nouvelle Histoire de la France contemporaine – Points Histoire », 1979.

SEIGNOBOS (Charles), *La Révolution de 1848 – Le Second Empire (1848-1859)* ; *Le Déclin de l'Empire et l'établissement de la IIIe République (1859-1875)*, tomes VI et VII de l'*Histoire de la France contemporaine* dirigée par Ernest Lavisse, Hachette, 1921.

4. Guerre de 1870, Commune et Troisième République

LISSAGARAY (Prosper-Olivier), *Histoire de la Commune de 1871*, La Découverte & Syros, 2000 (première édition 1876).

MAYEUR (Jean-Marie), *Les Débuts de la IIIe République (1871-1898)*, Le Seuil, coll. « Nouvelle Histoire de la France contemporaine – Points Histoire », 1973.

ROUGERIE (Jacques), *Paris libre. 1871*, Le Seuil, 1971.

SEIGNOBOS (Charles), *Le Déclin de l'Empire et l'établissement de la IIIe République (1859-1975)* ; *L'Évolution de la IIIe République (1875-1914)*, tomes VII et VIII de l'*Histoire de la France contemporaine* dirigée par Ernest Lavisse, Hachette, 1921.

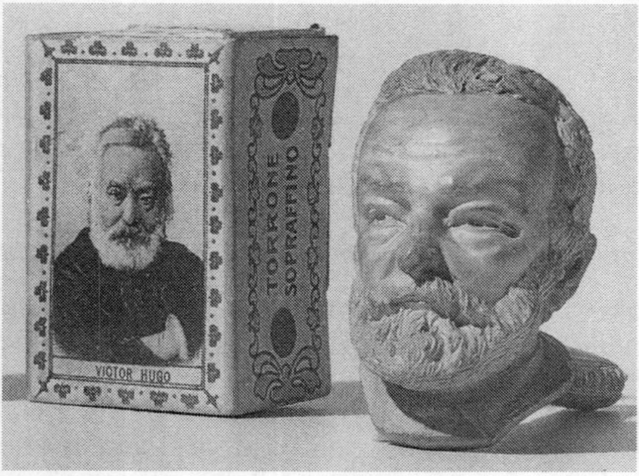

Fourneaux de pipe et boîte à l'effigie de Victor Hugo.

1986.

5. Histoire européenne et mondiale

Benaerts (Pierre), Hauser (Henri), L'Huillier (Fernand), Maurain (Jean), *Nationalité et nationalisme (1860-1878)*, P.U.F., coll. « Peuples et Civilisations », 1968.

Duroselle (Jean-Baptiste), *L'Europe de 1815 à nos jours, vie politique et relations internationales*, P.U.F., coll. « Nouvelle Clio », 1962.

Hobsbawm (Eric J.), *L'Ère des révolutions*, Complexe, coll. « Historiques », 2000 ; *L'Ère du capital*, Fayard, coll. « Pluriel », 1978 ; *L'Ère des empires (1875-1914)*, Fayard, coll. « Pluriel », 1989.

Ponteil (Félix), *L'Éveil des nationalités et le mouvement libéral (1815-1848)*, P.U.F., coll. « Peuples et Civilisations », 1968.

Pouthas (Charles-H.), Guiral (Pierre), Barral (Pierre) et Van Regemorter (Jean-Louis), *Démocratie, réaction, capitalisme (1848-1860)*, P.U.F., coll. « Peuples et Civilisations », 1983.

Table des illustrations

Table

Composition réalisée par NORD COMPO

Imprimé en France sur Presse Offset par

BRODARD & TAUPIN

GROUPE CPI

La Flèche (Sarthe).
N° d'imprimeur : 10275 – Dépôt légal Édit. 17425-12/2001
LIBRAIRIE GÉNÉRALE FRANÇAISE - 43, quai de Grenelle - 75015 Paris.
ISBN : 2 - 253 - 90587 - 9

42/0587/8